上海古桥保护研究

曹永康　著

上海交通大学出版社
SHANGHAI JIAO TONG UNIVERSITY PRESS

内容提要

本书以上海市现存古代桥梁的调查与保护为主要研究方向，实地调查记录了上海古桥的分布、发展历史、建筑特征以及保存现状，对上海古桥在建筑遗产保护工作中的价值进行评估，并对上海古桥的病害勘查情况及保护修缮工作进行了系统研究，从预防性保护研究的方向出发，对未来上海古桥的保护管理提出指导性建议。

本书的读者对象为建筑遗产保护从业者、相关学术研究人员、在校学生以及对古桥文化感兴趣的社会人士。

图书在版编目（CIP）数据

上海古桥保护研究 / 曹永康著 . —上海：上海交通大学出版社，2020

ISBN 978-7-313-22222-0

Ⅰ.①上… Ⅱ.①曹… Ⅲ.①古建筑—桥—文物保护—研究—上海 Ⅳ.①K928.78

中国版本图书馆CIP数据核字（2019）第244500号

上海古桥保护研究

SHANGHAI GUQIAO BAOHU YANJIU

著　　者：曹永康				
出版发行：上海交通大学出版社		地　　址：上海市番禺路951号	
邮政编码：200030		电　　话：021-64071208	
印　　制：上海锦佳印刷有限公司		经　　销：全国新华书店	
开　　本：710mm×1000mm　1/16		印　　张：20.75	
字　　数：248千字			
版　　次：2020年6月第1版		印　　次：2020年6月第1次印刷	
书　　号：ISBN 978-7-313-22222-0			
定　　价：98.00元			

绪　论

　　1972年通过的《保护世界文化和自然遗产公约》对文化遗产进行了清晰的定义——文化遗产包括文物、建筑群和遗址三大类，具有珍贵的历史、艺术、科学和人类学等层面上的价值，是人类历史上一些重要阶段的标志，为已消逝的文明或文化传统提供特殊的见证。

　　古代桥梁是一种特殊的文化遗产，它不仅具有难以替代的、特殊的功能和形式，蕴藏着宝贵的建筑设计和施工的智慧，从建造技术上反映出社会的生产力发展水平，而且保留了当时的文化特征，是"工匠精神"的最好诠释，很多古桥至今仍被使用，是一种带着温度的、活着的历史遗产。正因为如此，世界上很多国家都认识到保护古桥、使之永续传承的重要性。

　　古代桥梁在我国留存众多，尤其是南方地区河道星罗棋布，像长江三角洲、珠江三角洲地区都拥有十分丰富的桥梁资源。它们与人们的生产生活息息相关，见证了岁月的变迁，是社会文化的瑰宝，也具有突出的地域性色彩。我国现存的古代桥梁在战乱和自然灾害中存续下来，成为历史变迁的见证，是珍贵的不可再生也不可取代的文化资源。因为饱经风霜，遗存下来的古代桥梁大多面临着严峻的病害问题，既包括因为自然风化而形成的老化，也包括人为因素所造成的损害。因此如何保护古代桥梁成为一个亟待解决的重要问题。

　　20世纪80年代，茅以升、唐寰澄等桥梁专家曾在《中国古桥技术史》《中国古代桥梁》等著作中对我国古代桥梁的发展历史、形式特征和建造技术等进行了系统的研究分析。这两部著作是桥梁建造技术研究上重要的里程碑。近年来，众多桥梁学者以地域范围为区分，分别对其中的桥梁进行了一系列的研究，见之于《北京古桥》《绍兴古桥》《泉州古桥》《江南古桥》等著作。

笔者便是从地域文化的角度对上海古桥的历史发展、建筑特征和相关文化特征进行了调查研究。上海地区的古代桥梁，延续了吴越桥梁的建造特征，具有独特的地方性。研究上海地区的古桥，对于江南古桥文化的传承和江南水乡整体风貌的保存具有重大的意义。

上海地区位于长江三角洲冲积平原，东临大海，西侧为淀山湖，南、北方分别是长江和钱塘江的入海口。起源于太湖的吴淞江和黄浦江及其繁多的支流共同织就了上海地区纵横交错的河道网络。上海境内水域面积有697平方千米，相当于全市总面积的11%。上海河网大多属于黄浦江水系，其干流全长113千米，贯穿上海市，由吴淞口汇入长江。桥梁成为跨越塘浦①、沟通河道两岸的主要交通方式。在古时某些主要集镇上曾出现"一里一桥"甚至"百步一桥"的壮观景象。

上海的一些古代桥梁具有悠久的历史、精湛的建造工艺以及较高的工程技术水平，在我国的桥梁建造史上具有重要的研究价值，其中很多仍旧保存良好并且还在持续使用中。这些保留下来的古代桥梁是桥梁史、建造史上的珍贵历史资料和文化瑰宝，见证了上海的发展历史，记载了上海的历史变迁，融入了上海的文化脉络。现存的上海古桥主要集中在中心城区之外，既是水系和村镇发

---

① 塘一般指人工开挖的河流，大部分为东西向，浦一般指吴淞江的大支流，大部分是南北流向。

展关系的印证，承载着当地居民的生产生活记忆，也是当时建造技术的重要表现。

随着经济的飞速发展和城市化进程的高速推进，新的交通方式出现，上海地区的古代桥梁逐渐被铁桥、钢桥、钢筋混凝土桥等近代桥梁所替代，古代桥梁也在这一变革中逐渐走向衰退。尤其是在上海这样的国际化大都市，庞大的交通需求使得上海古桥逐渐失去其原有的功能和使用价值，逐渐消失在人们的生活中。大量的上海古桥在近四十年的城市化进程中被拆除，这种前所未有的消亡速度，使得上海古代桥梁的保护工作迫在眉睫。虽然古桥淡出人们的生产生活是历史发展的必然，但保护古桥的工作需要得到学界、业界和社会的重视。

笔者从事建筑遗产保护工作20年，其间陆续接触了不少古桥修缮的项目，一开始被动学习，了解古桥的营造历史、技术和保护方法，以古人、工匠、学者为师；之后慢慢进入角色，逐渐掌握了该项工作的要领。笔者及团队先后调查了300多处古桥，修缮了60多座。撰著这本书的目的主要还是总结过去，发现问题，提高水平，分享一点积累的经验，对于其中的不足，也希望得到同行、前辈的指正。

目　录

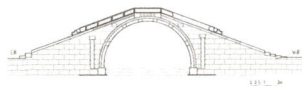

第 1 章

上海古桥的历史发展

中国近代史开始于1840年的鸦片战争。学术意义上的古桥，应为建造于近代以前的桥梁，即应建于1840年之前。从桥梁本身的建造技术发展历史来看，1881年第一座铁路桥梁的建造标志着我国桥梁建设进入了近代工业时代，以此为依据，该节点前建造的桥梁可称为古桥。在上海地区，虽然开埠后苏州河上接连架起了多座铁桥、钢桥、钢筋混凝土桥梁，但仍有大部分地区，尤其是郊区，民间依旧沿用传统的桥梁建造材料、建造方式和建造工艺，并延续这种建造理念直到20世纪50年代。

在本书的研究中，笔者将现代以前上海行政区划范围内所有按照传统材料、工艺和建造方式建造的桥梁都归属为上海古桥，因此书中不仅包含建于古代时期的桥梁，也包括民国时期按照传统方式建造的桥梁。

1.1　上海古桥的发展沿革

桥梁的建造发展是伴随农业生产和生产力的逐步提高而产生的。在我国的桥梁建造历史上，古代桥梁的发展主要可分为四个阶段：

一是以西周、春秋时期为主的创始阶段。

二是以秦、汉时期为主的发展阶段。

三是以唐、宋时期为主的古代桥梁发展的全盛阶段。

四是集中在元、明、清时期的逐步提升阶段。

西周、春秋时期为古代桥梁的创始阶段，这一阶段桥梁建造并不普遍，形式相对简陋，有如木梁桥、浮桥、堤式梁桥等结构较为简易的桥梁，且只能建造在地势平坦、水流平缓的地段。随着生产力的逐步提高，桥梁建造技术也有所提高，春秋时期铁器的出现，开启了石柱、石梁、石桥面等石作构件的运用，在原有木梁柱桥基础上壮大了桥梁体系。此外，在春秋时期，因为诸侯争霸而不断爆发的战争推动了各诸侯国的路桥工程、水利工程的发展。齐有管仲"导水潦，利陂沟，决潘渚，溃泥滞，通郁闭，慎津梁"，魏有西门豹"引漳水建渠"[1]，桥梁的建造技术在社会中的重要性逐渐提高[2]。

秦汉时期，中国逐步转变为封建社会，科学技术的发展到达了第一次高峰。大型石梁石墩桥开始建造。战国时期已被大量使用的砖，成就了我国古代砖石结构体系的发展，为当时拱券结构的发展奠定了基础。至东汉时期，创造了砖结构体系的桥梁。同时，索桥这一新的结构也诞生了。至此，梁、索、浮、拱这四种基本桥型就齐全了。

如图1-1所示为1956年发行的"东汉画像砖"系列邮票第四张——车马过桥。邮票展示的内容拓自东汉时期的画像砖，从中可以看出东汉时期已有木制平梁桥。

图1-1 "车马过桥"邮票

其后进入两晋、南北朝和隋唐、五代、两宋时期，尤其以唐、宋为主，古代桥梁建造技术的发展进入全盛阶段。究其成因，主要是由于隋朝结束了南北分割、战乱频繁的混战局面，使得唐宋时期社会安定，步入繁荣昌盛的阶段。经济的繁荣推动了技术的进步，在这段时期，石桥的砌筑工艺不断进步，出现了著名的赵州桥、泉州万安桥、叠梁虹桥等建造技术高超的著名桥梁。这一阶段，古代工

① 陈陆.西门豹：兴建引漳十二渠［J］.中国三峡，2016（1）：100-107.
②《桥梁史话》编写组.桥梁史话［M］.上海：上海科学技术出版社，1979：73-77.

匠在梁、索、浮、拱各类型桥梁的建造上都有所建树，石桥建造在数量和质量上都达到鼎盛。

到了元、明、清时期，古代桥梁的构造类型已经齐备。由于缺乏科学理论的指导，没有新技术和新材料的出现，因此在桥梁的结构设计和施工技术方面基本沿用原有的知识和技术，在建造技术上没有取得较大突破。不过在这一阶段中，通过修复、改建和重建等方式修缮了大量古桥，使得很多珍贵的古桥得以保存和传承下来。比较特殊的是在江南地区，由于商业贸易的发展带动了水运交通的发达，当地的能工巧匠在多跨薄墩联拱桥的建造、尖拱与压拱技术的运用等方面均有所创造。这一时期还出现了古桥楹联这样的装饰艺术。

总之，古代桥梁的建造从材料技术、使用功能、艺术形式等方面逐渐发展起来，创造了宝贵的历史价值、科学价值和艺术价值，是古代文化遗产中的瑰宝[①]。

上海地区古桥的建设和发展历史，是由地理水系格局演变、城镇商贸发展和建造技术等因素共同决定的。上海地区的发展可以说是因水兴港、因商兴市，此地古桥的建造在早期随着上海地区的成陆和市镇发展而逐渐由西向东推进；此后近代桥梁的建设遵循近代上海城市化进程的发展，由中心城区向郊区（即今天的松江、青浦、嘉定、金山等区）发展建设起来，而古代传统桥梁的建造活动也是沿着这个轨迹逐渐走向衰退。作为远郊的青浦、嘉定、松江、金山一带因为城市化发展相对较为缓慢，反而成为现今保留上海古代桥梁较多的地区。

总体来看，上海古桥的历史发展可以分为三个阶段：萌芽时期（唐代以前），繁盛时期（唐宋至清代），衰退时期（上海开埠后）。

---

① 项海帆. 中国桥梁史纲［M］. 上海：同济大学出版社，2009.

1.1.1 萌芽时期（唐代以前）

宋代朱长文在《吴郡图经续记》中曾写道："濒海之地,冈阜相属,俗谓之冈身。"[①] 今上海市中部傍西,有一条西北至东南走向的冈身地带。所谓冈身即为远古上海的海岸遗迹,由贝壳沙堤构成,比附近地面高出几米。距今 7 000 年以前,上海地区绝大部分被海水淹覆,仅西部局部出露,成为滨海湖沼低地。后随着海岸线的东移(见图 1–2),海岸贝壳沙带逐渐成陆,演变成今日的水陆格局。冈身既是上海滩逐渐成陆的有力佐证,也是影响村镇肌理格局差异的重要因素。

因为与上海的成陆史和水动力条件相关,冈身也成为现今上海地形的区分所在。冈身以西是上海最早成陆地区,属太湖平原的

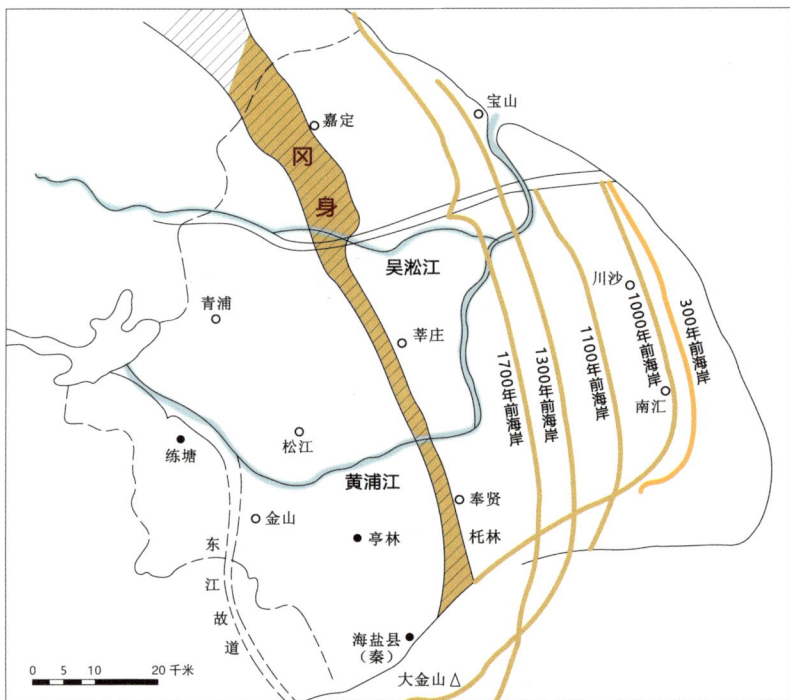

图 1–2 上海地区海岸变迁[②]

---

① 朱长文.吴郡图经续记[M].南京:凤凰出版社,1999.
② 本书图片除特别注明外均由作者及所在团队摄影、绘制。

一部分，为低洼地区，俗称淀泖低地，包括青浦、松江、金山北部以及嘉定、闵行、奉贤西部边缘；冈身以东成陆较晚，主要由长江挟带入海的大量泥沙沉积而成，为碟缘高地，包括宝山、川沙、南汇等地以及嘉定、奉贤的大部分区域，以及如今的广大滨海平原地区①。

随着上海海岸线逐渐向东推进，上海地区的早期发展也在不断地由西向东推进。到魏晋时期（220—420年），上海的浦西一带地貌基本成型，并有大量中原人口南下躲避战乱。此后，太湖南部的嘉湖平原低洼地区，也在农业生产的影响下，由当地人筑坝，疏通河道，从湖沼湿地转变为桑基鱼塘、桑基稻田。

农业生产和生活方式的演变一定程度上也推动了桥梁的发展和建造。早期桥梁建造并不普遍。随着集镇的形成和发展，跨河的聚居形式必然要求建设桥梁，逐渐开始出现了一些形式简单的桥梁。在我国桥梁建造史上，最先出现的是以木为跨的梁桥。上海地区有文字记载的第一座桥是位于今嘉定安亭镇菩提寺的山门桥，始建于三国时期。据记载，这是一座长3.5米、宽2.7米的简支梁桥，现已不存。

1.1.2　繁盛时期（唐宋至清代）

唐宋时期，吴淞江（在上海境内的习称"苏州河"）漕运兴起，当时上海的行政区划之一华亭县②，成为苏州的门户港，流通以往来苏州的漕运和盐运为主。宋熙宁十年（1077），上海设立上海务，南北船只溯吴淞江而上苏州，经青龙镇港集散。宋绍熙《云间志》有云："青龙镇瞰松江上，据沪渎之口，岛夷闽粤交广之途所自出。"清光绪《青浦县志》曾记载，北宋时，青龙镇"海舶百货交集，梵宇亭台极其壮丽，龙舟嬉水冠松江南，论者比之杭州"。

---

① 顾炳权.上海风俗古迹考［M］.上海：上海书店出版社，2018：3.
② 今吴淞江以南，川沙惠南—大团一线以西。

青龙镇的繁荣发展，带动了青浦地区和与之接壤的嘉定地区的贸易发展和市镇建设。因水兴港，因商兴市，市镇的发展聚集了大量的人流，也提出了更高的交通需求，成为推动上海地区古桥建设的主要原因。因此上海地区现存年代较为久远的古桥多位于青浦和嘉定地区，且多为工艺精湛的石拱桥。目前上海现存的12座始建于宋代的古桥中，有3座位于嘉定地区，2座位于青浦地区。

唐宋时期是我国桥梁发展的全盛时期，这个时期的桥梁建造技术达到了世界领先水平。随着青龙镇的繁荣发展，先进的建造技术和精湛的建造工艺都在唐宋时期上海的桥梁建设中有所体现，如青浦地区建于元代的迎祥桥就是桥梁建造史上十分经典的连续简支石柱木梁桥。

南宋以后，吴淞江多次出现淤塞，青龙镇也受到港口淤塞影响，加之同一时期上海地区的海岸线不断向东扩展，在南宋末年，青龙镇已经被"海舶辐辏，商贩积聚"的上海镇赶超[①]，昔日繁华逐渐褪去。到了明朝末年，青龙镇愈加颓废，往昔的繁荣景象也不复存在。

后因太湖出海口河道封堵，太湖泄水直冲黄浦塘，原淀山湖水道改道东流或北流，并与上海浦相并，形成今日黄浦江的雏形。元末明初时期，上海港港区的主要通船运输已经是依靠黄浦江水系网络进行。到嘉靖元年（1522），经人工疏浚，黄浦江水系已全面形成，起于淀山湖，由太湖始流，经嘉兴、枫泾、松江三镇后东流入海。黄浦江水系干流全长113.4千米，贯穿上海全市，在上海市境内流域面积达5 193平方千米。吴淞江的衰落，黄浦江水系的形成，以及松江府的设立共同带动了青浦南边的松江、金山和奉贤地区的市镇发展。在元、明时期，松江、金山因为市镇建设的需要，建造了较多的桥梁，当时可谓是上海古桥发展的鼎盛时期。上海现存始建于

---

① 张仲礼.近代上海城市研究［M］.上海：上海人民出版社，1990.

元代和明代的古桥多位于松江地区和金山地区。

明清时期,上海地区整体经济迅速发展,形成150余个市镇,并逐渐完善了内河集疏网络,其中包括百余条县内和县际航线。密集的水系网络意味着需要更多的桥梁来满足人们的日常通行和生产生活,推动市镇经济的发展。同时市镇经济的繁荣也为桥梁建设奠定了坚实的物质基础,如有些江南市镇甚至因桥而发展起来一种"桥市",即设在桥上和桥头的集市。据上海县志记载,明中叶后,上海地区有桥名的桥梁就有5 000座左右[①]。到清乾隆时期以后,随着沿海贸易限制的放开,上海成为重要的贸易港口之一,上海地区的政治和经济中心也由松江府转移至上海县城,经长江到达上海的船只经由上海县通过郊县航线转运至松江、青浦、金山、奉贤等地区的100余个市镇。上海地区的古桥营造进入到一个相对稳定的时期。此时古桥营造活动多以原址修缮重建为主,如青浦的万安桥、如意桥和天皇阁桥等都曾在清代经历过修缮重建,新桥明显使用了以前桥身上拆下来的石料。

1.1.3 衰退时期(上海开埠后)

在近代上海开埠前,因苏州河(吴淞江上海段)两岸距离上海县城较远,人烟相对稀少,区域发展也比较缓慢,故而在苏州河上一直没有桥梁建设。而此前有记载的文字可以追溯到清康熙十一年(1672)"重筑三洞石闸,闸上有桥,可供行人过往"。清道光年以前苏州河北岸依旧是一片荒凉。

1840年鸦片战争爆发,西方先进的建造技术和建筑材料开始传入中国。道光二十三年(1843)上海开埠,先划上海县洋泾浜以北为洋人居留地,并在此后逐渐发展扩大为英租界、美租界、法租

---

① 奚牧凉.发现唐宋时期的上海重镇[J].中华遗产,2019(2):14-16.

界以及公共租界，开始了长达百年的租界管理。英、法租界当局先后在洋泾浜架设桥梁，如洋泾桥（近外滩，1856年建）、二洋泾桥（近四川路口，1856年建）。1851年太平天国运动爆发，苏浙战乱地区民众逃亡到上海的人数巨大，为当时相对安全的上海地区带来了大量的资金和廉价劳动力，极大地推动了上海地区的社会和经济发展。

19世纪70年代，随着近代工业的发展，以英商怡和洋行为首的资本集团在吴淞铁路沿线修筑了十余座中小型铁路桥梁，这标志着我国的桥梁技术进入了一个全新的阶段。为满足更大的人流和车流需求，上海地区，特别是市中心原有的古代桥梁逐渐被铁桥、钢桥、钢筋混凝土桥等替代。

西方先进建造材料、建造技术的传入及近代工业的发展意味着上海古代桥梁开始进入衰退期。但是在水网密集的上海郊县地区，人们依旧沿用传统的建造技术和建筑材料进行古桥的修建。如闵行区的同福桥、酬恩桥，嘉定区的大明桥，奉贤区的戴家桥，以及金山区的八字桥等建于民国时期的桥梁，一定程度上延续了古桥的建造技艺。

1.2 上海古桥的分布现状

根据2007年4月至2012年12月开展的上海第三次全国文物普查的数据，上海市现存古桥有459处。同时，笔者所在研究中心近几年陆续做了一些关于古桥的调研活动，新发现古桥158处。两者相加可知上海现存古桥数量为617座。其中613座位于郊区，中心城区①仅存4座，分别为黄浦区豫园内的九曲桥、长

---

① 上海中心城区一般指虹口区、长宁区、黄浦区、静安区、徐汇区、普陀区、杨浦区共七个区，郊区范围则包含奉贤区、嘉定区、宝山区、青浦区、浦东新区、松江区、闵行区、金山区和崇明区，共九个区。

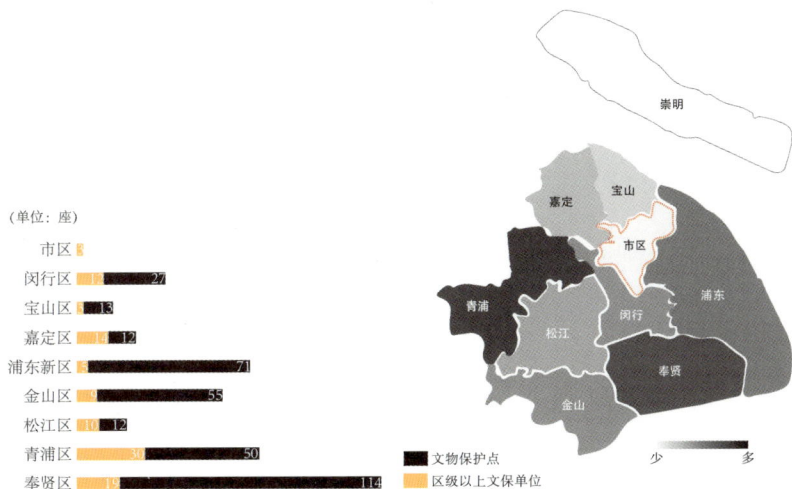

图1-3 上海市各区列为文物保护单位的古桥数量分布图

（单位：座）

市区
闵行区 27
宝山区 13
嘉定区 12
浦东新区 71
金山区 55
松江区 12
青浦区 50
奉贤区 114

■ 文物保护点　■ 区级以上文保单位

崇明

嘉定　宝山
市区
青浦　　　　浦东
松江　闵行
　　　　奉贤
金山

少　　　多

宁区华阳街道的香花桥、普陀区桃浦镇的绿杨桥和徐汇区华泾公园内的宾贤桥。

　　截至2019年，上海市现存古桥被公布为全国重点文物保护单位的有1处，另有市级文物保护单位4处，区级文物保护单位98处，文物保护点356处，以上约占上海现存古桥总数的74.39%，受到了较好的修复和维护。其中奉贤区和青浦区，是拥有文物古桥最多的区县（见图1-3、图1-4），青浦共有保护古桥80座，奉贤有133座。此外，浦东新区有76座，金山区有64座。其他几个区古桥数量相对较少，闵行区39座，嘉定区26座，松江区22座，宝山区16座，崇明区没有古桥。中心城区中，黄浦区、徐汇区、普陀区、长宁区各有一处古桥，其余区均无古桥。不过奉贤区、青浦区和浦东新区的古桥很大一部分因为交通形式变动，不再有人行走，处于被弃用状态；比较理想的是在历史村镇内或者公园景区内的古桥，使用和维护都较为正常。

　　在上海现存459座被列入文物保护单位的古代桥梁中，明清时期建造的古桥数量最大（见图1-5）。这一方面是因为原始建造数量以明清时期为多，另一方面，时间较早者毁坏的概率大，留下来

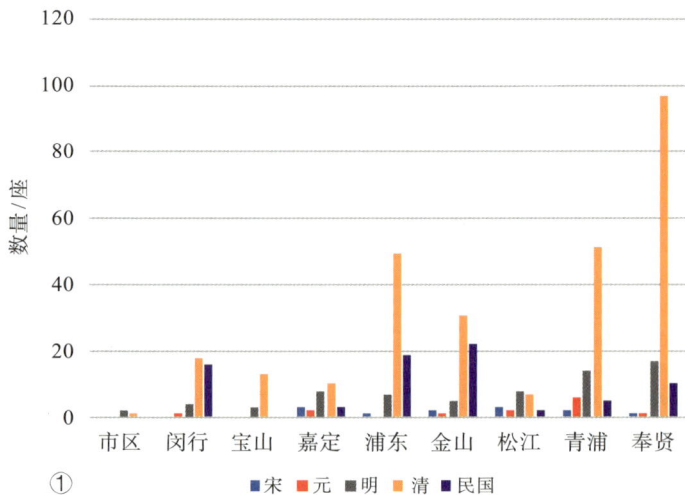

① 图1-4 上海各区古桥年代分类统计图
② 图1-5 上海地区古桥各历史时期数量统计图.

① 宋 元 明 清 民国

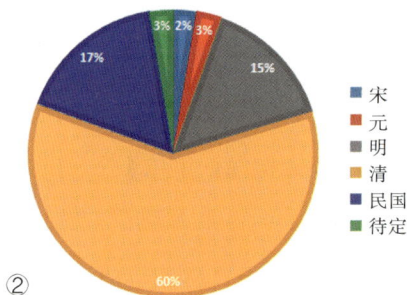

宋
元
明
清
民国
待定

②

的自然也就数量不多。其中最多的是建造于清朝的桥梁，共277座，占总数的60.35%。此外还保存有宋朝的古桥12座，包括位于奉贤的通津桥，嘉定的熙春桥，金山的玉秀桥、寿带桥，松江的望仙桥，以及青浦的普济桥和万安桥等；元代古桥13座，包括青浦练塘的顺德桥、馀庆桥和迎祥桥，嘉定的永宁桥、普济桥，金山的致和桥，松江的东、西杨家桥等。

从整体分布情况看，上海地区现存的古代桥梁具有以下特点：

从空间分布来看主要集中在郊区，这恰好反映了上海地区城市化发展的空间顺序。上海于1843年开埠，租界的发展使得西方先进的营造技术开始传入上海。为满足上海城市化中新增轮式交通工具的需求，上海中心城区窄小带有阶梯踏步的古代桥梁，逐渐被起坡的铁桥、钢桥、钢筋混凝土桥等近代桥梁替代。这些新的桥梁多数可以满足车型交通工具，取代了以步行为主要流通形式的古代桥梁。同时，新的交通方式需求迫使城区内的许多河道被填埋以修建马路，古桥也随之被拆除或者直接填埋在地下。

随着上海城市化由中心向郊区推进，近代桥梁的演变循着这个规律由东向西（今天的松江、青浦、嘉定、金山等区）、由北向南（今天的浦东、奉贤等区）发展建设起来，而古代传统桥梁的建造活动逐渐走向衰退。作为远郊的青浦、嘉定、松江、金山一带因为城市化发展相对较为缓慢，到今天则成为保留古代桥梁较多的地区。

由于不同地区自然、文化条件的区别，产生了不同的建造特色。比如松江地区的主要河流为流贯上海南境的黄浦江，以及淀浦河、泗泾塘等，因为河道较宽，对其上桥梁的跨径要求较大，故松江地区现存的古桥有较多的多孔石拱桥。

在地域分布上，古桥的地域分布数量随不同时期有显著变化。比如松江地区和嘉定地区的古桥建设，在明清时期一直处于相对平稳的状态，并没有展开大量的桥梁建设。这一方面与河道的情况相关，吴淞江的淤塞和黄浦江水系在明清时期的成熟降低了实际对古桥建设的需求；另一方面也和古桥的修缮重建有关，松江府、嘉定府到宋元时期已发展成熟，明清时期很多是对原有桥梁的修缮或是原址拆除重建。而随着上海地区海岸线不断向东推进，浦东地区桥梁的数量在明清时期有了非常显著的增长，这既与吴淞江水系的变化有关，也和经济社会发展需求有关。总体来说，上海古桥的数量在明清时期到达顶峰，在民国以降则逐渐减少（见图1-6），这在各区现存古桥的分布上都有明显体现。

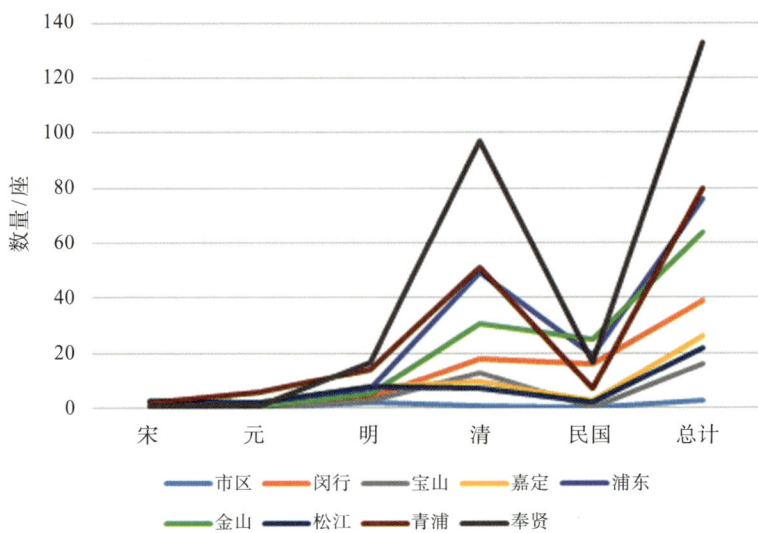

图1-6 上海各区
文物古桥数量历史
变化趋势统计图

图例：市区　闵行　宝山　嘉定　浦东　金山　松江　青浦　奉贤

第 2 章

上海古桥的建筑特征

上海地区古桥的建造历史较为久远,如前所述,有文字记载的第一座桥梁——山门桥,位于嘉定安亭镇,始建于三国时期,现已不存;现存上海地区最古老的桥梁是建于南宋绍兴年间(1131—1132)的一座石木混合梁桥——松江望仙桥,之后各朝代均留存有保存较好的古桥。自宋至今,上海古桥见证了该地区不同时期桥梁建设的发展历程,传承了古代工艺的建造特征。

2.1　主要型式

中国古桥的几种主要型式,在我国以公元纪年前就已经基本具备,大致来说,古桥按照结构形式可以分为梁桥、拱桥、索桥和浮桥四种类型。索桥又称悬桥,通常架设在峡谷处,在山崖较陡、水流湍急的地方使用,是现代吊桥的雏形。浮桥是将可浮体连接,使其漂浮于江河之上,无须做墩,一般用于水面宽阔、水流平缓的水域。

由于上海地处冲积平原,地形平坦,水资源丰富,因而没有自然形成的天生桥,也没有索桥、浮桥,现存古桥只有梁桥和拱桥两大类。它们又可以细分成几种结构类型。这些桥梁类型在上海及其周边地区十分常见,受当地自然地理、建筑材料、结构特点、建造技术以及社会需求等要素的影响而逐步发展形成。

2.1.1　梁桥

梁桥是出现最早的一种桥梁类型,又称平桥、跨空梁桥,以桥墩做水平距离承托,在上面架设横梁并平铺桥面。其在历史上出现得很早,且应用极为普遍。汉代许慎《说文解字》释"桥"曰:桥,水梁也,从木,乔声;释"梁"曰:梁,水桥也。[①]意思表示砍斫树

---

① 许慎.说文解字[M].北京:中华书局,1963.

图2-1　东汉画像石《车骑出行图》
原件现藏山东兰陵县图书馆，图中可见两坡形双孔大桥，坚实宽大。

木，横倒在水道沟渠上，以木跨水则为桥。最早的梁桥是独木的木梁桥，在过水的堤梁或步墩上搁置木梁，是早期木梁桥的形式。当早期单跨独木梁不能满足较宽河道的需求时，就发展出以堆石为墩的多跨木梁桥。通过考证汉代画像砖（石）刻（见图2-1）可以看到，在汉代多跨木梁桥已经成为较为普遍的一种桥梁建造类型。

因为木梁柱桥不仅要面临木材的腐朽问题，还存在着被水冲走梁柱的危险，为了获得更加坚固耐久的桥梁，人们开始使用石材来代替木材。唐代徐坚撰《初学记》记载："秦作渭桥，以木为梁；汉作灞桥，以石为梁。"[1]在使用过程中，由于石材是脆性材料，受拉性能较差，为了满足更大的跨度需求，人们用多跨石梁桥跨越宽阔的河面，包括石柱石梁桥和石墩石梁桥。

梁桥因为建造技术相对简单，造价也较低，成为上海古桥中数量最多、分布最广的一种桥梁型式。上海地区的梁桥，按照建造材料的不同，可以分为混合材质梁桥和石梁桥，其中又以石梁桥为主，混合材质梁桥数量很少。这些类型的变化，实际上是工程技术水平逐渐进化提升的结果，它们出现的顺序大致如图2-2所示。

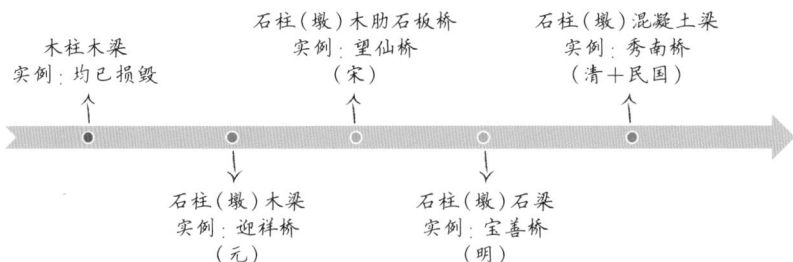

木柱木梁
实例：均已损毁

石柱(墩)木肋石板桥
实例：望仙桥
（宋）

石柱(墩)混凝土梁
实例：秀南桥
（清＋民国）

石柱(墩)木梁
实例：迎祥桥
（元）

石柱(墩)石梁
实例：宝善桥
（明）

图2-2　梁桥类型变化

---

[1]　徐坚.初学记［M］.北京：中华书局，1962.

2.1.1.1 混合材质梁桥

混合材质梁桥可以分为三种：石柱木梁桥、木肋石板桥、石墩混凝土梁桥。它们现存数量都比较少。

1. 石柱木梁桥

石柱木梁桥在上海地区乃至全国均较为罕见，多用于早期桥梁建设，因为木梁具有抗弯性能好、单跨跨度大、轻便易施工的优点，在财力和技术有限的情况下常被使用。但木材的耐久性差，因此一旦财力和技术许可，木梁桥就会被石梁桥和拱桥取代。石柱木梁桥与石梁桥结构类似，但在石质的桥帽石上搁木材做纵梁，通常桥面较窄，桥身中跨高于边跨，总体上略呈弧形。

上海地区现存的石柱木梁桥有三座，都位于青浦区，分别是迎祥桥、馀庆桥、顺德桥。通过实地勘探，可以看到，它们的桥柱一般由两条或三条条石拼接而成，一般宽50～60厘米，厚20～30厘米。这些石柱木梁桥中，石柱（墩）用于承托桥帽石，桥帽石上纵向排置木梁，木梁上铺设条石或小青砖桥面。

金泽迎祥桥　迎祥桥原名凝和桥，位于青浦金泽镇，始建于元至元年间（1335—1340），明天顺六年（1462）重建，清乾隆三十三年（1768）和五十六年（1791）进行过两次修缮。修缮后是一座木、砖混合的五跨简支石柱木梁桥。该桥全长为34.5米，宽2.5米，高5米，桥面略呈弧状，中间跨跨距为6.4米，另外两跨跨距分别为5米和4.3米。

迎祥桥无护栏，坡度和缓，是典型的元式桥梁（见图2-3）。每跨桥墩是由三块长青石并列组成的立壁柱（见图2-4）。桥墩上架桥帽石，以桥帽石为梁在上面架楠木作为纵梁，木纵梁上铺木望板，望板上铺方砖，然后再用小青砖作为桥面，桥面两侧挂贴方砖，

① 图2-3 金泽迎祥桥全景

② 图2-4 迎祥桥立壁柱桥墩构造示意图

注：本书示意图中未标明单位的默认为"毫米"。

①

②

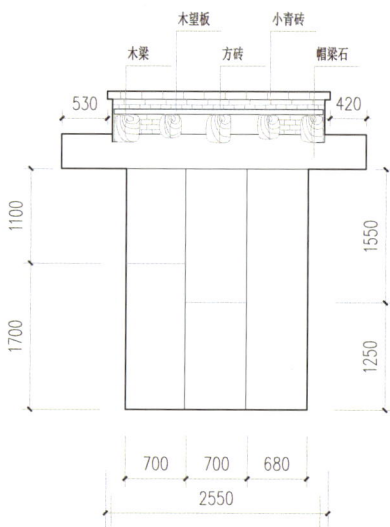

起到防止雨水直接冲刷木梁的作用。青砖桥面承受上部的压力，木梁承受拉力，桥面连续而主梁简支，是十分经典的连续简支梁结构。其中桥面略呈弧状，承受力计算得非常精确，具有内力小且节省材料的优点，体现了当时高超的造桥水平。

练塘馀庆桥　馀庆桥又名砖桥，位于青浦练塘镇，始建于元末明

①

②

③ 图2-5　徐庆桥纵向木梁

② 图2-6　顺德桥全景

③ 图2-7　顺德桥桥下原有托木留
　　下的凹槽

初，是一座砖、木、石混合结构的三跨木梁桥，形制同迎祥桥相似。桥身全长15.95米，宽2.66米，中跨跨距为7.0米，两侧跨距则为4.8米和4.15米。

徐庆桥的石立柱由相隔一定距离的两根长条石竖排而成，支撑石盖梁。石梁下垫承托木，亦称"保险木"，木梁可起到保护石梁的作用，石梁置在木梁之上，又可遮掩木梁。石梁和木梁相辅相成，可延长桥梁的使用寿命。有学者在21世纪初的考察发现，垫在桥梁下的承托木有的尚未腐朽[①]。此外，桥面用木梁（见图2-5），上面依次铺望板、望砖、小青砖，用砖、木结构代替石材，厚度变薄，大大减轻了重量，减少了荷载，具有经济节省、施工方便的优势。

练塘顺德桥　顺德桥，位于青浦练塘镇，始建于元至正年间（1341—1368），历经清顺治（1644—1661）、康熙五十八年（1719）、乾隆四十九年（1784）三次重修。该桥全长16.4米，宽2.3米，高4.1米（见图2-6）。

顺德桥原来是木梁桥，经历多次修缮后，原木梁逐渐被石梁替换，乃至消失，但是在元代遗留下来的桥帽石上仍保留有用以搁置木梁的凹槽（见图2-7）。目前桥面均为花岗岩长条石梁，桥柱为青石立壁柱。桥上有楹联"九峰列翠重镇桃源早发，三泖行帆鹤荡渔歌晚唱"。

---

① 谢天祥.青浦古桥：江南古桥之萃［M］.上海：百家出版社，2000.

2. 木肋石板桥

在混合材质的梁桥中，还有一种非常特殊的形式，叫作木肋石板桥，即由桥墩承托桥帽石，桥帽石上纵向排置托木，托木上铺设石梁（板）。其中的托木在构造中可以对石梁桥起到保护、方便安装更换以及增强稳定性的作用。《重修崇真宫桥记》中有记载："石性烈，不加托木，石且断。"没有托木承托的石梁容易发生脆断，危害往来的行人和船只。另外因为石梁较重，有了木梁托的存在，施工时便于架设石板或石梁，而石梁就位后也不会拆除托木，以便更换木梁的时候可以快速进行。对于采用立壁柱的石梁桥，托木可以帮助桥台抵挡被动土压力。

上海保存完整的木肋石板桥是松江望仙桥，它是上海地区现存最古老的桥梁，也是全国现存唯一一个木肋石板桥的实例。早期上海地区建筑用石材多为硬度较小的武康石，抗剪切性差，所以石板下要用到木托。不过在其他一些平梁桥的石帽梁上，也还可以看到当时用于放置托木的槽孔痕迹，这些平梁桥应该是由木肋石板桥改造而来的。

松江望仙桥　望仙桥，位于松江方塔园内东南角，南宋《云间志》已有此桥记载，建于南宋绍兴年间（1131—1162），是清代以前松江城里南北干道上的一座重要桥梁，也是现存上海地区唯一的一座宋代梁柱式木石结构桥梁，是一座单跨平板石桥。该桥跨松江古市河，南北走向，全长7米，宽3.2米。

望仙桥的建造利用了拱形结构，把桥面负重转移到两边桥基以解决石料怕拉的弊端，同时，又将不怕拉的木料垫在石料下方，像肋骨一样补上石桥板拉力不足的缺陷。使用托木可以减小主梁的受力和变形，从而形成两种材料优势的互补，用最少的材料造出负荷力度最大的桥梁。这种"木肋石板桥"的特殊结构，全国仅此一例（见图2-8）。

如今此桥帽梁上还可以看到当时用于放置托木的槽孔（见图2-9），但因为年代久远，托木已大多腐坏。剩下四块略呈拱形的武康石条并铺而成桥身，因为缺少托木的承托，中间两块武康石先后破损，在最近一次修缮中替换成现在较厚且没有弧度的金山石花岗岩石梁。

① 图2-8　松江望仙桥
② 图2-9　望仙桥桥面板下托木凹槽

①

②

3. 石墩混凝土梁桥

上海现存的石墩混凝土梁桥有两座，均为民国时期改建。此类桥的桥墩依旧保留原有桥石，而桥面则改为混凝土结构。这两座桥均位于松江老城区，一座名为秀南桥，一座名为年丰人寿桥。

松江秀南桥 秀南桥位于松江永丰街道秀南街，跨二里泾，东西走向，是一座单跨梁桥，桥跨8米，宽3.6米（见图2-10）。该桥始建年代不详，清同治十三年（1874）重修。民国十九年（1930）重建时将其改为混凝土、石混合结构，即保留古桥原有基础和桥肩墙部位，撤去桥面石梁，改为混凝土结构。目前桥面的一块由花岗石桥板铺成，其余均铺设混凝土，栏杆也改建成新式混凝土栏杆。如图2-11所示为秀南桥西北角水泥望柱所嵌武康

① 图2-10 松江秀南桥
② 图2-11 秀南桥水泥望柱武康石铭刻
字迹风化严重。

①

②

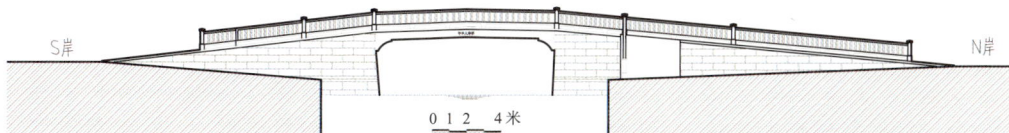

S岸　　　　　　　　　　　　　　　　　　　　　　　　　　　N岸

0 1 2　4米

①

②

③

① 图2-12　年丰人
　寿桥立面图
② 图2-13　松江年
　丰人寿桥
③ 图2-14　望柱上
　镌刻的桥名和修
　建年代

石铭刻。

　　松江年丰人寿桥　年丰人寿桥位于松江永丰街道秀南街,结构形式与秀南桥相似,单跨,桥跨10.5米,宽3.8米(见图2-12、图2-13)。该桥始建时间不详,民国十九年(1930)重修时改为混凝土桥面。桥肩墙由青石与花岗石构成,栏杆改建为混凝土,其中一望柱上镶有花岗石块,上面刻有桥名和修建年代(见图2-14),推测是修建时利用原有桥石刻字嵌入。现该桥仍坚固完好,为当地交通要桥。

2.1.1.2　石梁桥

　　我国古代很早就开始用石材造桥,石梁桥不仅数量多且分布全国各地。其实石料作为一种脆性材料,抗拉性能较差,并不十分适合用作梁板等受弯构件,但其能被广泛应用,主要有两个原因:① 早期的木梁桥易腐蚀,难以长久保存,而石材则经久耐用;② 随着青铜器、铁器工具的广泛使用,古代人开采石材的能力加强。

石梁桥也是上海地区较为普遍的古梁桥类型之一,尤其明清时期建造的梁桥,多为石梁桥,桥面平直,一般由桥墩或桥台直接承托桥面,或通过桥墩上搁置的桥帽石承托桥面。按照建造型制来分,石梁桥可以分为单跨石梁桥和多跨石梁桥。

1. 单跨石梁桥

单跨石梁桥一般采用重力桥墩,即以桥台为桥墩的结构形式。上海地区部分单跨石梁桥中,石柱嵌在桥台里支承桥帽石和上部的桥板,整体通过桥台承重并将堤岸与桥面连接起来。桥台下是短木桩基础。两个桥台上搁置石梁桥面。

石梁桥面在连接和铺设上主要有两种形式(见图2-15):一种是几块石梁平列排置成桥面,另一种是在桥帽石两侧搁置两块带有凿口的石梁,然后在中间安置石板。受石材力学性能限制,石梁桥体量较小,常用于河道较窄的地方。其在跨度上具有一定的局限性,一般以4～6米为主,极少量可以达到7～8米,桥宽一般为1～2米,总长度一般在10～20米之间。上海地区尚未发现总长度超过20米的石梁桥。

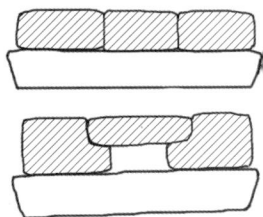

图2-15 梁式桥面的两种形式

下面以浦东新区唐镇的洪德桥为例进行说明。

浦东洪德桥 洪德桥原名“虹天桥”,位于浦东新区唐镇,跨陈家沟,南北走向。建于清乾隆二十年(1755),初由沈朝鼎建,清道光十年(1830)沈姓乡绅募捐重建。2002年1月14日被列为浦东新区文物保护单位。

洪德桥为单跨石梁桥,花岗石桥身,桥跨为4.9米,桥长

14.5米，桥面宽2米，以四块宽度在0.5米左右的条石拼合而成（见图2-16）。该桥即是将条石桥梁架在桥帽石上，再通过桥台将堤岸和桥面连接在一起，这里桥帽石是主要的承重构件，承受来自上部荷载的应力，并竖直向下传递到水盘石和基础（见图2-17）。

① 图2-16 浦东洪德桥
② 图2-17 洪德桥立面图

①

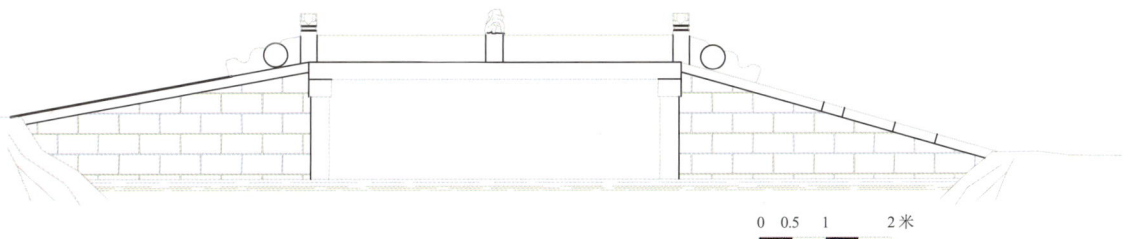

0 0.5 1 2米

②

如表2-1所示为上海地区重要的单跨石梁桥测绘数据概况。

表2-1　上海地区重要的单跨石梁桥测绘数据一览表

序号	桥　名	所属区镇	桥长/米	跨度/米	桥面宽/米
1	青浦中和桥	青浦区	19.3	5.1	1.7
2	兆昌桥	青浦区	17.7	5.3	2.6
3	洪德桥	浦东新区	14.5	4.9	2.0
4	雷坛桥	浦东新区	16.6	7.3	2.5
5	新场青龙桥	浦东新区	15.4	5.1	1.6
6	鹤龙桥	闵行区	18.4	6.1	1.9
7	万有桥	闵行区	11.0	5.2	1.4
8	乐善桥	青浦区	7.0	5.0	0.9
9	酬恩桥	闵行区	10.7	5.2	1.2
10	革新村益民桥	闵行区	9.3	5.1	0.8
11	奉贤大同桥	奉贤区	14.0	6.5	2.3
12	奉贤中和桥	奉贤区	17.6	6.3	2.1
13	广济桥	奉贤区	16.0	6.5	1.5
14	中石桥	奉贤区	13.8	6.2	1.6
15	奉贤青龙桥	奉贤区	6.7	4.3	1.3
16	求福桥	奉贤区	10.5	4.5	1.2
17	贞节桥	金山区	10.0	6.2	2.2
18	瑞虹桥	金山区	9.6	5.0	2.8
19	八字桥	奉贤区	16.5	7.5	1.9

2. 多跨石梁桥

在多跨石梁桥中，一般较为常见的是三跨，这种构造是功能和艺术的结合，与桥梁的形式美学有着一定的关系。在上海地区，一般三孔桥的跨度就基本可以满足河道宽度，而且相较于五孔石梁桥，三孔桥的桥墩更加坚实，可以长期抵抗河水冲击。

多跨石梁桥按照桥墩建造形式用柱子或者墩子的区别，可以分为石梁柱桥和石梁墩桥。

1）石梁柱桥

就建造方式来看，石梁柱桥桥墩的石柱包括石立柱和立壁柱（石壁式）。

石立柱，是指两根相隔一定距离的长石条，竖直并立作为石柱，支承桥帽石，呈门字形，上面架桥梁。这种结构一旦上部桥面板受力超过容许承重，就会造成桥帽石的断裂。一般这种桥墩会在桥面较轻的情况下使用，如上文提到的青浦馀庆桥。因为桥面采用砖、木而非石梁，能大大减小桥面板厚度，减轻桥身的重量，如此一来，就可用石柱支承。这种建造方式一方面在承重上有助于延长桥梁的使用寿命，另一方面也更加经济方便。

立壁柱，是由2～4根截面为矩形的石柱紧密排列或并排成壁，组成桥柱，其上横置桥帽石，上下端连接于桥帽石和底座石之间，起到稳定和增强抗挠强度的作用。因为其构造简单、施工方便，因此成为上海地区较为普遍的一种桥梁类型。

此类型较为常见的是三跨石梁桥，由桥面、桥柱、桥基组成，一般中跨较大，且中跨桥面也略高，呈弧线或坡度较缓的梯形，既美观又便于通航。中跨采用桥墩搁置桥帽石的方式承载桥面板，两侧桥面板则搭接在两侧桥台的桥帽石上，桥面板由2～5条长石板并排铺设而成。桥的基础大多用块石砌成阶梯状，也有无阶梯铺设成平缓坡度的形式。

三跨石梁桥桥长主要集中在15～19.9米之间，长度超过25米的三跨石梁桥在上海地区仅有两座，分别是奉贤区的八字桥（26.3米）和闵行区的积善桥（29米）。桥宽一般在1～1.9米左右，宽度超过3米的只有奉贤区的三祝桥（3.3米）。

①

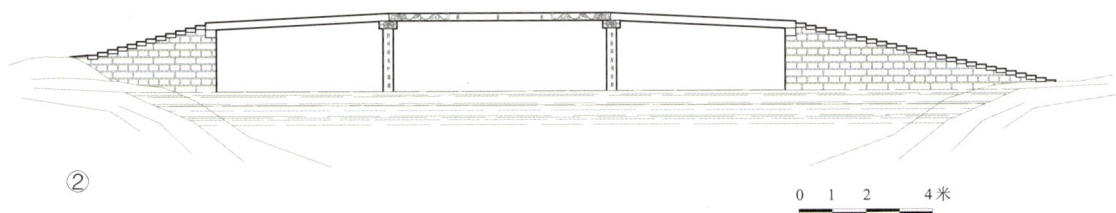

② 　　　　　　　　　　　　　　　　　　　　　0 1 2　 4米

闵行积善桥　　积善桥位于闵行区华漕镇,跨高家浜,南北走
向。始建年代不详,清道光十五年(1835)重建,民国十九年(1930)
再次重建。

　　该桥为三跨立壁柱石梁桥,桥面由两块长石板并排铺成,总长
29米,桥宽1.17米(见图2-18、图2-19)。2009年8月6日被公布为
闵行区文物保护单位。目前该桥仍在使用中,状况良好。

　　两跨石梁柱桥极为少见,上海古桥中仅有奉贤区的连福桥为
两跨石梁柱桥。

　　奉贤连福桥　　连福桥又称"人民桥",位于奉贤区金汇镇,始建
于清嘉庆十九年(1814),花岗石质,桥长16.8米,宽1.4米。该桥两
岸有肩墙,形式类似于单跨石梁桥,但跨度较长,中间立石柱桥墩,

① 图2-18　闵行积
　善桥
② 图2-19　积善桥
　立面图

　　　　　　　　　　　　　　　　　　　　　　　　　　　　　　上海古桥保护研究

图2-20 奉贤连福桥(摄影/吴纪慰)

其上横置桥帽石,托以两跨石梁。

因其旁建有水泥桥,该桥现已闲置(见图2-20)。

五跨石梁柱桥的跨度一般大于三跨桥的跨度,常建造于水域较宽阔的河段,不过其结构与三跨石梁柱桥基本类似。五跨石梁柱桥在上海地区数量极少,如前所述,其原因在于两点:① 依照上海旧时河流宽度,三孔跨度基本足够,因此上海地区五跨的梁桥数量本身就不多;② 五跨石梁柱桥跨度太大,而桥墩又纤小,很难长期抵抗洪水的冲击,远不如三跨桥的桥墩坚实。因此三跨石梁柱桥是上海古桥中最普遍的桥型,而五跨石梁柱桥仅有闵行区的徐家桥这一座。

闵行徐家桥　徐家桥位于闵行区华漕镇,跨龙尖嘴港,南北走向。该桥始建于清同治七年(1868),由徐氏所建。两侧桥额题刻有桥名"徐家桥",并刻纪年及建造人姓名等。

该桥桥墩为双拼立壁式,上架石梁,桥面由条石双拼而成。目前,靠岸两跨基本已没入泥土中,现存桥长18米,宽1.2米(见图2-21、图2-22)。桥畔已另建一座水泥桥,替代古桥起到通行作用。

①

②

2) 石梁墩桥

所谓石梁墩桥,指的是桥墩宽度要大于两条石条宽度并多层横放垒叠的桥。石墩桥厚实稳重,相对于石梁柱桥更加耐得住河水冲击或者船只的撞击。"石梁墩桥极盛于有宋一代,多见于福建一省,特别是泉州一府",主要在于宋代泉州港"成为当时世界最大的贸易港之一,同时又是中外政治联系和文化交往的枢纽,中外许多使节、教士、旅行家都由这里出海或登陆",所以交通运输问题得以被重视。[①]

就上海地区而言,这里的河道水流平缓,水位稳定,一般的石梁柱桥足以承受,因此石梁墩桥在上海较为少见。现存上海古桥统计在册的共有七座石梁墩桥,分别是青浦区的云虹桥、戚家桥,金山区的山塘桥(见图2-23、图2-24),奉贤区的木行桥(见图2-25、图2-26)、通德桥,宝山区的宝善桥、积福桥,均为三跨石梁墩桥。

① 图2-21 闵行徐家桥
② 图2-22 徐家桥立面图

---

① 茅以升.中国古桥技术史[M].北京:北京出版社,1986:41.

① 图2-23 金山山塘桥

三跨石梁墩桥始建于清嘉庆庚辰年（1820），1954年重修。

② 图2-24 山塘桥立面图

③ 图2-25 奉贤区木行桥

三跨石梁墩桥，建于清乾隆三十五年（1770）。

④ 图2-26 木行桥立面图

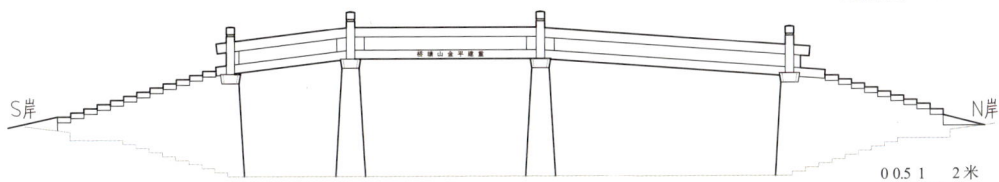

②

③

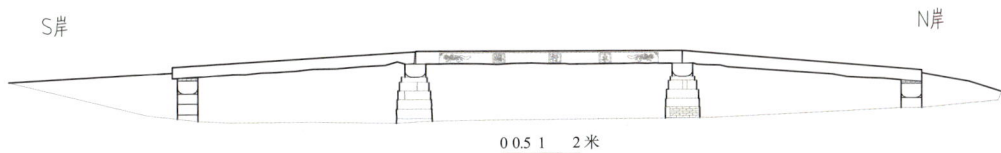

④

图2-27　宝山宝善桥

据测绘统计，石梁墩桥的长度大约在16～25米之间，跨度以4～6米为主，桥面宽以1～2米为主。其中宝山区的宝善桥是上海地区最长的一座石梁墩桥。

宝山宝善桥　宝善桥又名"大石桥"，俗称"众缘桥"，原在宝山月浦镇东，跨马路河，东西走向，2004年被移至宝山临江公园内。

该桥建于明天启五年（1625），由里人曹彬、王荣祖等募建，清嘉庆五年（1800）重修，清光绪二十八年（1902）、民国元年（1912）又先后重修。该桥为三跨石梁墩桥，全长24.4米，桥宽1.6米，桥墩由青石和花岗岩交错横叠而成，墩宽3.2米（见图2-27）。

3）墩柱混合石梁桥

墩柱混合石梁桥，即梁桥的下部结构既有石墩，也有石柱。这种类型的桥主要是在中跨用墩，增加桥体的稳定性，边跨用柱，可以节省材料，适用于跨度较大的河段。现存登记在册的上海古桥中仅有三座墩柱混合石梁桥，分别为金山区的济渡桥、嘉定区的玉虹桥和奉贤区的济渡良桥。

金山济渡桥　济渡桥，又名七星桥、刘家渡桥，位于金山区漕泾镇金光村1028号东侧，跨南横塘，南北走向。始建于清光绪元年（1875），由里人周思达、徐治沧等集资建造，于光绪三年（1878）落

图2-28 金山济渡桥

成。桥长43.6米,宽2.19米,高4.4米,净跨36米,是上海地区现存跨度最大的清代石梁桥,曾被誉为"云间第一长桥"(见图2-28)。1992年4月15日被公布为金山区文物保护单位。

济渡桥为七跨石墩石柱石板桥,是上海目前唯一的一座七跨石梁桥,共有六座黄色砂石材质桥墩,其中仅中跨采用两座石墩支承,其余几跨则采用立壁式石柱。这种柱墩混合的建造形式,据猜测应为历史上多次修缮后的结果。

嘉定玉虹桥　玉虹桥,俗称长桥,位于嘉定马陆镇励学路三号桥西侧,跨长桥港,南北走向,始建于清康熙年间,后乾隆、咸丰、宣统年间亦有重建或重修。桥额有题字"玉虹桥　大清乾隆陆岁次辛酉菊月立"。

该桥是一座五跨墩柱混合石梁桥,中跨为石墩支撑,其余几跨为立壁式石柱。桥长22米,宽度为1.2米。

奉贤济渡良桥　济渡良桥位于奉贤区南桥镇杨王村西胡11组,跨庙泾港,东西走向,始建于清嘉庆三年(1798)。桥长27米,宽1.1米,建桥石材为青石、花岗石。

该桥为五跨墩柱混合石梁桥,但形式较为特殊,桥墩样式不一,中跨的一侧为石墩,一侧为立壁式石柱(见图2-29、图2-30),

①

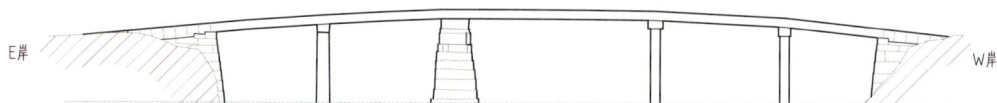

E岸   W岸

②

0 0.5 1   2 米

边跨处为普通式石柱，应该是经过多次改建而形成此番特殊景象。

① 图2-29 奉贤济渡良桥（摄影/吴纪慰）
② 图2-30 济渡良桥立面图

2.1.2 石拱桥

拱桥是从原始天然侵蚀性石拱（天生桥）逐步演变而来，形成有意建造的拱券形式，是木、石梁桥演变的必然结果，也是桥梁发展史上的一大进步。当石梁桥由简支桥发展变化出叠涩和出跳时，一种呈弧线形、似拱非拱的形式便出现了。目前所查到的有明确记载的石拱桥最早出现在北魏郦道元《水经注·谷水》篇记载的"旅人桥"："（七里）桥去洛阳宫六七里，悉用大石，下圆以通水，可受大舫过也。题其上云，太康三年（282）十一月初就功，日用七万五千人。"①

---

① （北魏）郦道元.水经注［M］.长沙：岳麓书社，1995.

上海古桥保护研究

拱桥的承重结构是其拱形构件。拱形构件受竖直向下的荷载力作用，于是在拱脚部位产生了向外的横向推力，拱形结构内部以受压为主。石料由于抗压强度较好，因此十分适合用于拱桥的建造。另外，相比梁桥，拱桥具有更好的耐久性、稳定性和跨度大等优点，因此在很多时候会取代梁桥成为建造首选，尽管其一次性投入远高于梁桥。

拱桥是江南水乡地区主要水系上普遍存在的桥梁形式。一是由其造型决定，拱桥造型美观、形态优雅，比较符合江南人的审美意识；二是由江南的独特水文环境决定，这里多是小江小溪，水势平缓，比较适合架设单孔或多孔拱桥，而水面宽广、水急浪高的大江大河则不适用；三是由拱桥的功能决定，拱桥坚固耐用，结构精巧，而且净高较高，可通船只，更能在江南地区发挥优势和特点，因此受到江南桥梁建造者的青睐。宋代时，江南一带拱桥的数量已经十分庞大，到明清时期，拱桥建造技术臻于成熟，并且在规模和形式上也达到了一定高度。部分桥拱不仅尺度较大，而且细部非常精致。据20世纪50年代的粗略统计，当时全国共有古桥400多万座，其中石拱桥数量占一半以上，绝大部分为明清石拱桥。

上海现存石拱桥数量占上海古桥总数的44%左右。

关于拱桥的分类方式有很多种，如按拱券数量分，按拱券形式分，按建造材料分，或者按拱券的构造方式分，等等。由于拱券是拱桥最主要的部分，其数量和类型决定了拱桥的整体外形，如大小、高度、坡度等参数，是整座桥梁技术的体现，所以本节内容主要从拱券数量和形式两方面对拱桥进行型式分类研究。

1. 以拱券数量分类

按照拱券的数量，可以将石拱桥分为单孔石拱桥、双孔石拱桥和多孔联拱石拱桥。

1）单孔石拱桥

上海地区以单孔石拱桥为主，因为其建造较容易，成本也较低。上海现存年代最早的石拱桥——青浦区金泽镇的普济桥，即是一座单孔石拱桥。

金泽普济桥　普济桥，亦称圣堂桥，因由紫色武康石料构成，又俗称紫石桥。该桥位于青浦区金泽镇南市梢，跨金泽塘，东西向，始建于宋咸淳三年（1267），清雍正元年（1723）在保持原状的基础上重新修整石栏杆。其建造选址很体现上海地区的"桥庙文化"，原建造在南宋颐浩禅寺的山门以北，后因为抗战时期颐浩禅寺被毁，只余普济桥和寺院内的一块条石。

普济桥总长26.7米，桥面宽2.75米，总高度4.8米，圆弧形拱券，拱跨10.5米，拱高4米，无护拱，具有宋代石拱桥拱跨较大、坡度平缓、桥面较窄等特征，两侧桥塚皆有引桥，桥栏无柱头，是江南水乡小型宋式桥的珍贵实例。著名桥梁专家唐寰澄曾说："论上海古桥之大，惟朱家角放生桥；论上海古桥之古，当推金泽普济桥。"

2）多孔石拱桥

相比于单孔石拱桥，大跨度的多孔石拱桥往往只建造在经济较发达且有宽度较大的河道穿过的大集镇上。据调查，上海地区现存的多孔石拱桥仅有8例（见表2-2）。

图2-31　金泽普济桥分节并列式圆弧形拱券

表2-2　上海地区现存多孔石拱桥

类型	名　称	区　域	总跨距/米	各单跨距/米
五孔石拱桥	大仓桥	松江区仓城	43.26	(5.0,8.8,12.2,8.8,5.0)
	放生桥	青浦区朱家角	48.27	(6.2,8.8,12.6,8.8,6.2)
三孔石拱桥	天皇阁桥	青浦区金泽镇	16.20	(3.9,6.8,3.9)
	九峰桥	青浦区朱家角	22.80	(5.2,10.5,5.2)
	云间第一桥	松江区仓城	28.00	(7.2,12.1,7.2)
	蒲汇塘桥	闵行区七宝	24.00	(5.6,11.3,5.6)
	天恩桥	嘉定区南翔镇	24.69	(5.7,11.0,5.7)
	继芳桥	奉贤区青村镇	14.85	(3.6,6.7,3.6)

　　多孔石拱桥存在薄墩和厚墩之分。一般来说,当桥墩宽(厚)与联拱中最大孔跨径比在0.04～0.12之间时,即为薄墩。厚墩多孔石拱桥尺寸厚实,能够承受单侧拱推力。在我国北方地区,河水的季节性涨落对桥墩产生较为严重的冲刷作用,因此需要采用厚墩拱。

　　而在薄墩联拱结构中,主孔承受荷载后会引起两侧桥墩的变形,从而将力和变形的影响传递到相邻的拱券,联拱共同承载,可以减小桥墩的水平推力,从而减轻桥墩上的结构重量。这比较适用于上海所属的江南地区。一方面因为江南地区水流较为平缓,桥下过的船只较多而桥上仅需荷载行人轻货,不需要建立厚墩桥;另一方面,江南地区多软土地基,承载力较差,所以多采用薄墩联拱桥,既减少了桥身重量,一定程度上又避免了不均匀沉降,另外桥墩做薄也便于排水过船。早在唐代,薄墩联拱桥在江南地区就已经达到了一个建造高峰。

　　上海地区现存的多孔石拱桥均为薄墩联拱,如上述青浦朱家角放生桥、松江大仓桥、青浦金泽天皇阁桥都是典型的薄拱薄墩石拱桥。

　　朱家角放生桥　放生桥，位于青浦区朱家角镇，始建于明隆庆
五年（1571），桥堍南端为慈门寺，该桥由慈门寺僧募建。清嘉庆
十九年（1812）放生桥发生坍塌，后在原址重建。1987年11月，该
桥被列为上海市第四批文物保护单位。

　　朱家角放生桥是华东地区规模最大的五孔石拱桥，也是上海地区
跨径最大的圆弧形石拱桥。该桥全长70.8米，桥面宽5.8米，高7.4米，
中间拱券跨度最大，达到12.3米；两侧拱券跨距为6.2米（见图2-32）。
其墩宽和最大孔径的比例达到0.06，是多孔薄墩拱桥中最小的。从
结构上看，朱家角放生桥采用超薄柔性墩，柱墩厚度仅60厘米。这
一方面减小了主拱的受力分布，另一方面也节省了建造材料。桥拱
的逐渐递减和薄壁桥墩自然形成了一个相对较缓的纵坡，造型优美。

　　放生桥内主拱券的建造采用横联中的分节并列砌法，由九道拱
石并列而成，不仅加强了拱券间的联系，也提升了桥身的坚固性。

　　松江大仓桥　大仓桥，本名"永丰桥"，位于松江区中山西路仓
桥弄南，横跨古市河，南北走向，因明清时期桥南建有松江府储存漕
粮的仓城，故称"大仓桥""华亭仓桥""西仓桥"。该桥在明天启六
年（1626）由知县章允儒建，明代董其昌曾撰并书《西仓桥记》，今碑
石已无存。1985年7月被公布为松江县文物保护单位。2002年重修

时在桥额刻"重建永丰桥"字样,并发现旧时《华亭仓桥碑记》石刻。

　　松江市河因是漕运河起始点,河面开阔,故其上的大仓桥为五拱石桥,桥面总长63米,宽5.34米,是上海地区现存最大的古桥之一(见图2-33)。该桥五孔石拱不等跨,中孔最高,依此递减。桥顶距河面8.0米,龙门石长1.95米,宽1.62米,上下桥有92级石阶(见图2-34、图2-35)。

　　大仓桥是典型的薄拱薄墩石桥,桥墩上方刻莲花图案,桥身基本完好,仍具备通行功能,但青石护栏有部分风化。该桥顶部及两侧约有30块护栏石缺失,其中部分掉落河中。由于河道变窄,桥的两个边孔已淤积成岸,仅存三孔位于河面之上。

① 图2-33 松江大
　　仓桥
② 图2-34 大仓桥
　　平面图
③ 图2-35 大仓桥
　　立面图

①

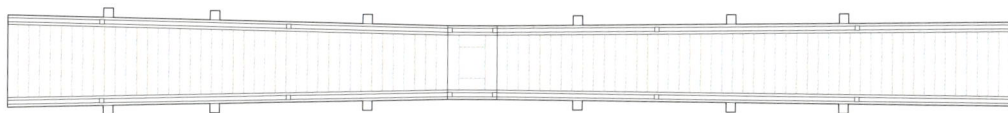

②

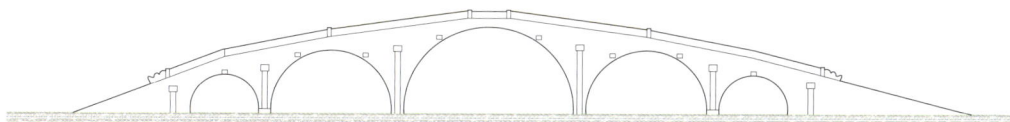

0 1 2　4米

③

①

②

　　青浦天皇阁桥　　天皇阁桥，位于青浦区金泽镇下塘街，跨市河，南北走向，始建于明代，清康熙三十七年（1698）重建。因桥北堍原有托塔天王庙，即以庙名为桥名。

　　天皇阁桥为三孔薄拱薄墩石拱桥，桥长22.2米，宽2.8米，并列分节拱券，中孔拱跨6.8米，拱高4米，两旁拱跨4米，拱高1.8米（见图2-36、图2-37）。桥面雕有八卦、宝瓶、芭蕉、宝剑等多幅图案，两坡各17级石阶。

　　该桥桥身高大，仅次于朱家角放生桥，是江南少有的三孔连拱石桥，1994年被列为青浦县第四批文物保护单位。

2. 以拱券形式分类

　　不同的拱券形式使得桥身具有不同的风格特征。早期的石拱桥跨高比较大，坡度相对平缓，桥身整体流畅简洁。到清朝时期，

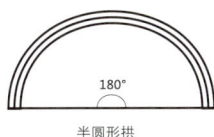

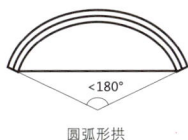

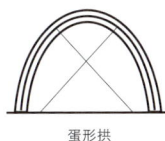

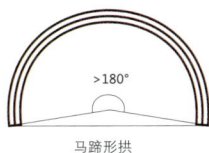

半圆形拱

180°

圆弧形拱

<180°

蛋形拱

马蹄形拱

>180°

① 图 2-38　常见拱券类型示意图
② 图 2-39　放生桥立面测绘模型图

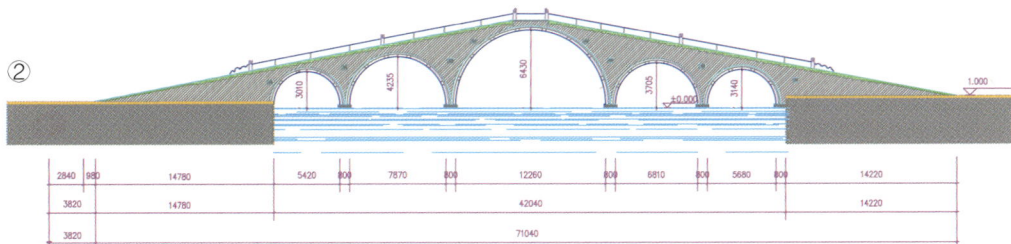

拱桥呈现出较大矢高,桥面呈折线状,坡度较陡,桥身整体更有层次感。这种形式上的演变即与不同历史时期拱券结构形式的使用有着密切的关系。

按照茅以升先生在《中国古桥技术史》中的研究,拱券的形式可以分为:圆弧形拱、半圆形拱、马蹄形拱、全圆形拱、蛋形拱、折边拱等多种类型(见图 2-38)。上海地区现存的拱券形式主要有圆弧形拱、半圆形拱和蛋形拱,其中圆弧形拱和半圆形拱是上海地区较为常见的拱券形式。

1）半圆形拱桥

半圆形拱是指拱心和拱脚在同一水平线上,呈 180°。半圆形拱是应用最为普遍的一种拱券类型,由于其形状简单,施工也较为方便,因此全国各地随处可见。在上海地区,半圆形石拱桥数量占全部石拱桥数量的 60%。

半圆形拱桥桥身较陡,桥面基本呈折线状,拱高较高。上海地区半圆形石拱桥宽度集中在 2 ～ 5 米之间,跨径主要集中在 5 ～ 10 米,仅有两座拱跨超过 10 米,其中跨径最大的是上文谈到的朱家角的放生桥。

朱家角放生桥是上海地区半圆形拱在多孔石拱桥应用中的典例,五个连续拱券均为半圆形拱券,横跨在镇东首的漕港河上,中跨跨度达 12.3 米,桥身长 70.8 米(见图 2-39)。因为采用半圆形拱券而桥身矢高较大,该桥整体坡度较陡,桥面呈折线状。它是上海

图2-40　金山寿带桥

最长的一座石拱桥,被誉为"沪上第一桥",远远望去,凌空而起,形似长虹。

其他具有代表性的半圆形石拱桥有金山区的寿带桥、宝山区的大通桥、松江区的云间第一桥、奉贤区的南虹桥等。

金山寿带桥　寿带桥,俗称"油车桥",位于金山区吕巷镇,横跨吕巷市河,南北走向,始建于宋代,明代及中华人民共和国成立后都曾修缮过。1992年4月15日被公布为金山区文物保护单位。

该桥为单孔石拱桥,桥长22.75米,宽2.4米,拱高4.3米,拱跨8.5米,南北桥堍各有26级石阶(见图2-40)。

桥身最初由武康石砌筑,后来在不同时代的多次修缮中使用了青石、花岗石等多种石材。通过分析其正投影图片可以看出,寿带桥采用的是半圆形拱券。

宝山大通桥　大通桥,又名大石桥,位于宝山罗店镇亭前街,横跨罗店市河,南北走向,始建于明成化八年(1472),并于清雍正八年(1730)重建,道光二十八年(1848)重修。1992年7月22日被公布为宝山区文物保护单位。

该桥是一座单孔半圆拱石拱桥,桥长15.7米,宽4.5米,拱跨8.5米,拱顶高度3.97米。桥身由花岗岩砌筑,横联分节并列拱券,

①

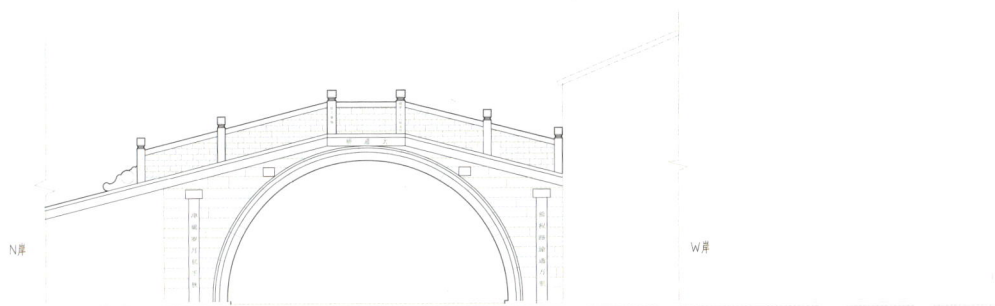

00.5 1 2米

②

并有护拱。望柱上雕刻有"里人重修""道光二十八年正月"字样。桥体两侧分别刻有对联，被周围建筑遮挡，现仅有西侧对联可见，上联为"前程路途通万里"，下联为"津梁岁月亘千秋"（见图2-41、图2-42）。

大通桥也是上海为数不多的古亭子桥，北桥堍西侧有亭榭，是古时迎来送往的重要场所。沿此桥石阶而下是清末民初罗店四大码头之一的大石桥码头。如今桥头上亭榭已毁，桥栏杆已经被改为水泥栏杆。

图2-43 松江云间
第一桥

松江云间第一桥　云间第一桥,俗称跨塘桥,位于松江区中山西路578号花园浜南,横跨古浦河上,南北走向。该桥始建于宋代,原名"安就桥",初为木结构拱桥,形似汴京虹桥。据南宋的《云间志》记载,云间第一桥"跨古浦塘,在县西三里,俗称跨塘桥",是华亭县通往秀州(今嘉兴)、平江(今苏州)、昆山等地方的起点。宋代陆蒙曾有诗云:"路接张泾近,塘连谷水长。一声清鹤唳,片月在沧浪。"

明代时该桥发生坍塌。明成化年间,知府王衡在原址重建石桥,并将其更名为"云间第一桥",这是当时松江府最大的一座桥。清同治年间此桥再度重修,成为如今的三孔石拱桥。清《阅世编》记载,此桥"水洞三环,高可通巨舰,漕船当水涨亦出入无碍也"。

1985年7月云间第一桥被公布为松江县文物保护单位。1986年,松江县人民政府对其进行了一次较大的修整,维持桥拱原有的青石不变,仍用纵联分节并列分券的方式,而桥面石阶和桥栏改为花岗石(见图2-43)。现桥长49.3米,宽5.25米,高8米。

奉贤南虹桥　南虹桥,又名环龙桥,位于奉贤区青村镇,横跨青村市河,南北走向,始建于清康熙三十一年(1692),清雍正年间

① 图2-44　奉贤南虹桥

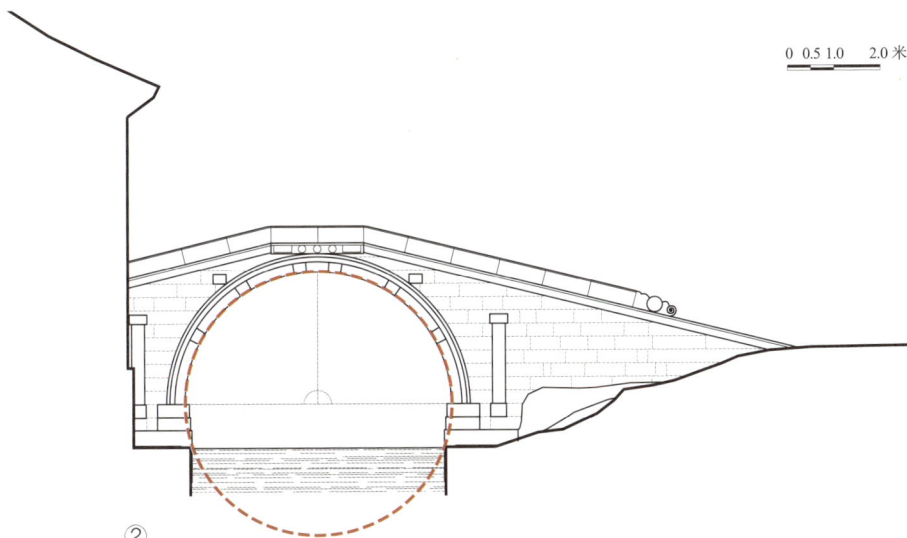

② 图2-45　南虹桥拱券分析图

0 0.5 1.0　　2.0 米

由慧剑和尚募资重修。2004年被公布为奉贤区文物保护单位。

　　南虹桥是一座单孔石拱桥，桥长21米，宽3.95米，拱跨为5.48米，矢高3.02米（见图2-44、图2-45）。该桥使用半圆形拱券，横联分节并列式排布，是奉贤区珍贵的明清拱桥实例。其青石基础，具有较高的历史价值。拱券部分为仰天石，山花墙由青石砌筑。桥上原有的龙筋石、对联石和踏步在后来的修缮中已被替换为花岗岩。

2）圆弧形拱桥

圆弧形石拱桥即取圆周上小于半圆的弧段、拱心与拱脚之间的夹角小于180°的拱桥。在桥梁建造史上，圆弧形拱券的出现要晚于半圆形拱券，因为前者跨径更大，对于建造技术和造桥时间的要求也较高。我国圆弧拱的建造年代当在隋代以前，因为赵州桥（安济桥）已经是大跨度的圆弧拱[1]。在我国北方地区，圆弧形拱券的建造技术到唐宋时期已相对成熟。

随着拱券建造技术的不断发展，半圆形拱券的制造工艺逐渐成熟，且相比于圆弧形拱券更加简易；又因为在江南地区圆弧形拱券的高度较低，整体坡度平缓，不利于通航，特别是篷船难行，因此到明清时期，江南地区的圆弧形石拱桥就已逐渐被半圆形拱券桥所替代。即便后期再建造圆弧形拱桥，其拱心位置也比早期所造的较为偏高。

由于上海地区桥梁的发展时期相对较晚，现存的上海石拱桥中早期建于宋、元、明时期的石拱桥多采用圆弧形拱券。如青浦区金泽镇的普济桥始建于南宋，嘉定区的登龙桥、永宁桥、普济桥等都建于宋元时期，闵行区的蒲汇塘桥建于明朝。

一般圆弧形石拱桥的拱跨集中在5～10米。上海地区圆弧形拱券跨径超过10米的桥梁仅有两座，一座是青浦区金泽镇的普济桥，拱跨10.5米，前文已经详细介绍过；另一座是闵行区的蒲汇塘桥，主跨11.3米。

闵行蒲汇塘桥　蒲汇塘桥，位于闵行区七宝镇，是一座南北向跨蒲汇塘的市桥。据史料记载，直至明代，蒲汇塘上并无桥梁架设，行人往来甚是不便。时有文人陆深云："嗟哉世人称奸富，栋宇巍峨千万户，闭门箫鼓炰醴鲜，道路沉沦那谁顾，泳游无计群

---

[1] 茅以升.中国古桥技术史［M］.北京：北京出版社，1986：71.

①

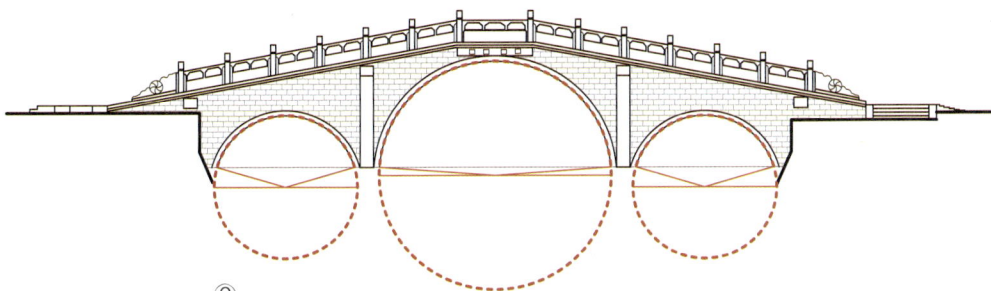

②

号呼。"明正德十三年（1518），里人徐寿、张勋集资建造该桥。明清时期，该桥数遭兵灾，于清同治三年（1864）重修，抗日战争时期受到日军轰炸，再度重修。1996年4月1日被公布为闵行区文物保护单位。

蒲汇塘桥是一座三孔联拱石桥，全长31米，宽5.5米，主孔跨度11.3米，矢高5.2米，两侧拱跨度均为5.6米，矢高3米，均为圆弧形拱券（见图2-46、图2-47）。桥面南北两侧各设有20级台阶。该桥造型浑厚质朴但不失精巧，厚重而不呆板。

嘉定登龙桥　登龙桥，位于嘉定南大街北端，横跨练祁塘河，南北走向，始建于宋淳祐元年（1241），元代时因嘉定由县升为州，

① ②

故又称为"州桥",明成化四年(1468)重建。2000年11月被公布为嘉定区文物保护单位。

① 图2-48　嘉定登龙桥
② 图2-49　嘉定永宁桥

登龙桥为单孔石拱桥,圆弧形拱券,采用横联并列的方式砌筑(见图2-48)。桥长14米,宽5.9米,净跨5.7米,矢高3米,桥南北两侧各有13级台阶。

嘉定永宁桥　永宁桥,因桥旁原有圆通寺,故又称"圆通寺桥",位于嘉定东大街秋霞楼东侧,跨横沥河,东西走向,始建于元至正二年(1342),1990年重新修缮。2000年11月被公布为嘉定区文物保护单位。

永宁桥为单孔石拱桥,采用圆弧形拱券,横联并列式砌筑(见图2-49)。桥长14.5米,宽3.5米,净跨6.3米,矢高3.2米,桥面两侧各有台阶踏步16级。

嘉定普济桥　普济桥,全称通济普福桥,旧称"管家桥",位于嘉定东大街城隍庙以西,南北向跨横沥河。该桥始建于元至治元年(1321),2001年重新修缮。2000年11月被公布为嘉定区文物保护单位。

普济桥为单孔石拱桥,青石桥面,圆弧形拱券。桥长11.2米,

图2-50 嘉定普济桥的圆弧拱

宽3.7米,净跨5.3米,矢高2.5米(见图2-50)。原桥面较陡,在后期修缮中将桥面修缮成缓平状。桥耳(龙头石)上雕刻有牡丹花图案。

3)马蹄形拱桥

马蹄形拱是指拱心与拱脚之间的夹角超过180°的拱券形式。圆心夹角在180°～200°之间的拱券称为微马蹄形拱;当夹角达到240°时,桥拱的马蹄形已经很明显,称为显马蹄形拱[1]。马蹄形拱桥是桥拱为马蹄形的横联分节并列砌筑拱桥。

该类桥在我国很少见,因为马蹄形拱桥的拱券相对较高,桥面自然较陡,影响行走,建造半圆形拱桥就足以满足一般通航情况了,从实际使用来看,不需要建造此类拱桥。

值得注意的是,上海古桥中马蹄形拱桥有6座,数量并不算少。其原因在于上海地区河道纵横,商业发达,通货船只往来十分频

---

[1] 罗关洲,陈晓,陈国桢.石桥营造技艺[M].杨志强,主编.杭州:浙江摄影出版社,2014.

繁,但河流宽度一般较窄,增加桥孔的高度可以方便篷船通行,因此会在有些河道上建造马蹄形拱桥,比较典型的如金山区的翔龙桥、奉贤区的南石桥、青浦区的永兴桥等。上海地区现存马蹄形拱桥的拱跨均不超过10米。

金山翔龙桥 翔龙桥,曾名环龙桥、龙溪桥,位于金山区漕泾镇蒋庄村,横跨蒋庄港,东西走向,始建于明弘治六年(1493),清雍正元年(1723)重建,清宣统二年(1910)重修。

该桥是漕泾镇现存唯一的古石拱桥,采用花岗石建造,单孔,马蹄形拱券,全长19.5米,宽2.3米,跨度8米,桥高3.2米,拱高2.55米,拱直径4.8米(见图2-51、图2-52)。

①

②

① 图2-51 金山翔龙桥
② 图2-52 金山翔龙桥摄影建模

①

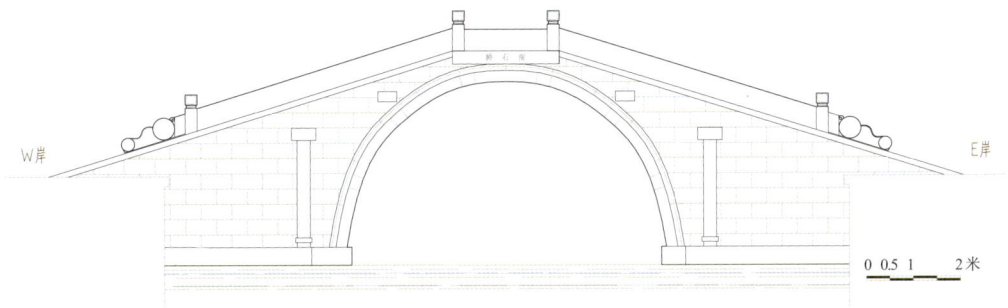

W岸   E岸

0 0.5 1   2 米

②

① 图2-53　奉贤南石桥

② 图2-54　南石桥立面图

　　奉贤南石桥　　南石桥，原名积善桥，位于奉贤南桥镇南街，东西向跨越横泾港，始建于元至正十年（1350），清同治六年（1867）重建。民国二年（1913），该桥由里人陈同伦等重修，改名南石桥沿用至今。2000年被公布为奉贤区文物保护单位。

　　该桥为单孔石拱桥，马蹄形拱券，桥长17.4米，宽2.8米，高5.3米，孔径为4.2米，东西共有台阶31级（见图2-53、图2-54）。

　　青浦永兴桥　　永兴桥，位于青浦区练塘古镇历史风貌区东段，俗称李华港桥，始建于明代，清乾隆四十一年（1776）重建，是连接下塘街东西两侧的必经之路。此桥为单孔石拱桥，长21.6米，宽3.4米，高5米，拱券为典型的马蹄形拱，七节横联分节并列砌筑。拱石

①

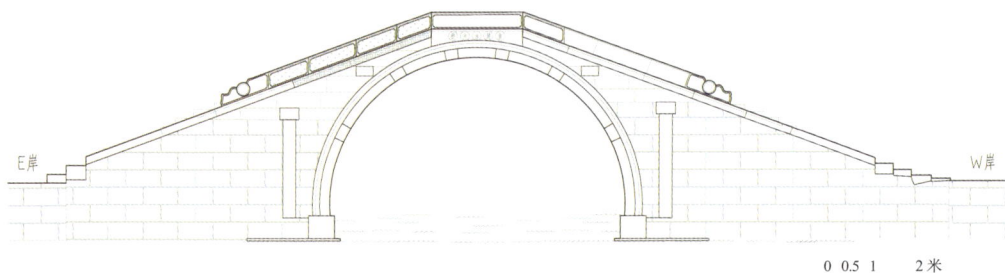

②

基本为花岗石。东堍台阶25级，西24级。桥身有两副完整清晰的楹联，两侧桥额镌刻桥名"重建永兴桥"（见图2-55、图2-56）。1994年被列为青浦区第四批文物保护单位。

① 图2-55　青浦永兴桥
② 图2-56　永兴桥立面图

4）全圆形拱桥

全圆形石拱桥也称月桥，是一种比较特殊的石拱桥类型，在全国都为数不多。其构造是将拱券石做成整个圆筒，下半截深入河床，作为石拱的基础，上半截与一般半圆形拱一样，放置于下半截圆拱之上，两侧打有小木桩用以防止券石移动，因此下半截拱也叫倒拱。一些有月拱的桥，河上的拱券并不是半圆而是圆弧。月拱的拱度由河底淤泥厚度和通航情况决定。这是一种在软土地基上加强石拱桥基础稳定性的做法，如果遇到地基土壤比较差而发生少许沉陷时，拱券不容易变形损坏①。

　　青浦艾祁桥　　艾祁桥，也称大石桥，位于青浦白鹤镇青龙村与华新镇艾祁村交界处，始建于明洪武十二年（1379），是一座全圆形石拱桥。桥长26.72米，宽3米，高5米，拱跨13.9米（见图2-57）。

　　因艾祁港水面较宽，对于架桥的跨度要求也较大，若采用一般大小的石拱桥，桥台的基础必然位于河道当中，也就是在软土地基上。长此以往，拱上部的重力和侧推力落在桥台上，很容易使桥身下沉，从而导致拱券石开裂，进而影响结构稳定。若建造梁桥，则需要较高的桥身，尺度和施工难度都较大。为了解决建造和使用中的潜在问题，艾祁桥采用了较为特殊的全圆形拱券（见图2-58），河

① 图2-57　青浦艾祁桥
② 图2-58　青浦艾祁桥全圆形拱券分析图

①

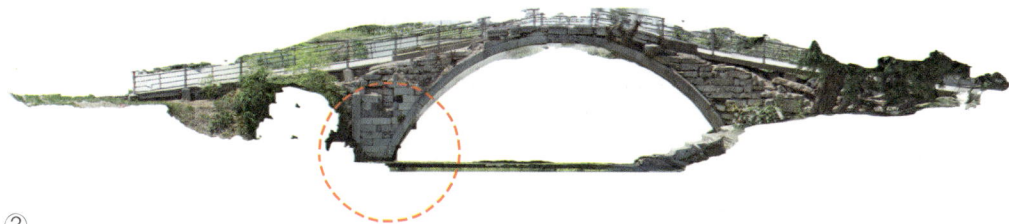

②

---

① 茅以升.中国古桥技术史［M］.北京：北京出版社，1986：71.

底的拱券自身可以承力。且由于桥拱水面加水下部分是一个较完整的圆形，因此受力时不易变形，此外还采用了横联并列式的砌筑方法，便于后期修补。

5）蛋形拱桥

蛋形拱是在尖形拱的基础上形成的拱券。尖形拱又俗称桃形拱、锅底券，为二点圆拱，左右拱心偏离一小段距离，底部微收成尖形。在尖形拱的尖部加一小段小圆弧，即成蛋形拱[①]。由于拱券曲线较为复杂，因此蛋形拱的石拱桥非常少见，金山区华严塔桥是上海地区仅存的一座蛋形拱桥。

金山华严塔桥　华严塔桥，位于金山区亭林镇，南北走向，始建于清代。桥北塊为法华寺，与古桥构成上海地区典型的"一庙一桥"的景象。

该桥是一座单孔石拱桥，桥长16.41米，拱跨5.45米，桥面宽3.41米。桥身为青石砌筑，桥上台阶、栏杆楹联等均采用花岗岩。

通过摄影建模进行正投影分析（见图2-59）可以看出，华严塔桥的拱券为二点圆拱，左右两点拱心交错偏离一小段距离，再以一小段圆弧代替两端弧线交错而成的尖顶，构成连续的弧形，从而形成蛋形拱。

图2-59　华严塔桥正立面模型拱形分析

---

① 茅以升.中国古桥技术史［M］.北京：北京出版社，1986：71-72.

6) 折边拱桥

折边拱桥是介于梁桥和拱桥之间的一种过渡型桥梁,其拱券呈折边形式,大致有三折边、五折边、七折边等。这种形式的桥梁既具有梁桥经济实用的优点,又避免了梁桥跨径过小的不足,结构强度优于梁桥,另外构造相对拱桥更加简易,用料相对较少,不过荷载能力不如拱桥。

茅以升最早论述折边拱桥,谈到"三边形石梁桥是介于梁、拱、刚架之间的结构,也可称为八字形石撑架,多见于浙江一省",并认为其"结构简单,作为步行桥是十分合适的,由三边而五边、七边,石梁桥便转化为石拱桥"[①]。这观点与拱的起源说之一"折边演进说"不谋而合。

上海地区现存唯一一座折边石拱桥,是金山枫泾镇的柏家桥,枫泾镇地处浙沪交界处,所以建造时受浙地做法影响有此设计。

金山柏家桥　　柏家桥,位于金山区枫泾镇,南北向横跨市河,始建年代不详,现桥身上的桥名已模糊不清。

该桥是一座实腹三折边拱桥(见图2-60)。两侧山花墙由花岗岩砌筑,桥面由三块长石板拼合而成,上铺碎石路面。

图2-60　金山柏家桥

---

① 茅以升.中国古桥技术史[M].北京:北京出版社,1986:49.

2.2 结构特征

由前文对上海古桥主要型式的分析可知,上海古桥主要存在梁桥和石拱桥两大类,每种又可细分为多种类型,每种类型又有众多构件,具有不同的结构特征。梁桥与拱桥最主要的区别在于受力承重构件的不同,梁桥是用横梁和桥墩作为直接主要承重构件,从受力角度来看以受弯为主;而拱桥是以墩台之间的拱形构件作为主要承重构件,拱形结构以受压为主。

在不同的历史时期,古桥的建造构件有所不同,南北方古桥构件的名称也存在不同,因此很难有统一的标准。不过无论多么复杂的桥梁,都可以归纳为三个部分:① 上部结构,即桥身部分;② 下部结构,主要包括基础、桥墩和桥台;③ 附属结构,主要包括桥栏杆、桥碑、桥头建筑物等。各种不同的桥梁都是这些组成结构的不同组合形式,其中古桥造型主要是由上部结构、下部结构共同决定,而古桥的装饰艺术特征则主要是通过古桥的附属结构而形成、体现的。下一节将专门论述作为装饰构件的古桥附属结构,这里所要说明的上海古桥的结构特征,主要指的是上部结构和下部结构。

2.2.1 梁桥的结构特征

上海梁桥虽然具有不同的类型,但其总体结构形式是较为简单、统一的,总结起来,可以分为桥墩、桥台、桥帽石、桥面板、踏步、栏板等几个部件。其中,桥帽石、桥面板、踏步、栏杆等属于上部结构;桥台、桥墩和基础属于下部主要承重构件,桥墩建造在基础上。这里的桥墩是较为广义的定义,具体可以分为:石柱、石墩以及单跨石梁桥两端的桥台。石柱和石墩多出现在多跨石梁桥中。这里以上海地区最长的石梁墩桥——宝山区的宝善桥为例,对各部件名称进行说明(见图2-61)。

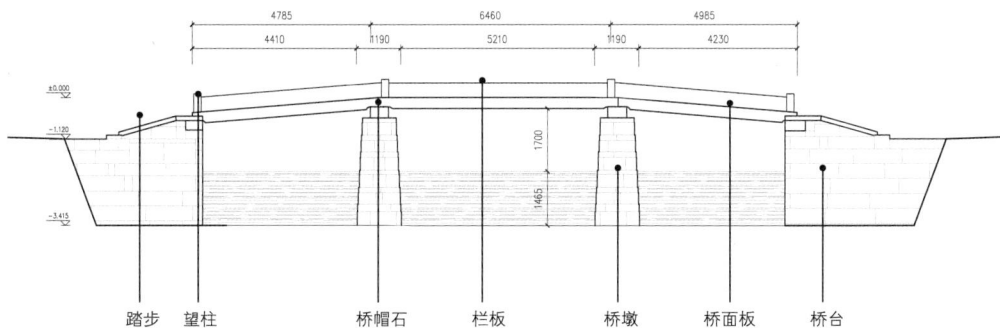

踏步　望柱　　　桥帽石　栏板　　　桥墩　桥面板　桥台

图2-61　梁桥主要
结构部件名称示意
图（以宝山区宝善桥
为例）

1. 桥面板等上部结构

梁桥的上部结构主要有石、木两种类型。上海古桥中的木梁桥大多是取五根圆柱形木梁纵排搁置在桥帽石上，而石梁桥一般采用梁、板结合的形式。

桥面是梁桥上部结构中的核心部分，是桥身朝上的一面。通过实地勘查，可以看到，上海石梁桥的桥面一般由宽50～60厘米、厚20～30厘米的条石双拼或三拼而构成，条石的长短视梁桥的跨度而决定。通常宽度1米左右的石梁桥没有栏杆，建造于村前宅后，便于过往行人和牲畜。要是考虑双向人流过桥，建造时就会将桥面宽度扩大至1.5米以上。乡镇市集附近的石梁桥，宽度达到2～3米，而位于通衢要道上的古桥，桥宽可以达到4～6米，后两种通常都有栏板防护[1]。

上海地区现存梁桥中，早期梁桥多为石、木混合结构，桥面较窄，略呈弧形，如宋、元时期的梁桥；到明、清时期，石、木混合的弧形梁桥已经不再使用，更为常见的是石梁桥，中跨桥面平直，多跨桥边跨斜置，桥身呈折线状，整体显得更加有层次感。通常这些梁桥还会在两边桥头砌有外观非常别致的台阶踏步，便于行人上桥。

---

① 茅以升.中国古桥技术史［M］.北京：北京出版社，1986：39.

从材料来看，宋代桥梁多使用武康石，而元代开始使用青石，到了明代则广泛使用青石，及至清代早期则多用花岗岩。

2. 基础

基础位于桥身之下，虽然不能直接观察，但却关系到桥梁是否坚固，非常重要。

古桥基础最稳定的当然是建造在坚硬的岩石上，这样桥体和桥墩都不容易发生沉降。但是上海地区地基较为疏松，难以满足桥梁的承载要求，较易变形，另外也不能抵抗冲刷，因此这里建桥通常会采用三种形式来加固地基：抛石基础、睡木基础和桩基础。

抛石基础是在软土地基上先放入石块，淤泥由于石块的重力作用而被排挤，使松软的河床沉降，这样就可以获得一块较为坚实可操作的地基，然后将桥墩砌筑在抛石后的石面上。桥孔较小时，两个桥墩的抛石基础相邻在一起，形成一道石堤。抛石基础主要适用于一些水流湍急、难以进行基础施工的江河。直到近代，这样的施工方法依旧应用于一些小型桥梁。不过由于抛石基础受水流冲刷时间较长之后会变得不密实，容易导致桥体的坍塌，因此古桥中使用抛石基础的并不多见。

睡木基础一般应用于浅水区河床，建造石墩式梁桥时使用，先平整河床，然后纵横铺设两层木料形成一个木筏，再在木筏上砌筑桥墩。随着桥墩高度增高，木筏逐渐下沉至河底直到平稳为止。由于睡木基础施工简单，抗震性能也好，因此广泛应用于古桥基础建设中。如图2-62所示为奉贤永安桥落架修缮打木桩基础的场景。

桩基础是在地基上密打木桩，从而起到加固土壤的作用。木桩桩头做尖插入土壤，一方面挤压土壤，另一方面土壤对桩身产生摩擦阻力，从而提高基础承载重荷的能力，控制基础下沉量，同时还能在一定程度上避免长时间河水冲刷后基础底部被掏空而发生不

① 图2-62　奉贤永
　安桥落架修缮打
　木桩基础
② 图2-63　在桩基
　础上架设桥台、
　桥墩

①

②

均匀沉降的现象。桩基础中，木桩长度较长、直径较大的称为桩，长度较短、直径较小的称为地丁。《清官式石桥做法》中对此进行了区分："木以径大而长者曰桩，径小而短者曰地丁。"[①]如图2-63所示为一例在桩基础上架设桥台、桥墩的现场实例。

---

① 王璧文.清官式石桥做法［M］.北京：中国营造学社，1936.

3. 桥墩

不同梁桥之间的差别主要体现在桥墩的不同,即石柱和石墩的区别。石柱和石墩是两种不同形式,分别适用于不同的环境条件。

1)石柱式桥墩

一般来说,石柱体积较小。这是因为石材是一种脆性材料,若石柱过高便容易折断,因此石柱适宜建造于水浅且水位稳定的河道。石材较小的体积使得石柱梁桥桥身较低。上海古桥中的石柱式梁桥可以分为普通立柱式和立壁式,如图2-64所示。普通式石柱墩以两根分开的平行方形石柱做墩,之后在两块石柱上搁置桥帽石。这种做法用材节省,构造简单,但抗压和抗河流冲击的能力较弱。立壁式石柱墩是将石柱做成一个整体的排架墩,能够更好地抵抗水流的冲击和其他侧力。

2)石墩式桥墩

石墩至少有两条石条的宽度,较为厚重,因此在同等条件下,石墩较石柱要结实而稳固,可以使用在河水较深的河道中。上海古桥中的石墩式梁桥按形状可分为平首石墩和尖首石墩。如图2-65

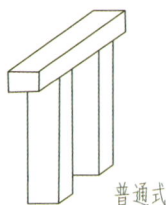

① 图2-64 石柱式梁桥下部结构示意图
② 图2-65 嘉定佑文桥的平首石桥墩

②

图2-66 宝山宝善
桥的尖首石桥墩

所示，平首石墩桥桥墩厚重，所需建筑材料较多，一般建造在河床条件较好且水流较缓的地方。尖首石墩桥与平首石墩桥不同的是迎水面做成尖桩（见图2-66），当水流较急时，可以分散水的冲击力，因此可以用于水流较为湍急的河道。

2.2.2　石拱桥的结构特征

与梁桥相比，石拱桥的结构较为复杂且构件繁多。古桥构件除在不同的历史时期于实际建造中使用频率不同外，不同地域的人们对这些构件的叫法也各有不同。上海石拱桥的结构形式一般分为基础、桥台（包括山花墙、内填土和水盘石）、桥墩（只有两孔以上的石拱桥才有）、桥券、桥面（踏步）、栏板等，总体可分为上部结构和下部结构两部分。如图2-67所示，以上海嘉定区的天恩桥为例，标注出各部件的名称及位置，下文还将对几处重要构件进行说明。

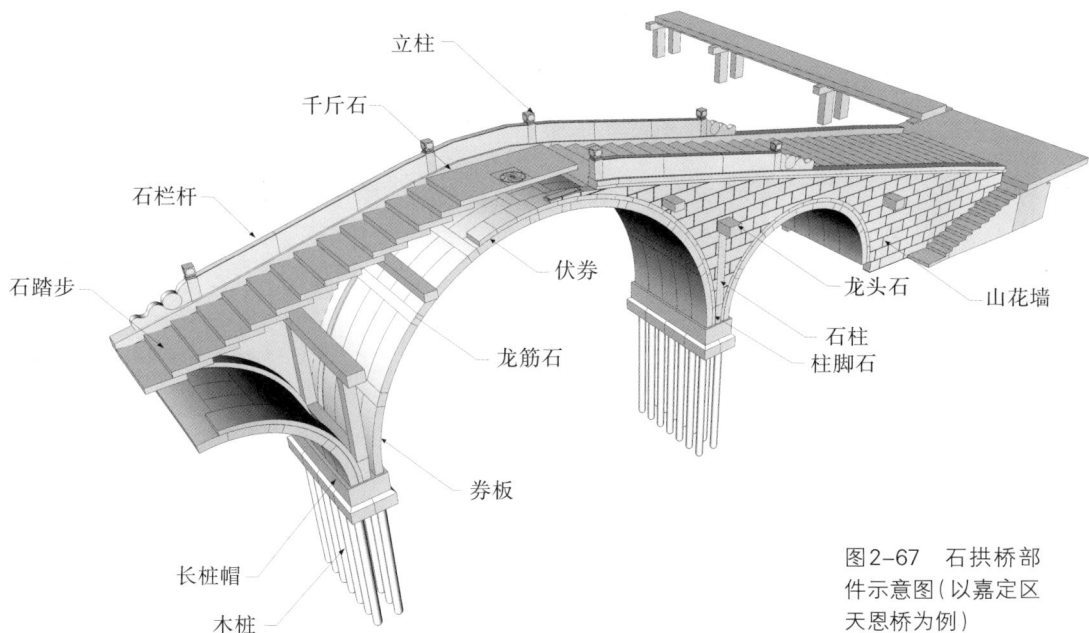

立柱

千斤石

石栏杆

石踏步

伏券

龙筋石

龙头石

山花墙

石柱
柱脚石

券板

长桩帽

木桩

图2-67 石拱桥部件示意图(以嘉定区天恩桥为例)

1. 桥面

通常人们赞美拱桥曲线圆润,形如玉带、态似长虹,主要描述的便是石拱桥桥身的形状,即拱券、桥面等部分。各类石拱桥除了桥拱形状有不同以外,桥面形状也可以有不同设计,通常分为两类。一种是弧线形,一种是折线形。

上海古桥中,弧线形古桥约占石拱桥总数的 20%。这种类型的古桥,桥面坡度较缓,因而桥身体量较大,如果岸边空间不够,有时还需要在桥脚处建造垂直于桥面的缓坡。比如青浦的万安桥和普济桥(见图2-68、图2-69),桥脚处均有垂直于桥身的弧形缓坡,看似一座弧形小桥,别具风格。不过这种做法在施工和使用上都有不便之处,因此这种形式的古桥所建年代较早。到了明清时期,已较少建造这样的古桥,即使建造弧线形拱桥,桥面坡度也较早期稍微陡峻。

① ②

③

④

① 图2-68 青浦万安桥的弧线型桥面
② 图2-69 青浦普济桥的弧线型桥面
③ 图2-70 青浦天皇阁桥桥面上的天机图
　　 与暗八仙雕刻
④ 图2-71 青浦永兴桥的踏步图案

在上海古桥中,折线形古桥约占石拱桥总数的80%,数量远远超过弧线形古桥。明清时期所建拱桥基本都为折线形桥面,这是由于明清时期建造的拱桥拱心升高,多用半圆形拱。此时若采用弧形桥面,一是会造成桥身过大使用不便,二是影响美观,相反上部为折线时,桥栏板的放置将更为简便。因此,折线形桥面在明清时期发展为主要的形式。

上海地区因为常年雨水充沛,且桥梁的台阶坡度较陡,出于实用和安全的考虑,桥面的雕刻能起到防滑的作用。如青浦金泽镇的天皇阁桥,桥面上雕刻有天机图与暗八仙图案(见图2-70),台阶踏步雕刻有波纹状图案,除了具备装饰作用,还可以防止雨天桥面湿滑难行;青浦练塘永兴桥(李华港桥)的台阶雕刻则采用"三角塔状"等图案(见图2-71)。

2. 拱券

拱券是石拱桥最主要的受力部件,其砌筑方式多种多样,不过总体上可以分为两大类:并列式和横联式。并列式拱券是指拱券石沿中心轴向并列排列砌筑的拱券,许多独立拱券栟比并列而成,券石在横向上并没有相互连接。现存宋、金时期及更早的古桥,常用并列式拱券的砌筑方式,不过其弊端在于拱券之间联系不密。因此从宋代开始,兴起了横联式拱券,也被称为纵联式。横联式拱券是借助横向之间的相互作用力将券石连接成整体,增强拱券整体强度。

在上海地区,建造石拱桥时,拱券均使用榫卯将券板联锁砌筑,形成多铰拱。多铰拱可以在拱桥遇到沉降或不均匀荷载的时候,将拱石石榫的微小活动控制在榫眼中,并自动对拱券形状进行调整,从而改善拱券的受力。多铰拱的砌筑方式也有两种:一种是有龙筋石的砌筑方法,一种是没有龙筋石的砌筑方法。

据此,可以将上海古桥的拱券分为三种:分节并列式、横联分节并列式、分节并列与横联混合式。

1)分节并列式拱券

此类即是不采用龙筋的多铰拱砌筑方法。它利用券板本身,一端作榫,一端作卯,相互联锁。这种拱券顺拱轴方向的券石尺寸较为宽厚,依靠整体进行结构支撑,常见于宋代石拱桥中,如嘉定老城的熙春桥,青浦区的万安桥、林老桥等。

嘉定熙春桥　熙春桥,又名登瀛桥,俗称"小学桥",位于嘉定镇东大街秋霞圃南侧,南北走向跨练祁塘河,始建于南宋嘉定六年(1213),明成化十二年(1476)重建。

该桥为单孔石拱桥,桥长10.6米,宽2.9米,净跨5.4米,拱高2.8米,青石砌筑,圆弧形拱券采用分节并列式砌筑(见图2-72)。拱券中间券石上雕刻有莲花图案,桥顶桥心石上有云纹雕刻。

①

②

青浦万安桥　万安桥,位于青浦区金泽镇北市梢,始建于宋代景定年间(1260—1264),明代和清代多次重修,清嘉庆四年(1799)重建。原来桥上有亭屋,故又称亭桥。

该桥为单孔石拱桥,桥长29米,宽2.6米,高5.5米,拱券采用分节并列式砌筑(见图2-73)。此桥的结构、造型和用石,与镇南的普济桥基本相同,同跨市河之上,南北相望,故两桥被称为"姐妹桥"。

青浦林老桥　林老桥,位于青浦区金泽镇北首,始建于元代至元年间(1264—1294),明清时期曾重修过,保存状况较好。桥北对着关帝庙,故又名关帝桥。该桥为单孔石拱桥,长24米,高4.5米,其拱券也采用分节并列式砌筑。

2）横联分节并列式拱券

此类即是有龙筋的多铰拱砌筑方法,其做法是将券板两端凿成榫头,以龙筋石为卯,联锁上、下券板上的榫头。这种做法施工方便,且龙筋石使并列的拱券沿横向形成整体,增强了桥的侧向稳定性,使荷载较为均匀地分布到并列的拱券,因此成为上海地区拱桥建造中最为普遍的一种砌筑方法,约占上海石拱桥的75%,代表性桥梁如青浦区白鹤镇的青龙桥、练塘镇的永兴桥等。

①

②

青浦青龙桥　青龙桥，又叫北小桥，位于青浦区白鹤镇东市，由白鹤蒋浦人、清代名宦徐恕之父徐葵建于清乾隆四十年（1775）。1994年被公布为青浦县第四批文物保护对象，2001年5月又被列为区级文物保护单位。

① 图2-74　青浦青龙桥远景
② 图2-75　青浦青龙桥照片建模分析图

该桥为单孔石拱桥，桥身采用花岗岩砌筑，全长19.2米，宽3.6米，高6.0米，拱跨7.5米，拱高3.3米，桥面石台阶，东西各21级（见图2-74）。拱券采用横联分节并列式砌筑方式，高级石料镶边。图2-75所示为青龙桥照片建模分析图。

楹柱上刻有对联："长挹九峰秀，远钟三泖灵。"此桥跨青龙港出口与大盈港交汇处，桥门正对江心，每到月夜，水中之月倒映在桥洞之中，当地人称为"青龙偃月"。青龙桥布局精巧别致，设计独

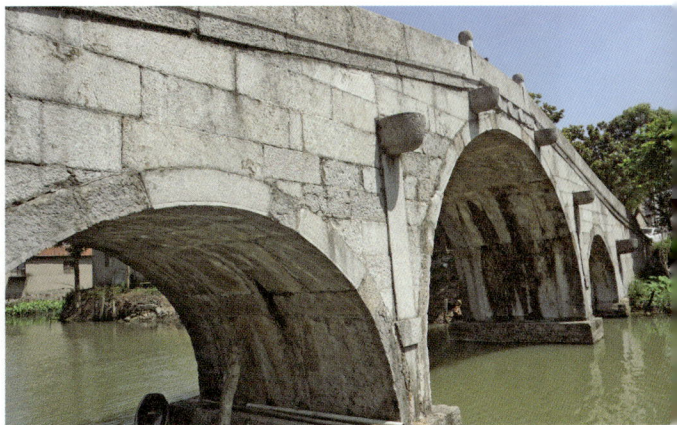

① ②

具匠心,构造巧妙,至今保存完好[①]。

　　青浦永兴桥　　永兴桥,位于青浦区练塘镇东市,单孔石拱桥,花岗岩砌筑,拱券采用马蹄形拱,拱跨长6.1米,高3.4米,采用横联分节并列式的砌法(见图2-76)。现桥上的栏板已用青石替换。

　　奉贤继芳桥　　奉贤区青村镇的继芳桥,建于明万历六年(1578),明万历四十七年(1619)重修,为三孔石拱桥,其拱券采取横联分节并列式建造(见图2-77),技艺独特,有雌雄座榫(榫接方式),对接严密。

　　3) 分节并列与横联混合式拱券

　　这种拱券形式是从以上两种砌法中演变而来,即有的券板间有龙筋,有的则没有。这种砌法较少见,可能是一种民间做法或拱券破损后改建成该种样式。上海古桥中采用此种砌法的仅有少数几座,如青浦章堰镇的金泽桥(见图2-78)。该桥建于清乾隆四十七年(1782),宣统时重修,为单孔石拱桥,青石和花岗石混砌,拱券采用分节并列与横联混合式(见图2-79)。

---

① 谢天祥.青浦古桥:江南古桥之萃[M].上海:百家出版社,2000.

① ②

3. 桥墩

桥墩是针对多孔石拱桥而言的,有薄墩和厚墩之分。

薄墩为两拱的拱脚相贴,相对于主拱券来说抵抗变形能力较弱。使用薄墩的拱桥自重轻,整个桥身显得高大、通透、宏伟,有利于通航。薄墩常用于江南水乡地区,因为江南一带水网贯通,水位比较稳定,桥下可通船只,桥面只需人行而不会行车,因此没有用厚墩的需要。又因为江南一带多为软土地基,承载力低,因此古人创造出薄墩这种形式的石拱桥,这种结构可以减轻桥身重量,又能适应一定程度的不均匀沉降。这是我国古桥技术史上的一项重要成就。

厚墩为两拱拱脚之间留有距离,中间填充大量石块,看起来粗大厚重。厚墩结构稳固,每个墩都能承受较大垂直作用力和水平推力,即使一孔破坏,也不会影响其他孔,因此施工时可以逐孔单独进行,但是结构形式显得笨重。厚墩适用于水流湍急的河段,并且对地基要求较高。

上海现存多孔石拱桥的桥墩均用薄墩,重要的多孔薄墩石拱桥共有八座,其中六座为三孔,分别是青浦区的天皇阁桥、九峰桥

① 图2-78　青浦金泾桥
② 图2-79　金泾桥的分节并列与横联混合式拱券

　　　　　　　　　　　　　　　　　上海古桥保护研究

（见图2-80），松江区的云间第一桥，闵行区的蒲汇塘桥，嘉定区的天恩桥（见图2-81），奉贤区的继芳桥。还有两座为五孔，分别是松江的大仓桥和青浦朱家角的放生桥。前文"多孔石拱桥"部分已对青浦朱家角放生桥、松江大仓桥、青浦金泽天皇阁桥作了较为详细的介绍。

① 图2-80 青浦九峰桥
② 图2-81 嘉定天恩桥

①

②

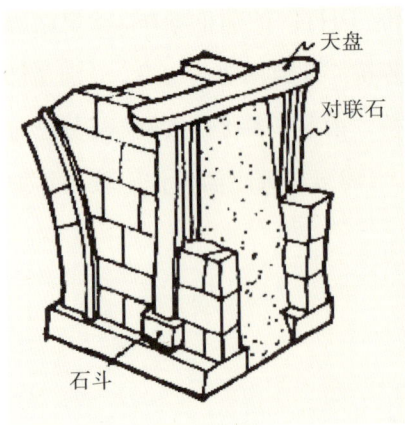

天盘

对联石

石斗

①

②

4. 桥台

桥台位于桥墩两侧,其结构与两岸衔接。由于拱桥是以拱券作为主要承重结构,在竖向荷载的作用下,下部的桥墩和两侧的桥台将产生水平推力,使得拱券在承受上部压力的同时还需要受到两侧的力矩[1]。拱的推力通过桥台传到岸上,同时桥台的山花墙还要承受台后的土压。

上海古桥中石拱桥的桥台多采用天盘石–对联石框架结构,即拱券、天盘石、对联石组成一个框架体系(见图2-82[2]),对联石与柱脚及天盘石以榫卯相接,且对联石两侧作长条形卯槽,两侧的山花墙石块作榫头,插入对联石卯槽中,山花墙后填以灰土,再加上一条与天盘石平行的龙头石以拉住两侧山花墙。这样的框架结构使得山花墙可改薄,减轻桥身重量。

如图2-83所示为闵行区水月庵桥的桥台构造,可看到天盘石–对联石框架。

① 图2-82　桥台构造
② 图2-83　闵行水月庵桥的桥台构造(天盘石–对联石框架)

---

① 《桥梁史话》编写组.桥梁史话[M].上海:上海科学技术出版社,1979.
② 罗英,唐寰澄.中国石拱桥研究[M].北京:人民交通出版社,1993:219.

5. 基础

石拱桥由于自重较大,对基础的要求比其他类型桥梁的要求要高,否则容易造成桥基下沉、拱圈变形开裂。修筑石拱桥最理想的地基是岩质地基,但上海为软土地基,因此特别要注意前期对桥梁基础的处理。

一般而言,薄墩的基础多做木桩基础,通常以长2～5米、直径15～20厘米的木桩紧密排列,置于河床底部,再在桩上叠石(见图2-84[①])。叠石的层数由桥所需荷载的情况和地基条件决定,多数为2～3层。这种做法不仅施工简便,而且紧密排列的木桩长年处于常水位之下,隔绝空气,不仅不易腐朽,还具有挤密土体的效果。

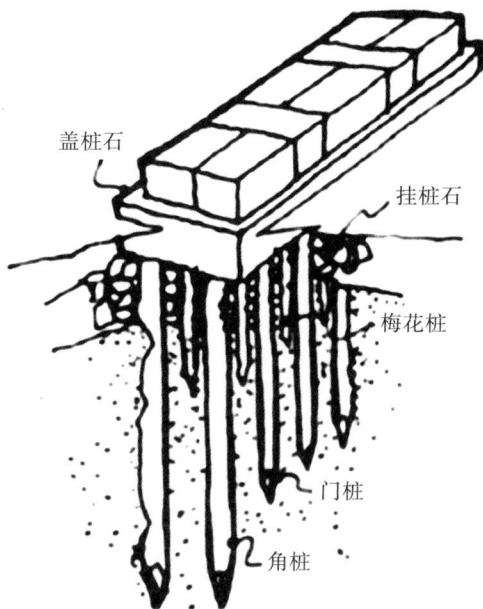

盖桩石
挂桩石
梅花桩
门桩
角桩

图2-84 木桩基础

---

① 罗英,唐寰澄.中国石拱桥研究[M].北京:人民交通出版社,1993:233.

2.3 装饰构件

《中国科学技术史》的作者李约瑟说过:"中国的桥梁没有一座不是美观的,而且有不少是非常美观的。"[1] 中国古桥作为一种具有实用功能的建构筑物,除了要满足交通功能外,还要求从艺术和审美的角度出发,满足人们追求美和欣赏美的心理。即便那些只注重桥梁结构功能而极少带有装饰的古桥,也或多或少总会在桥梁的某一部位装饰一些雕刻和图案,以表达祝福和赞颂之意。普通木桥的装饰一般都很简单,只有带有桥屋的木桥装饰较多。而石桥因为留存时间长,很多桥可以历经几百年而不坏,所以在后世修造时,常做石雕工艺于桥上。石桥的装饰通常都非常丰富,而且具有地域性特点。

古桥装饰艺术经历了由朴拙到精细的演变,它们是前人艺术创造力的独特表现,也是传统社会、经济、文化、艺术的折射,不仅代表了时代的艺术审美,也展现了充满魅力的文化内涵,寄托着人们对于美好生活的向往与追求。

古桥的附属结构如栏杆、桥联、桥碑、桥头建筑物等,虽然不是桥的主体结构,但却具有各自的功能,尤其体现了古桥的装饰艺术特征。

古桥的装饰和形式,按照部位可以分为桥梁出入口、桥上栏杆、桥上建筑(桥亭)和桥上雕塑等几个部分[2]。位于桥梁出入口的,如两侧桥头的牌坊,用以标识桥梁的出入口并起到陪衬作用,使桥梁看上去更为壮观。建于桥上的,比如桥亭,既可以为过往行人遮风避雨、提供休憩之地,又可以供奉神佛或保护桥碑,同时也有美

---

① 沈文中.垂虹玉带出吴兴:湖州古桥文化研究[M].杭州:杭州出版社,2010.
② 唐寰澄.中国古代桥梁[M].北京:中国建筑工业出版社,2011:272.

化古桥、平衡布局的作用。不过由于城市的建设和风化侵蚀，桥亭在上海地区逐渐消失。

栏杆通常是古桥装饰最多的部位，一般由栏板、望柱、抱鼓石等构成。设置栏杆是为了防止桥上来往行人滑落水中，但并非所有古桥都设有栏杆。上海古桥栏杆所用的材料主要为青石和花岗石，从形式上来分主要有三种类型：① 纯栏板式栏杆，多用于弧形桥面的石拱桥，栏杆随桥面呈弧形，整座桥没有突兀之处，曲线平滑柔和，形态如虹，部分栏板内侧还雕刻有多种精美的图案；② 栏板与望柱结合式栏杆，这是上海古桥中应用最普遍的栏杆形式；③ 望柱护手式栏杆，护手为石质或木质。

下面简要论述上海古桥中比较普遍与典型的装饰构件及艺术形式。

2.3.1 栏板

苏轼在《何公桥》一诗中写道："直栏横槛，百贾所栖"，指的是木栏杆中，直木为栏（望柱），横木为槛，可见当时桥上的栏杆很多还是用木材。著名的如北宋《清明上河图》画中汴京虹桥的木栏杆，就是以槛为主。

木质栏杆相对简单，上部为扶手，采用一至两根横栏。由于木材易腐烂，上海古桥上没有保留下木质望柱和栏杆，仅能从石质望柱的上部开口推知原有木栏杆，如图2-85、图2-86所示。此类开口便于安装木扶手，一旦木扶手坏了，换一根插进孔洞即可。

到明清以后，主要用石材做桥上护栏，因为石材难以加工，同时抗弯性能差，所以多数处理成栏板形式，很少做镂空，但也有一些用粗大条石加工成扶手的形式，用榫卯插入望柱。最简单的石栏板是不加雕琢的石板，或以尺寸较小的石条搁置在石柱上，矮石栏可以当成座凳，以作休闲和观赏之用。

① ②

栏板除有防护功能外，还是桥梁上或依或靠、凭栏观赏的重要构件，是桥梁上部艺术装饰的重点部位。栏板从形式上来分主要有两种类型：

第一种，实体型栏板，采用封闭的栏板式，形似低矮的墙体，给人以敦实、稳重之感。栏板内侧通常会雕刻精美的图样或吉祥纹样，使行人不经意地看到而生赏心悦目之感。道家的太极和八仙是常见的雕刻图案，代表着道家天人合一、崇尚自然的精神。

第二种，镂空型栏板，根据图案或纹样以不同方式镂空，并在扶手和底栏之间留出足够的透空空间，形成空间的层次感，使得古桥周边的风景在桥栏的镂空处隐约可见，虚实交错，增加了古桥的意趣。镂空型栏板工艺较实体型栏板的稍微复杂。青浦练塘镇朝真桥的石栏板就属于镂空型栏板，其上凿有方孔，孔侧刻有匣子线条。

上海古桥的栏板高度一般在0.3～0.5米之间，如图2-87所示。实体栏板由于工艺简单，形状规整，因而在上海古桥中广泛使用，有实体栏板的古桥大约占有栏板古桥总数的95%。实体栏板大多为石质，仅有少数为青砖砌筑，如青浦区的中和桥、浦东新区的

① 图2-85 闵行鹤龙桥石望柱
孔洞是为安装木栏杆预留的。

② 图2-86 青浦朱家角平安桥木栏杆

千秋桥（见图2-88）、奉贤区的重建新市桥和宝山区的大通桥等。有镂空栏板的古桥仅占有栏板古桥总数的5%左右，代表性的如青浦区的朝真桥（见图2-89）、七宝区的蒲汇塘桥、奉贤区的油车桥和金山区的山塘桥（见图2-90）等。

2.3.2 望柱

望柱是用于固定、连接栏板的矮柱，由位于上部的柱头、位于中间的柱身构成，其下端有榫头，两侧凿有卯槽，联锁两侧栏板的榫头，将栏杆连接为一个整体。望柱一般对立于桥面两侧地栿之上，使得古桥结构更显韵律之美。

望柱是石桥雕刻的主要部位。宋代的古桥望柱柱身截面多为八角形，到了清代则以方形为主，且因石雕工艺得到很大发展，望柱的雕刻也随之更加精美和复杂。

上海地区的古桥，望柱柱头最为常见的是狮子、莲花和菱形等几何形

① 图2-87　宝山区大通桥的实体栏板
② 图2-88　浦东新区千秋桥的实体栏板
③ 图2-89　青浦朝真桥的镂空型石栏板
④ 图2-90　金山山塘桥的镂空型石栏板

状。狮子是百兽之王，古时人们常将石狮雕刻置于城门、大宅之前，镇邪驱恶，桥上雕刻石狮有守桥之意。莲花姿态优美，出淤泥而不染，在佛教中带有吉祥寓意，也是古人习惯用于装饰的一种。几何形柱头工艺最为简单，因此使用最为广泛与普遍。上海古桥中的几何形柱头以方形为主，另外还有少量圆形柱头。如图2-91所示为几例上海古桥的望柱柱头形式。

图2-91　上海古桥望柱柱头形式

朱家角放生桥

青浦襄臣桥

嘉定望仙桥

青浦义学桥

嘉定宾兴桥

嘉定太平永安桥

经过雕刻装饰的望柱，会显得更加生动活泼，使沉重的石材变得灵动。

2.3.3 抱鼓石

抱鼓石又称为坤石，最早用于大宅门入口处或牌坊，一般前部做成圆鼓形，圆鼓被下部用如意、祥云、花草等纹饰装饰的须弥座所托抱，因此被称作抱鼓石。抱鼓石的形状和雕刻内容标志着房主的身份地位和等级差别。当桥上出现石质栏杆以后，抱鼓石也随之成为古桥构件之一，除了起到装饰作用外，它还是古桥桥头的最后

图2-92 上海古桥抱鼓石样式

奉贤中和桥

松江永济桥

青浦泰安桥

青浦中和桥

一块栏板,置于栏杆的末端,对称立于桥堍两侧,一共有4块,对栏杆起到一个支撑、稳定的作用,也可以强化桥梁构图的均衡感。抱鼓石一般采用与桥梁相同的材质进行雕刻,花式纹样乃至造型丰富多样。按照圆鼓下部依托的纹饰图样,可以将抱鼓石分为素线抱鼓、卷云抱鼓、卷草抱鼓等多种类型,寓意吉祥美好、富贵长寿等。

2.3.4 仰天石

仰天石是指位于桥面两边的边缘石,既是挡墙的收口,也是安装栏板的地梁,同时还起到固定踏步石的作用。在桥身正中带弧形的仰天石叫"罗锅仰天",在桥身两头的仰天石叫"扒头仰天"。

如图2-93所示为青浦练塘镇义学桥上的仰天石。

图2-93 青浦练塘镇义学桥仰天石

2.3.5 龙头石

龙头石,也称天盘石、长系梁、长系石,俗称"桥耳朵"。石拱桥的龙头石贯穿桥体,两端有榫卯结构,用于固定拱券、拉结挡墙以延长桥梁的使用寿命。龙头石截面通常为边长30～40厘米的方形,长度比桥身多1米左右,一般伸出桥体40～60厘米。

很多龙头石在两端雕刻纹样,形式各样,多为吉祥图案。宋代早期的龙头石雕刻多为四季花卉,呈立体浮雕效果,图案较写实。及至明代,龙头石装饰逐渐发展为兽首,雕刻吸水兽或螯头。而到清朝时期,随着强度较高的花岗岩在桥梁建造中广泛使用,龙头石上的雕刻逐渐减少,多为素面或素面螭首。

龙头石的石雕是古桥的重要装饰构件,是古桥文化的体现之

① 图2-94 嘉定永
宁桥雕花龙头石
② 图2-95 奉贤继
芳桥龙头石

一，其雕刻不仅美化了桥梁，而且寄托了人们对风调雨顺、平安美满生活的向往。

如图2-94、图2-95所示为两例龙头石实物。

2.3.6 桥心石

桥心石是整座石桥中的关键所在，它是造桥竣工时最后盖上的一块石板，位于桥梁正中间，厚重方正，也是石桥装饰的一个重要部件。它利用力学原理使石块之间紧密结合，通过对合龙的拱施加重压以防止其冒尖，使桥身更加稳固、平衡。

桥心石以正方形、长方形、圆形居多。鉴于桥心石标志着石桥的中心位置，为了区别于桥面上的其他石块，桥心石表面通常会雕刻一些具有吉祥寓意的图案，常见的纹饰有如意漩涡纹、莲心旋水状如意纹等，内容多为鲤鱼跳龙门、双龙戏珠、龙凤呈祥、三阳开泰、六道轮回、太极生辉等，有的石桥上会安置两块桥心石以祈求一个好兆头，寓双喜临门、好事成双之意[①]。

---

① 冯国鄞,孙明顺.江南石桥及桥心石遗存之美［M］.上海：东方出版中心,2017.

①

②

③

④

⑤

① 图2-96　金山寿带桥桥心石的祥云图案雕刻
② 图2-97　奉贤南塘第一桥桥心石的水浪如意图案
③ 图2-98　青浦曲水园喜雨桥桥心石（明代遗物）的双龙戏珠图案
④ 图2-99　嘉定宾兴桥桥心石雕刻
⑤ 图2-100　青浦放生桥的龙头石、天盘石与对联石框架体系

　　桥心石及其雕刻既表达了百姓们希望镇护桥梁、保佑平安的愿望，也代表了一个时期的造桥工艺水准。

　　如图2-96至图2-99所示为四座上海古桥的桥心石，其上有各式雕刻。

2.3.7　对联石

　　对联石本身是作为结构构件存在的，在建造初期，对联石与龙头石、天盘石共同组成石拱桥内部的框架结构（见图2-100）。对联石主要起到拉扯两侧山花墙的作用。桥匠利用石拱桥上起结构作用且对称的石柱作为楹柱刻上楹联，是巧妙独特的创造，借此来表达美好的愿景和文化内涵。这也是桥梁在使用中从实用向美观转变的重要见证。

2.4　建造技艺

关于我国古代桥梁的建造技艺，除了在地方志和考工书籍中记载有只言片语外，系统的专著是非常缺乏的。这一方面和过去轻视技术、"百工优伶"地位很低有关，另一方面民间匠师或者为了生存竞争而只采取手口相传的方式，或者由于缺乏文化知识而无法将技艺记载传承下来[①]。事实上古桥的建造技艺是多学科知识的综合应用，"从桥型设计技术到施工技术，再到建桥材料、操作工具，都包含了多学科的科学技术知识"[②]。后人通过不断的实践，总结出成功的经验和失败的教训，也在不断提升古桥的建造技艺。

古桥的建造自下而上，先是基础的施工，然后才是上部结构的砌筑。这里主要介绍一下围堰、基础修筑、拱券砌筑、桥堍建造、建桥材料等几项内容。

2.4.1　围堰

古代修桥，在进行基础施工时，有两种施工方法：干修法和水修法。干修法是指在堰内修桥，等桥修好后再开堰放水。水修法是在河道枯水期的时候，直接在河道内进行施工。

在水中施工为水修法，筑堰将河道上下游水流完全堵住的无水施工则为干修法。干修法施工难度较低，且砌筑质量有保障；水

---

① 茅以升.中国古桥技术史［M］.北京：北京出版社,1986：174.
② 罗关洲，陈晓，陈国桢.石桥营造技艺［M］.杨志强，主编.杭州：浙江摄影出版社,2014：24.

修法则可避免施工带来的断航问题。上海地区降雨充沛,湖泊众多,河道常年不断流,所以修筑桥梁基础一般用水修法。水修法需要在水中围堰建造,也会选择水位相对较低的冬季枯水期施工,以便减少围堰的高度。

关于围堰的施工方式,早在明清时期就有明确文字记载[①]。通常做法是:

(1)将沙土填入竹笼中,或者将泥巴装入草袋中,垒成方形以作为第一道防水线,并打捞清理围堰内的基底。

(2)清理完毕后在围堰内做"柜",即利用木板桩沙土围堰作第二道防线。

(3)在两道围堰后,抽干"柜"内的水,并抽掉一半"柜"外堰内的水,利用双层围堰递减水压。

(4)在爬秒(挖泥斗)、抽水后,在"柜"内打木桩、砌筑承台和放置水盘石等。

如图2-101所示为围堰后的浦东洪德桥。

图2-101 围堰后的浦东洪德桥

---

① 唐寰澄.中国古代桥梁[M].中国建筑工业出版社:北京,2011:187.

2.4.2　基础修筑

修筑桥梁最理想的地基是岩质地基,但是上海却是软土地基,因此要特别重视对桥梁基础的处理。一般来说,在软土地基上修筑桥梁基础的方法,有以下几种:

1)更换土壤

挖去基础部位一定深度的软土,将挖去软土的地基进行夯实,再填上沙、砂卵石土并逐层夯实。这种方法适用于建造体量较小的古桥。

2)打砂桩

即以砂桩挤密软土层,以便排出饱和水,加速软黏土的固结,从而加快完成沉降。随着荷载增加,水分不断被挤出,土壤也会不断地固结,从而不断提高地基强度。此种方法较为经济。

3)打木桩

这是中国民间造桥最常用的手法,也是上海古桥建造时采用的较普遍的手法。采用这种做法首先需要打桩,以承托古桥上部较大的荷载,一般木桩直径为15～20厘米,入土深2～5米,要打得很紧密,桩距不得大于30厘米,这些密而短的木桩可以起到密实、加固土壤的作用。

笔者走访上海修桥匠人时他们提到,在桩的四周,密植双排桩围成矩形,可以起到围合固定的作用。木桩之间用小石块塞满,可以减少木桩歪闪的情况,同时加大承托能力,整个桩基的范围会大于水盘石的面积。一般桩顶离水面约60厘米,这个高度里可以布置三层承台石板,承台上是水盘石(桩帽石),水盘石上做桥堍和桥墩。上层石板上会开凿拱脚槽,相邻两孔拱券的拱脚紧靠着置于桥墩上面的槽内。

如图2-102所示为闵行华家桥修缮时进行基础打桩的场景,桥墩下的桩基础如图2-103所示。

①

②

③

④

打好的桩基既可以加固土壤，又可以将力传递到下面较为密实的持力层。桩头用片石嵌紧保护，桩顶上铺砌三层承台石，每层约20厘米高，石板一米见方，最上部搁置整块的水盘石，将整个桩基联为一体。水盘石为一整块大石头，厚度一般在40～60厘米。五跨的朱家角放生桥的水盘石厚度为80厘米（见图2-104）；奉贤的继芳桥在迁移过程中发现水盘石厚度竟达到了100厘米，重量超过1吨（见图2-105），可见古人对这块石头的重视。从力学、建筑构造上来讲，厚重而完整的水盘石是保证上部结构稳定的重要构件。

① 图2-102　闵行华家桥修缮中的基础打桩
② 图2-103　华家桥桥墩下的桩基础
③ 图2-104　朱家角放生桥的水盘石
④ 图2-105　奉贤继芳桥挖掘现场发现的厚重水盘石

上海古桥保护研究

① ②

① 图2-106 松江东杨家桥修缮时的木拱架

② 图2-107 木拱架细部

2.4.3 拱券砌筑

拱券的砌筑从拱脚开始。江南地区由于地处冲积平原，地基土质较软，这一地区的石拱桥多采用短木桩作为基础，因而对拱券的重量控制要求较高，需要拱券尽可能轻巧，桥基也需要尽可能减少不均匀沉降的发生，所以江南水乡石拱桥的拱券石都较薄[①]。

石拱桥拱券的砌筑是不能够靠自立安装的，必须在拱胎或木拱架这种临时性构架上砌筑。木拱架或直接架在木桩基上，插入桥墩侧面预留孔洞内，或架在预留出的几块石块上。这种挑出的石头会在施工完成后保留下来，并成为装饰性的龙头石或桥耳朵[②]。

如图2-106所示为松江东杨家桥修缮时搭的木拱架，其细部结构见图2-107。

在第二章的结构特征一节中，已经简单介绍过上海古桥的拱券砌筑方式有三种，即横联分节并列式、分节并列式、分节并列与横联混合式。现将前两种砌筑方式介绍如下：

---

① 唐寰澄.中国古代桥梁[M].北京：中国建筑工业出版社，2011：154.

② 唐寰澄.桥[M].北京：中国铁道出版社，2000：13.

1）横联分节并列式拱券的砌筑方式

横联分节并列式是江南地区较为普遍的拱券砌筑方法。由于有龙筋石，在砌筑时，安置龙筋石之前，先用楔木将其比设计要求的垫高10～40厘米左右，具体由实际情况决定。然后由两端向中间安置券板石。券板石内弯，板面琢成弯月形，两端雕琢出榫头。第一层券板下端置于桥墩的卯槽内，上端插入30～40厘米厚的通长龙筋石卯槽内。券板石下皮要雕琢平滑，与龙筋石下部保持平整。龙筋石截面也呈圆弧形，两侧面凿有卯槽，便于连接上下的券板石。砌至顶部时，安装龙筋石和合龙券板石。当榫口对接后，撤去楔木使全部拱券合龙。

2）分节并列式拱券的砌筑方式

分节并列式拱券中由于没有龙筋石，靠券板石彼此相连形成拱券，所以券板石一端凿有榫头，一端凿有卯槽。中间的券板石两侧均凿有榫头，以方便联锁。在此类拱券的砌筑中，不使用灰浆，有时会在拱背上涂抹油灰（石灰与桐油拌和而成，有时掺入麻刀）以减少雨水侵入石缝中，延长券板石的寿命。由于这种拱券的出现比较早，上海地区现有这种拱券的桥梁保留下来的不多。

如图2-108所示为青浦麟趾桥拱券砌筑的现场实景。

图2-108 青浦麟趾桥拱券砌筑

上海古桥保护研究

2.4.4 桥堍建造

梁桥和拱桥皆有桥堍，其重要性在于：一方面这是桥和驳岸相连处，桥上部的荷载会通过此处的基础传递重力；另一方面，江南水乡，水位和驳岸的落差不大，而为了便于通航，桥都需要起坡抬高，所以桥堍处还需要做坡道或者阶梯形踏道，拱桥还需要通过桥堍将拱的推力传递到岸上，而坡道上的石恒载分布更接近于圆弧拱轴线，符合压力线的要求。另外，桥堍的俯瞰平面多呈八字形，即越往两头桥的宽度越大，这实际上是分散侧推力的合理做法，增加了桥的稳定性。

桥堍包括山花墙及其背后的内填土。填土一般为三合土，将生石灰（氧化钙）研磨成末，与砂土、碎石拌成三合土填入山花墙内并夯实。当三合土水吸水后，会与生石灰反应形成氢氧化钙，利用其胶凝作用将整个三合土连成整体，之后氢氧化钙与二氧化碳进一步反应，形成碳酸钙，具有一定的强度，可以支撑仰天石和踏步石的重量。另外，此结构也有较好的不透水性，对下部的拱券石有保护作用。

如图2-109所示为嘉定六泉桥修缮时重新砌筑山花墙。图2-110所示为工人水下现制三合土。

① 图2-109 嘉定六泉桥修缮时重新砌筑的山花墙
② 图2-110 水下现制三合土

①

②

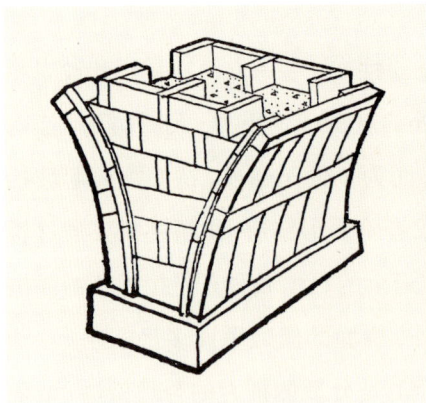

① ②

由于桥堍内部使用三合土填充，山花墙会承受较多的水平推力，"钉靴式"（见图2–111①）方法能够较好地解决这一问题，即砌筑时将构筑边墙的石块伸入填料之内，好似钉靴踩入泥土一样。《中国古桥技术史》称："钉靴式墙，就是用同样尺寸的条石，一丁一顺砌筑。外墙平整，内墙成钉靴形，边砌边填灰土，近于有锚着式的挡土。"②而梁桥的桥堍则在棱角处使用石柱结角，上面搁置条石和石柱扣搭。这种"锁石"有效地将桥堍与桥面板拉结，增强了结构的整体性。

如图2–112所示为青浦莲寿桥桥堍山花墙的"钉靴式"做法。

① 图2–111 "钉靴式"山花墙示意图
② 图2–112 青浦莲寿桥桥堍山花墙的"钉靴式"做法

2.4.5 建桥材料

建桥材料是影响桥梁寿命的关键所在。古桥存在于自然界，要经受风吹雨打，必然对其建造材料的耐久性、结构的安全性、构造的合理性都有较高要求。只有坚实的材料、稳定安全的结构、合理的构造，才能保证桥梁的长期使用。

---

① 茅以升.中国古桥技术史［M］.北京：北京出版社，1986：205.
② 同上。

上海古桥非常讲究建桥材料的质量，采用上乘的建筑材料，因此很多古桥历经漫长岁月而依然坚固。

1. 石材

从案例统计来看，上海古桥常用的石材为武康石、青石和金山石等，其中青石和武康石均属于较为常见的沉积岩，是岩石沉积物固结而成的产物；金山石是花岗岩，为较为典型的岩浆岩。

因为石料本身的光泽和色彩，古代石桥相较于混凝土桥具有更古雅的美感。如武康石自然状态下多数呈淡紫色，少数呈黄褐色，表面经风雨侵蚀会因氧化呈现紫色，也被称为"紫金石"。其另外一个优势在于吸水性和略微发涩的表面。在下雨的时候，武康石表面也不会湿滑，故而是理想且优质的古桥建造材料。

武康石采石始于唐代，盛于两宋，所以上海凡是用到这类石材的桥梁，一般是元代以前较早建造的桥梁，如松江区方塔园内的望仙桥。上海地区现存最早的古桥松江望仙桥，始建于南宋绍兴年间（1131—1162），其桥面即由四块略呈拱形的武康石条并铺而成，中间两块武康石后来破损，由花岗石替换。

青石，即石灰岩，是较为常见的建造材料，多为白色、灰色和黑色，具有良好的加工性。上海地区称这种石灰石为青石，是因为常用的为灰色的缘故。上海古桥中用到的这类石材主要是来自苏州西山的青石，和太湖石属于同一种石材。青石的使用时间主要是元、明时期，到明末，开始有了金山石材料的使用。

如图2-113、图2-114所示为青浦练塘镇朝真桥和朱家角泰安桥上的青石。

金山石属于常见的花岗岩，美观且具有较高的抗压强度。上海产的金山石并非来自今天的金山区，而是苏州木渎的金山浜。上海金山石用于桥梁建造的时间主要是清代。

① ②

如表2-3所示为石拱桥用石料石质参数情况[①]。

① 图2-113　青浦练塘镇朝真桥的青石
② 图2-114　青浦朱家角泰安桥的青石

表2-3　石拱桥用石料石质表

岩石种类	容重/（千牛/米³）	吸水率/（%）	极限抗压强度/兆帕	平均弹性模量/兆帕	色泽
花岗岩	23.0～28.0	0.1～0.7	98.0～196.1	5 200.0	蓝色、微黄、浅黄，有红或紫黑色斑点
石灰岩	23.0～27.0	0.1～4.5	19.0～137.0	50 210.0	灰白不透明，结晶透明，灰黑，青石
砂岩	17.0～27.0	0.4～14.0	14.7～127.0	22 750.0	淡黄、黄褐、红、红褐、灰蓝、黑色

　　经试验测试研究发现，在石拱桥的建造中，对于石料的选择以极限抗压强度大于29.4兆帕为宜，低于此极限强度的石料比较容易风化。通常，在拱桥石料的选择上会考虑厚度大于20厘米，宽度为厚度1.5～2.0倍、长度为厚度1.5～3.0倍的石料。

---

① 罗英，唐寰澄.中国石拱桥研究［M］.北京：人民交通出版社，1993：140.

石材的劣化主要受石料本身的强度和吸水率的影响。强度较低的石材容易受到风化的影响；而吸水率较大、孔隙率较大的石材，导致其劣化的主要原因是来自冻融循环的影响；另外砂浆和石材吸水率之间的差异也是导致石材发生劣化的原因。因此，金山石的耐久性好于青石，青石的耐久性又好于武康石。但是从加工的难度来讲，金山石的硬度大于青石，青石大于武康石，这恰恰反映了古人石材加工能力由低到高的变化过程。其背后的原因是加工工具性能的提高，也就是开采加工石材的铁器硬度的提高。

由于花岗岩拥有较高的抗压强度和较低的吸水率，在后期的桥梁建设中逐渐以花岗岩取代石灰岩和砂岩。而早期由青石和武康石建造的古代桥梁，大都已经在历史的变迁中因为逐渐损毁而大量消失，现保留良好的古代桥梁多为清朝时期由花岗岩建造的桥梁。

2. 灰浆

石桥建造会用到砂浆，上海地区很少见到干砌做法而一般是浆砌。干砌石是不用胶结材料的块石砌体，浆砌石是使用胶结材料的块石砌体。上海的桥，小砌块砌体部分，如桥堍、挡墙、踏步下方等会采用浆砌，就算是在立壁墩和桥帽石、拱券石与龙筋石之间用了榫卯连接，还是会用灰浆填缝。浆砌主要是通过砂浆填平石缝间的空隙，使得石料受力均匀，同时也有一定的阻挡渗漏水的作用。

在灰缝较薄时，灰浆起垫层和胶结的作用；灰浆较厚时，则砌体强度由灰浆决定。一般情况下因为砂浆的强度本身要弱于石料的强度，所以砂浆较厚的砌体的强度也相对会弱一些。灰浆收缩会对拱券的使用产生影响，而且灰浆本身强度要弱于拱石，这样一来就会成为拱券内的薄弱环节。

如图2-115所示为嘉定六泉桥修缮时的砂浆勾缝。

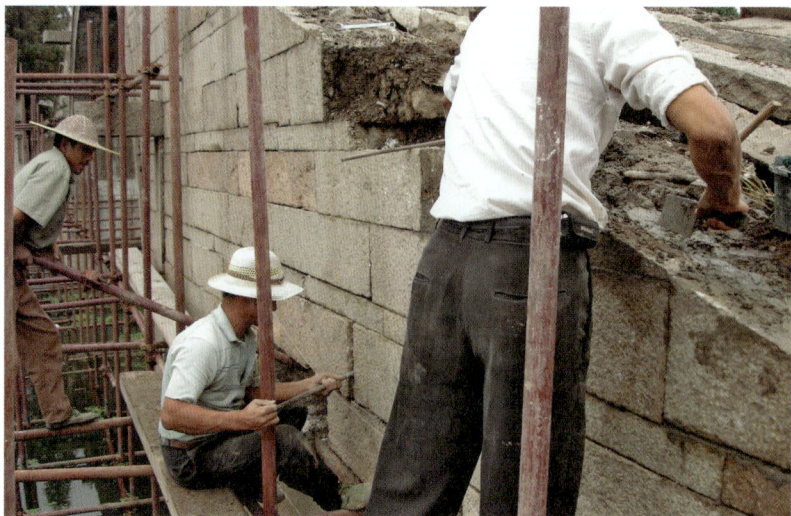

图2-115 嘉定六泉桥修缮时砂浆勾缝

由于一般石灰砂浆硬化后的强度不高，所以只能起到填充胶结的作用，而对于桥梁这种对强度要求比较高的构筑物，使用石灰砂浆时对其强度有更高的要求。据有经验的匠人反映，上海的桥梁砌筑通常会用到糯米石灰，有时甚至能在老的石灰砂浆里看到糯米粒的形态。这和古代文献里的记载也是一致的。在唐李林甫等撰的《唐六典》中有记载："南河石工，后槽例用三合土，系以灰、土及米汁捣成。"对此曾有苏南地区的石作匠人介绍，一般会在灰块加水发热时加入黄砂一同搅匀，并将煮好的糯米汁导入砂浆内和匀，糯米汁需要达到滴浆可成丝的程度。这种和匀后的砂浆用于拱券灌浆，其强度高于普通石灰砂浆，同时还具有更好的抗渗性。

另外，该匠人也提到在糯米石灰里加入明矾可以提高硬度，特别是早期强度。有资料显示掺入明矾或硫酸铝的糯米灰浆，其28天的抗压强度分别提高了2.6倍和2.0倍。

需要说明的是石灰砂浆是一个统称，在不同部位使用时会和不同的材料混合。这里讲到的糯米石灰砂浆，如果在石块间做砌筑用,一般不掺黄砂或者黏土,但是在三合土里,则会加入黄砂或者黏土一起混合夯实。

3. 木材

在上海地区的古桥建设中,木材主要用于水下桩基础、石木混合梁桥中的木梁部分以及部分石桥上部的木质栏杆等构件。上海石柱木梁桥的案例中,最具典型性的是迎祥桥,其木梁为楠木。楠木较江南地区常用的杉木木质紧密、硬度高,更耐腐蚀,并且具有不易变形的特点[①]。

上海地处冲积平原,土质多为淤泥质,属软土地基。因此,桥梁的柱墩下方需要打桩承托上部较大的荷载。根据修缮过程中的发现,古桥的木桩材质多为杉木和松木,直径一般在10～12厘米,桥的墩柱下方由于单位面积受力更大,桩长要大于桥堍下方的桩。前者长度为2.0～2.5米左右,后者一般为1.5米左右。桩在中心布局时为梅花形,到四周则密植双排围成矩形,起到围合固定的作用。木桩之间用小石块塞满,可以减少木桩歪闪的情况,同时加大承托能力。

整个桩基础的木桩常年在水位线以下,处于隔绝空气的状态。这也是木材所谓"干千年,湿千年,半干半湿两三年"的特点,指的是木材在含水率很小或很大时,使用年限都很长,而半干半湿或时干时湿的木材就很容易腐朽。因此,将木材运用于隔绝空气的水下,反而不容易腐烂。

---

① Mason, David. English Heritage.Practical Building Conservation: Timber[M]. London: Ashgate, 2012.

第 3 章

上海古桥的价值评价

上海的古代桥梁建设经过传统的延续和多年的积淀,在技术、艺术和文化上都达到了较高的造诣,充分表现了劳动人民的智慧和力量,包含了文化遗产的多种价值内涵。根据《中国文物古迹保护准则》(2015年修订版)中对文物古迹价值的规定:"文物古迹的价值包括历史价值、艺术价值、科学价值以及社会价值和文化价值",以下将分别从这五大价值的角度对上海古桥的价值特征进行阐述。

3.1　历史价值

《中国文物古迹保护准则》(2015年修订版)指出:"历史价值是指文物古迹作为历史见证的价值。"上海地区的文物古桥作为一类特殊的建筑遗产,有较多的依存案例,其历史价值主要体现在以下几个方面。

3.1.1　上海水系变迁与经济社会发展的见证

上海地区的古代桥梁建设见证了上海"因水兴港、因商兴市"的发展历史。水系的变迁会带来经济、社会的发展变化,而吴淞江的繁荣与衰败就对上海地区城镇的形成有着重要影响。坐落于吴淞江上的青龙镇,作为江南沿海地区最早的贸易港口之一,当时汇聚了各地商旅,因而这里留下的石拱桥不仅年代久远,而且技术工艺精湛。宋代后期,吴淞江因上游长堤的修筑而导致淤塞,使得商船不得不聚集于吴淞江下游。上海城镇的发展也随着吴淞江的衰落慢慢由西向东发展,松江府随之不断兴盛。架设于水网之上的古桥,因吴淞江之兴而兴,因吴淞江之衰而衰,随松江府之兴而兴,又因现代城市化发展而被近代桥梁所取代。

因此,上海古桥的数量和分布情况,不仅见证了青龙镇、青龙港从繁荣到衰落的过程，也记录了松江府的兴起、黄浦江水系的日渐成熟以及上海经济社会的发展等历史变迁。

3.1.2 上海古代桥梁发展演变的见证

上海地区水网密集，桥梁作为沟通河道两岸的主要建筑形式，与之有关的选址布局、建造工艺、造型及功能、用材及装饰等具有相应的发展变化特征。这些古桥以耐用、方便、经济为设计原则，为解决不同河流形式的交通问题提供了多种途径，体现了因地制宜、借基建桥的特性。现存的上海古桥见证了上海地区曾出现过的“一里一桥”甚至“百步一桥”的壮观景象，承载着当地人民的生产生活记忆。

3.1.3 重要历史人物与事件的见证

历史上有很多重要人物都曾发起过筹资建桥的活动。他们身份各异，有的是政府官员，有的是乡绅商贾，还有僧侣道士等。造桥过程记录了这些重要历史人物的活动，古桥因而成为重要见证。另外，古时候一座重要桥梁的建造落成，通常代表了该地区经济实力和社会力量的崛起，往往成为当地的重要历史事件。

比如青浦区朱家角放生桥，是上海地区最长、最大、最高的五孔石拱桥，作为如此大尺度的古桥，其兴建也意味着此地的兴旺发达。据清嘉庆年间吴县潘奕隽撰《重建放生桥记》记载：“……（放生桥）今岁久渐就倾圮。桥为两县往来孔道，一时擔登蹑履之侣，咸惕然抱颠溺之虞。圆津院住持觉铭大师愀然忧之，谋于同志，罔不翕应。于辛未夏鸠工。壬申腊月工竣，计费白金万一千二百有奇。”此碑记详细记载了圆津禅院住持觉铭大师在原桥破损严重后倡议募捐，并于清嘉庆十六年（1811）夏季动工，第二年腊月竣工的过程。其中圆津禅院的觉铭大师是朱家角重要的历史人物。

闵行区水博园的香泾桥是清朝时期的单孔石拱桥,相传它和乾隆皇帝有关。据说当年乾隆皇帝下江南要经过此地,这里原来只有一座很窄的平板桥,当地的乡绅们遂决定修建一座石拱桥以迎接乾隆皇帝的南巡。因当地盛产茉莉花,在乾隆皇帝驾临的这一天,人们在这座新桥上下都撒满茉莉花瓣,香气四溢。乾隆皇帝大悦,因此赐桥名为"香泾桥"。

古桥见证着诸如此类的重要历史人物的活动和重大历史事件,使人们能够留存历史的记忆。

3.2 艺术价值

《中国文物古迹保护准则》(2015年修订版)指出:"艺术价值是指文物古迹作为人类艺术创作、审美趣味、特定时代的典型风格的实物见证的价值。"桥梁不仅具有实用性,还要具有艺术性,能够从审美的角度,满足人们对美的追求的心理。上海古桥的艺术价值主要体现为以下几点。

3.2.1 古桥的造型之美

桥梁的造型反映的是其结构和构造,这些纯粹出于受力需要而呈现出来的外观形状,有其与生俱来的力学美。在美学造型中,点、线、面、体是最基本的造型元素,古桥建造艺术就是通过这样的艺术语言,遵循空间组合、比例、质感、尺度、体型、设计、色彩及象征手法等,形成一个个与众不同的造型体系。

比如石梁桥是以直线为最基本的构成元素,水平的桥面和垂直的桥柱相结合,宽阔厚实的桥面和纤细挺拔的桥墩形成有对比性的力学美结构,在平面上犹如长龙卧波,立面上则虚实相应,变化丰富。而石拱桥体现了曲线的柔和多变之美,由于曲线在视觉美学上被认为是最优美的线条,因此石拱桥的美感要比石梁桥更为强烈。中国古人非常欣赏拱桥之美,古诗中"鹤舞千年树,虹飞百尺桥"[1],描写的就是如彩虹般优美的拱桥造型。

桥梁本身的比例、尺度以及设计时对虚实和光影的运用体现了建造者的审美追求。桥梁在设计及建造中多取奇数的桥洞或桥跨,既符合受力的结构需求,也从形式上保证了结构的流畅。不论是单孔(跨)、三孔(跨)还是五孔(跨),桥孔高与桥跨径的比值很多接近0.618∶1,这种近乎黄金分割比的空间设计,能产生比例协调的美感,营造出桥梁整体或大气或轻盈的体态感。青浦的放生桥,长如带,形似虹,不仅是上海古桥尺度之最大,也是一座可以通行较大船只的五孔连拱桥,整体体态轻盈,飞跃于漕港河上。

3.2.2　古桥与环境的协调之美

古人在修建桥梁时,除了重视桥梁的造型美,还充分考虑了桥梁所处的环境,设计出与环境相协调的桥梁。

在桥梁选址建造时,古人会自觉地运用中国传统景观设计手法加以考虑,运用丰富生动的想象力和创造力,将桥梁与周边的山水或人文环境有机组合,实现人与自然的和谐统一,这也是中国传统哲学"天人合一"思想的体现。在古人的画作中,桥梁是经常出现的题材,用以表达不同的场景和意境,或村野便桥(见图3-1),或通市大桥(见图3-2),在画作里无不是营造氛围的关键要素(见图3-3)。

又比如上海水乡常见的"小桥流水人家"的景观风貌,"小桥"便是不可或缺的景观艺术要素。桥上行人,桥下行船,桥旁民居相

---

① 出自陈子昂《春日登金华观》。

①

②

③

① 图3-1 （宋）佚
名《雪渔图》(局
部)
② 图3-2 （清）袁
耀《九成宫图》
(局部)
③ 图3-3 （明）文
徵明《三绝图》
卷(局部)
图中既描绘了连拱
桥，也描绘了单孔
石拱桥。

连，水、路、桥与古建筑融为一体。有些古桥还与河埠头相结合，因而这些河埠不仅可以停靠船只，还可供居民洗菜、洗衣、淘米，构成了江南水乡人家独有的风景。

桥梁也是园林山水的重要组成元素。桥伴水生，同时也具有交通功能，它们在空间里具有强烈的起承转合作用，因此成为讲究空间层次变化的传统园林内必不可少的要素。园林以水扩景，依路换景，桥在其中是让人跳出固有视角欣赏水景、凭桥观园的媒介，能够以自身特有的姿态，与园林环境相得益彰（见图3-4）。

还有很多古桥被选为地方风景名胜，或者出现在古人的文学作品中。例如迎祥桥就是"金泽古八景"之一，因为其造型似长虹横卧于烟波江上，有"月印川流，水天一色"之美，故成为"迎祥夜月"之绝景。

图3-4　19世纪末的上海豫园九曲桥

　　而青浦区练塘的馀庆桥（砖桥）就被写进了诗文中。这是一座结构独特的古桥，石墩、木梁、青砖桥面。宋时此桥的西畔建有明因寺、崇福寺，有赵孟𫖯的寺记石碑为证，到了明代，两寺合二为一。万文焕有诗写道："砖桥西畔僧房建，万丈云深古树苍。一曲溪流潮上落，夕阳影里认红墙。"这首诗既点明了寺院的幽深、规模宏大，也提到了练塘八景之一的"明因夕照"。今日遗址仍存两棵古银杏树，夕阳余晖下，朱漆高墙显得更加红艳①。

3.2.3　古桥的装饰之美

　　古桥的装饰之美充分体现在古桥的装饰构件上。对于装饰构件，前文已有详细论述，这里简单谈一下上海古桥装饰构件中的雕刻艺术。

　　虽然石材本身的硬度使得雕刻难度比较大，但石匠们还是凭借高超的工艺技术和艺术境界，在古桥上留下了许多精美的雕刻艺术。这些雕刻的题材和内容非常丰富，主要包括以下三种类型。

---

① 谢天祥.青浦古桥：江南古桥之萃［M］.上海：百家出版社，2000：133.

上海古桥保护研究

①

②

① 图3-5 嘉定孔庙泮池桥上龙头石的螭首雕刻（虎头吸水兽）

② 图3-6 青浦朱家角放生桥望柱头上的狮子雕刻

1）祥禽瑞兽类

古桥雕刻中，多以"狮""龙""麒麟"等图案为主，寓意有守桥、镇邪的作用，如嘉定孔庙泮池桥上水盘石的螭首雕刻（见图3-5）、青浦朱家角放生桥望柱上的狮子雕刻（见图3-6）、青浦曲水园中喜雨桥桥心石上的双龙戏珠图案等。

2）植物佳卉类

主要有莲荷、牡丹、梅花、兰花、竹等，它们被广泛运用于石桥的雕刻中，被赋予象征寓意。比如莲荷在中国传统文化里通常意味着高洁的品德，而随着佛教的传入，中国的莲花图案又有了代表佛家清净素雅、祈求平安的象征意义。金泽普济桥水盘石的出挑部分就雕刻有莲花纹图案（见图3-7）。金山泰平桥的桥心石上则雕刻了牡丹（见图3-8）。

3）纹饰类

古桥的纹饰类雕刻图案常采用云纹、水波纹、如意纹以及佛教的火焰纹、卷草纹等，其寓意多为光明吉祥。其中卷草纹是伴随佛教传入的外来植物叶状纹样与中国传统植物纹样相结合的产物，寄寓长久茂盛，多雕刻在桥额及易于观看的边饰位置。如图3-9、

①

②

③

④

图3-10所示为两例古桥的纹饰雕刻。

　　上海古桥的艺术价值，是前人艺术创造力的独特表现，它们不仅代表了时代的艺术审美，也展现了充满魅力的文化内涵和独特风格。不论是在自然风光中还是在人居环境中，古代桥梁都因为其古朴的造型和艺术特性，成为历史发展进程中一道独特的风景。

① 图3-7　金泽普济桥天盘石的雕刻
② 图3-8　金山泰平桥的桥心石花卉雕刻
③ 图3-9　奉贤中和桥梁上的卷草纹纹饰
④ 图3-10　青浦香花桥的火焰云纹雕刻

3.3　科学价值

　　《中国文物古迹保护准则》（2015年修订版）指出："科学价值是指文物古迹作为人类的创造性和科学技术成果本身或创造过

程的实物见证的价值。"上海古桥见证了上海历史发展进程中的造桥水平、科技工艺与技术创造能力,其科学价值主要体现为如下两点。

3.3.1 古桥选址的科学性

在古代技术设备条件相对落后的情况下,建造一座桥梁并非易事,为保证桥梁的顺利落成,选址的科学与合理成为首要的前提与先决条件。上海地区古桥选址在水文环境、地形地貌、气候环境、土壤植被环境与人文环境方面均有独到的特征和规律。

从现存古桥来看,上海古桥选址充分遵循了因地制宜和经济适用的原则,桥梁大多架设于溪流河塘之上,很少真正横跨于大江大河之上。因为这里河道纵横、水网密布,而且上海地区多是软土地基,承载力较差,不适宜建造体量巨大的桥梁。这里所建的桥梁规模、气势虽然不是很大,但设计科学、构造精美,并且与周边水文、地理、人文环境完美融合,充分体现了江南地区水、桥、人的共生交融关系。

上海古桥选址的经济适用原则还体现为按照河道水系分布进行选址,在河道交汇口设址,或者设计成多桥相连。这是上海古桥选址的重要特征,这样可以最大限度发挥桥梁的使用功能,使一桥能够横贯两条或是多条相贯交互的河流,或是相连建造多桥,形成功能便利的双桥或三桥①。比如上海嘉定区的横沥河与练祁河,是两条交叉的河流,上面建造的宝庆桥和济川桥,就是相连的"双桥"(见图3-11),而德富桥又与济川桥非常接近(见图3-12),可以说是形成了"三桥"。它们起到了沟通、连接河道两岸的功能,给当地百姓的生活带来了极大的便利。

---

① 朱铁军.江南古桥文化与地域环境关联探究[D].芜湖:安徽工程大学,2010.

①

②

① 图3-11 嘉定宝庆桥和济川桥
② 图3-12 嘉定德富桥（与济川桥相邻）

3.3.2 结构、用材及施工的科学性

桥梁是古代结构技术的集大成者，无论是平梁桥还是拱桥，都体现了不同时期古人力学知识、材料运用能力以及施工能力的水平。上海地区水网密布，出行主要以船为主，且这一带为软土地基，因此上海古桥多以薄墩、薄拱石拱桥为主，以降低自重，且方便

舟船通行。

从上海石拱桥上，可以看到不同时期的造桥材料和拱券类型的发展历程，石材从相对硬度较小的砂岩到硬度很高的花岗岩，拱券从分节并列式到更加稳固的横联分节并列式，无不反映了古人科学技术水平的进步。

在建造技艺上，上海地区也不乏珍贵的古桥实例，包括上海最古老的石拱桥——普济桥，被桥梁专家称为"连续简支梁桥鼻祖"的迎祥桥，以及江南地区最大的五孔薄墩联拱石桥——朱家角放生桥等。这些桥梁是江南地区造桥技术的呈现，表现了江南地区劳动人民和匠人们的智慧。

3.4 社会价值

《中国文物古迹保护准则》（2015年修订版）指出："社会价值是指文物古迹在知识的记录和传播、文化精神的传承、社会凝聚力的产生等方面所具有的社会效益和价值。"上海古桥的社会价值主要体现为如下方面。

3.4.1 古桥的公用性及社会性

桥梁历来就是作为民众公有的建筑而存在的，不像宫殿园林、田园庄舍是个人私有。桥梁即便在私有制社会里其公共性质也是极突出的，无论是官修私建，都有它普遍的公用性。公用性本身就意味着较高的社会性。

一座桥往往可作为所在地区的重要地标，具有极高的社会认同度，除了是人行交通的一个重要节点，也是附近居民的公共活动场地。古镇的桥头空间自然会演进为灵活的商贸集散地，桥上也往往是夏季谈天纳凉的最佳去处（见图3-13）。

图3-13 金山枫泾
通济桥的桥上公共
活动区域

3.4.2 造桥对社会文化精神的传承与凝聚

《中国科学技术史》的英国作者李约瑟曾赞叹中国地方古桥的精美，认为"一个充满官僚的政府工作能够做到这样，给这些来自一个主要是城邦文明的来访者以深刻的印象"[1]。他不清楚的是，这些古桥并非全由政府出资建造，其中数量众多的古桥其实是由社会各界人士筹建的，因为几千年来，中国传统社会都有爱桥护路的风尚，大家都公认修桥补路是积德行善之举[2]。

古代造桥是地方公共大事，通过集资、捐募，从而凝聚人心，提升民风。募款时一般是地方官首先带头。《重建大生桥》中有记载："侯于是奋然慨捐俸银一千圆以为之，倡邀人士募捐各出力以相助，一时绅商士庶乐而从之……侯更喜形于色，亦复倡捐，观感兴起。不数月而捐数益前十倍。"

亦有不少古桥是民间义士独资修建的。《重建总管桥》记载：

---

① 李约瑟.中国科学技术史（第四卷）：物理学及相关技术.第三分册：土木工程与
  航海技术［M］.北京：科学出版社，2008：171.
② 《桥梁史话》编写组.桥梁史话［M］.上海：上海科学技术出版社，1979：266.

　　　　　　　　　　　　　　　　　　　　上海古桥保护研究

里中绅士陆开诚募资修建迎祥、放生（总管）、塔汇、万安、延寿、百家等六座桥梁。朝真桥由清代叶秦氏重建，"此桥费工百余金，施财者仅口金，余皆倾之囊橐"。这说明朝真桥修建经费基本由叶秦氏承担[①]。

3.5 文化价值

《中国文物古迹保护准则》（2015年修订版）指出："文化价值则主要指以下三个方面的价值：① 文物古迹因其体现民族文化、地区文化、宗教文化的多样性特征所具有的价值；② 文物古迹的自然、景观、环境等要素因被赋予了文化内涵所具有的价值；③ 与文物古迹相关的非物质文化遗产所具有的价值。"文化价值包含了文化多样性、文化传统的延续及非物质文化遗产要素等相关内容。上海古桥的文化价值主要表现在以下四个方面。

3.5.1 庙桥文化

上海地区的很多古桥，往往有一座庙宇相伴，这些庙宇或建在桥堍，或干脆造在桥面上，因此俗谚道："庙庙有桥，桥桥有庙"，"庙挑桥，桥挑庙"。桥梁造好后的长期维护修理任务，一般由庙、庵和桥组会承担。桥组会形式以村、族为单位，置桥田、桥产作为修桥之资。此种独特的建筑文化现象，被称为"庙桥文化"，这也显示出佛教文化在上海地区的广泛影响。

比如位于青浦朱家角的泰安桥，就坐落于著名的古刹圆津禅院前，横跨北大街的中市河，旧称何家桥。此桥始建于明万历十二年（1584），单孔石拱桥，长26.2米，由于桥身高，石级较陡，人称

---

① 谢天祥.青浦古桥：江南古桥之萃[M].上海：百家出版社，2000：147.

①

②

"奈何桥"(见图3-14)。该桥青石栏板上以浮雕装饰着千变万化的连锦云纹,被称为"飞云石"(见图3-15)。圆津禅院俗称"娘娘庙",泰安桥正对该庙,自然将行人引入古刹,是谓"桥挑庙"。清代名士曾有诗云:"日落炎威退,池塘淡月中;踏歌闻市上,渔笛在溪东;蒲扇轻摇暑,蕉衫短受风;晚凉闲独步,古寺一桥通。"最后一句指的就是圆津禅院与泰安桥[①]。泰安桥建成已有400多年,至今仍基本保持原貌,更显珍贵。

　　位于青浦区的金泽古镇,是一个以桥闻名的古镇,有"江南第一桥乡"之称。金泽的每一座古桥不仅各有特色,而且大都与寺庙庵堂有关。比如金泽的放生桥,因桥下为放生河,所以称放生桥(见图3-16),又因桥堍有总管庙,故也称"总管桥"。金泽的普济桥因桥畔有圣堂庙,故俗称"圣堂桥"。金泽的迎祥桥建于元代,与位于金泽的时称江南第一大寺颐浩寺有关。颐浩寺是南宋皇帝赵构(时任宰相为吕颐浩)下旨建造,故元朝政府选址金泽来建造迎祥桥。在迎祥桥西堍,还建有规模宏大,有江南"小天竺"之称的万

① 图3-14　青浦泰安桥
② 图3-15　泰安桥"飞云石"

---

① 徐立勋.上海青浦明代古桥[J].城建档案,2015(12):94-96.

①

②

③

① 图3-16 青浦金泽放生桥
② 图3-17 迎祥桥桥柱上
的莲花雕刻
③ 图3-18 嘉定望仙桥天
盘石顶部的青石佛像之一

寿庵。迎祥桥桥柱上还雕有莲花图案（见图3-17）。这些都证明了迎祥桥与佛教的关联。

而位于嘉定区安亭镇的望仙桥，初建于明代，清乾隆十八年（1753）重建，为单孔石拱桥。该桥券板上有数处荷叶莲花座石刻，望柱亦采用覆莲形式，天盘石顶部有四处长方形青石佛像（见图3-18），佛像各不相同，应为明代原物。这是该桥最大的看点，显示了佛教文化对本土的影响，是上海地区"庙桥文化"的重要体现，显示了上海古桥的独特价值。

上海地区有很多因寺而建的古桥，由于寺庙的消失，桥梁也渐渐失去通行意义。如金山区胥浦村的荷花古寺桥，始建于清宣统二年春（1910），1935年由沈梅春复建，为三跨双拼石平梁桥，南北走向，全金山石材质，桥额有刻字（见图3-19），整体造型简洁、古朴。据当地人称，该桥南边以前有一座古寺，如今古寺已不复存在，此桥的通行功能也渐渐失去（见图3-20），但依然挺立于此，成为金山区历史的实物见证。如图3-21所示为荷花古寺桥的立面图。

①

②

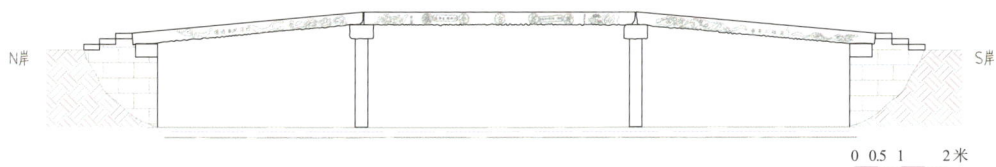

③

① 图3-19　荷花古寺桥桥额刻字（桥名及建造年代）
② 图3-20　失去通行功能的荷花古寺桥
③ 图3-21　荷花古寺桥立面图

N岸

S岸

0　0.5　1　　2米

上海古桥保护研究

3.5.2 商贸文化

作为连接河道两侧的交通设施,古桥在商贸交流中发挥着重要的作用,不仅方便了河道两岸的人流往来,也为沿岸商业经济的发展做出了贡献。古桥的桥头本就是人群聚集的场所,来自四方的货船、商船自然会选择在桥梁附近人群聚集的地方进行商业活动,而桥梁的存在又为商业发展带来更多的人流。对于上海这样一座"因水兴港、因商兴市"的城市来说,古桥所带来的商业文化的发展不仅仅加速了资本的运转,同时也带来了信息的流通和文化的交融,推动了经济、文化的共同发展。

比如奉贤区柘林镇下横泾河上的法华桥(见图3-22、图3-23),

① 图3-22 奉贤法华桥

② 图3-23 奉贤法华桥立面图

①

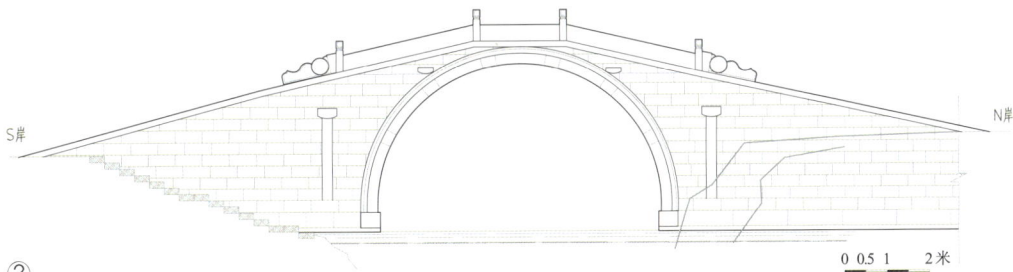

②

始建于明代,清乾隆年间重修,明末清初以法华桥为中心,发展出最早的法华桥镇,以老街为轴线的集市一直热闹了百余年。1946年,法华桥老街上的花米行、肉庄、茶馆、木器店、百货店、国药店、照相馆、理发店、点心铺等大大小小店肆开有40多家,直至深夜才歇市。直到20世纪七八十年代,下横泾河上有了其他沟通南北的线路,法华桥才不再是河以北居民到南部胡桥集镇的要道。由于古桥的交通功能衰落,过桥的人越来越少,法华桥老街的店铺也渐渐关闭。法华桥及法华桥镇的兴衰历程,就是上海地区商贸文化发展变迁的缩影。

3.5.3 古桥民俗文化

上海古桥文化是深厚的吴越文化的组成部分,是当地人民千百年来社会实践的成果。长期生活于此地的人民,相沿习久就创造出关于古桥的独特的民俗文化。

古时造桥十分困难,没有精确的计算设备,只能靠经验和口头传授。因此,人们在祈愿一座桥平安建成时,也往往会寄希望于所谓的神力。开工破土,就会兴师动众;一旦桥梁基本建成完工时,还要举行"圆桥"仪式,即把整块雕刻上吉祥图案的桥心石,披挂大红绸带,由造桥工匠们抬起嵌入桥面中央[1]。所以建桥时的事宜,包括择址、避灾、开彩、待匠等涉及许多习俗。

走桥风俗在上海地区一度十分盛行,为的是避灾求福。比如在南翔老街和嘉定老街都有"走三桥"的习俗,并且两处都有三桥相连的情况。所谓"走三桥",在上海地区通常指的是妇女在元宵之夜,相互携伴夜游,凡有桥处,"相率以过历三桥而止",以祈祷祛除百病。明代陆伸《走三桥》诗云:"细娘分付后庭鸡,不到天明莫浪

---

① 冯国鄞,孙明顺.江南石桥及桥心石遗存之美[M].上海:东方出版中心,2017.

啼。走遍三桥灯已落,却嫌罗袜污春泥。"此外,江南地区的"走三桥",也有的是指婚嫁时花轿必须要绕道抬过其中的三座桥,为的是获得吉祥圆满。

3.5.4　古桥文学艺术

和其他建筑一样,桥有名字,桥有对联,桥有碑记,因此古桥既承载了文学艺术,也是书法艺术集中的地方,同时古桥本身也是文学和艺术创作的良好题材。

1)桥名

桥建造不易,一般又是公共建筑,所以建桥时取好名字,可以彰显造桥的功绩,也可以标记地名。如果是石桥,往往都勒名石上(见图3-24、图3-25),平梁桥刻在中跨外侧桥梁石上,拱桥刻在中心拱券的正上部,仰天石下方。

上海古桥的取名或为宣扬传统社会价值追求,如天恩桥、洪福桥、如意桥、百禄桥、仁寿桥等;或为歌颂造桥者的功绩,如继芳桥、仗义桥、积善桥等;也有点出地名的,如九峰桥、庙泾桥、嵩塘桥、香花桥等。

① 图3-24　金山寿带桥桥名题刻
② 图3-25　青浦香花桥题刻

①

②

桥名的镌刻，阴文、阳文皆有，字体多为魏碑、楷体等。在桥名之后，多会用小字题刻桥的建造（或重建）时间。古桥借助题名，其影响得以提升，更容易流传久远，另外题名也起到了装饰作用。

2）桥联

楹联，是汉语言独特的艺术形式，上下联文字对仗，既是语言艺术，也是装饰艺术，给人一种和谐对称之美。按照内容，楹联可以分为节令联、喜庆联、名胜联等。桥联属于名胜联，和古典园林里的楹联相类似，其内容大多为题写该名胜景观，或者与它密切相关的人、事等。桥联是对桥所在地景观、风土人情、价值追求的摹写，因而充满了人文精神。

明初以前的古桥，一般刻桥名而无楹联，明中叶以后的古桥开始出现楹联，而以清代的拱桥撰刻楹联最为流行。平梁桥的楹联一般刻在立壁柱上，石拱桥则刻在对联石上（见图3-26）。一般单孔石拱桥两侧各有一副楹联，三孔桥则有四副。对于放生桥这种五孔联拱桥，因为边拱靠近岸边难以看清，故也仅有四副楹联。楹联上字体以楷书为多，隶书、行草、篆书较为少见，一般无草书。雕刻以阳文居多。

图3-26　青浦金泽重建放生桥楹联

上海古桥的楹联没有字数限制，长短多随桥柱或者对联石的高度而定，讲究对仗工整、文辞优美，兼具文学性和艺术性。文字内容大致可以分为三类。

第一类带有较为明显的祈福、祝愿祥瑞之意。如天皇阁桥上的"愿天常生好人，愿人常行好事"。又如金泽镇如意桥两侧桥柱上的桥联，东联为"后果前因，如意桥发心遂意；顾名思义，祖师庙主善为师"，西联为"化险境为坦途，千秋如意；赖博施以济众，一路平安"。一方面是同庙桥文化相呼应，对桥梁的名字进行了解释，另一方面也是寓意此桥可以保佑顺遂平安。青浦重固镇兆昌桥（见图3-27），其名取"吉兆昌盛"之意。桥上楹联"紫气东来呈瑞云，澄波西绕迎新旭"，取自《长生殿·舞盘》"紫气东来，瑶池西望，翩翩青鸟庭前降"，祈望此地有祥瑞之气。此桥另一副楹联则刻有"人烟盛处香烟盛，德泽深时福泽深"（见图3-28），饱含着当地劳动人民美好的愿望，希望福泽绵延，人丁兴旺。

① 图3-27　青浦兆
　　昌桥
② 图3-28　兆昌桥
　　楹联细部

①

②

第二类用以描述周边景致。如朱家角放生桥桥壁石柱上刻有楹联"潮声喧走马,平分珠浦浪千重;帆影逐归鸿,锁住玉山云一片",用以形容朱家角平时喧闹的景象以及周围山水一色的优美自然风光。嘉定天恩桥有联曰:"人杰地灵白鹤来飞传胜迹,风恬浪静彩虹遥映镇槎溪。"其中"槎溪"为南翔古名,"白鹤"则是由白鹤镇延伸出来的,此联中泛指古镇,表现了天恩桥所在地区的繁华盛景和优美的自然风光。"天恩赏月"亦曾为南翔一景。也有描述上海地区水路航运繁荣景象的桥联,如青浦襄臣桥上有两副楹联:"澜安水国津梁固,虹跨享衢利济多""迎来冠盖通吴会,送去帆樯接国门",表达了当时上海港作为水路上主要门户的繁荣景象,迎来送往水路贯通,甚至将水路贸易带进了国际。

最后一种类型的桥联主要用于纪念建造桥梁的人和事。如嘉定安亭镇的集庆桥(原名严泗桥),南侧有楹联"十字水分两县界,百里市聚四方人",用于纪念此桥横跨青浦和昆山两地的景况,盖桥西为昆山,桥东为青浦、昆山的交界河——泗泾。嘉定井亭桥上则刻有"龙门旧锁春申渡,鸿运新开甲子年",用于纪念该桥建于嘉庆九年。

3)桥碑

一些古桥为了记录修造的重要历史人物和事件,还专门立有桥碑。桥碑有各种放置方式,有的埋在桥头,有的置于桥亭内,有的嵌在古桥的挡墙石或者券板石上。碑记文字精练,主要说明造桥宗旨、时间、规模、捐资者姓名等,向人宣示造桥的工程业绩或歌颂功德,除了能给予后人启示外,还具有非常重要、珍贵可靠的资料价值。

上海地区在桥头立有桥碑的古桥,其桥碑由于风雨侵蚀或人为破坏,现在多已灭失。有些古桥还在拱券、桥座等处留有石雕题刻,如青浦区瑞龙桥东侧桥座北面上的功德碑,只是因年代久远、字

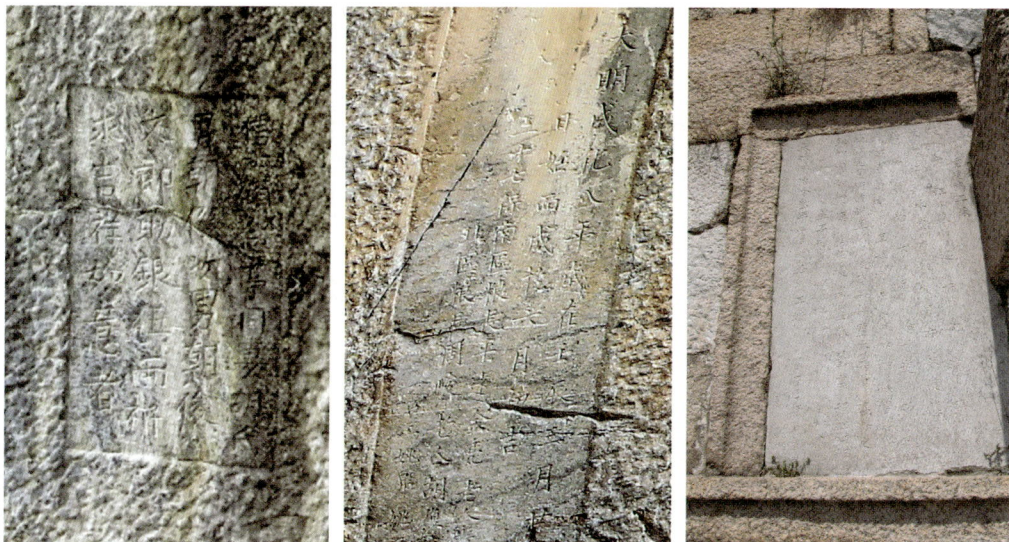

① ② ③

① 图3-29 青浦瑞
龙桥拱券石雕文
字
② 图3-30 松江钱
家桥券石题刻
③ 图3-31 嘉定天
恩桥碑记

迹已风化而辨认不清,以及武康石拱券上的石雕文字(见图3-29);
松江区车墩镇的钱家桥拱券北侧的券石题刻(见图3-30),记载了此
桥的建造过程。嘉定天恩桥桥身上嵌着的石碑用碑记(见图3-31)
记录了天恩桥的建造过程。

4)与古桥有关的诗词

古桥之美往往能引发文人骚客的无限遐想,常为被歌颂的对
象,而诗词作为一种文学体裁,历来就是文人骚客写景抒情的艺术
形式,于是产生了大量的咏桥诗文。在唐诗中,"桥"字出现频率极
高,与桥相关的诗有1 096首,全宋词中以桥为内容的共有1 388
首①。描写上海古桥的诗词也数量众多,有赞叹古桥造型之美的,有
歌咏古桥周边环境的,有观桥而怀古的,有凭桥而伤离的。

比如昔日位于青浦的蟠龙古镇有"九龙一凤"十座桥及"长街
一里,店铺千家"的盛况,每年农历四月初八更有浴佛节"游蟠龙"

---

① 乐振华.绍兴古桥遗产构成与保护研究[D].杭州:浙江农林大学,2012.

庙会，场面十分壮观。附近是著名的香花桥，节日里人山人海，热闹非凡。清时有竹枝诗云："四月初交人尚闲，游踪如海复如山。不知客舫来多少，停遍龙塘水一湾。"类似吟诵上海古桥的诗词，还有不少，由此可感受到古桥的文化魅力。

第 4 章

上海古桥的勘查

古桥自建成后，在人为因素和周围环境的多重作用下，其机能就会逐步衰退，出现材料的病害或者结构构造的问题，影响使用功能的发挥，甚至桥体本身的安全。为了保护好古桥，及时发现问题，就需要通过先进的科学技术检测方式，做好现场勘查、病害分析工作，判断古桥处在何种状态，建筑身上出现了哪些"病症"，以及"病症"的存在范围、发生程度和潜在风险，为下一步制定干预方案、进行保护修缮提供依据。由于古桥是有重要价值的历史遗存，勘查时要强调最小干预，以避免勘查过程对古桥造成破坏。

4.1　勘查的目标

4.1.1　评估价值

古桥的价值评估是勘查的第一步，也是关键的一步。和建筑遗产相似，古桥的价值一般分为四个领域——历史价值、社会价值、科学价值、艺术价值（见表4-1）。

表4-1　古桥的价值因素归纳

价值因素	价　值　点
历史价值	建造年代
	类型价值
	与历史事件、人物的关联
	对所在时期历史信息的记录
社会价值	对社会关系、生活习俗的反映
	功能的良性延续
	建筑的影响力和情感认同度
	对地方特色与文化风格的反映
科学价值	空间布局
	结构与构造
	施工工艺水平
	材料、材质

价 值 因 素	价 值 点
艺术价值	造型色彩
	细部与装饰
	其他特有的艺术形式
	外部环境

4.1.2 表述病症、解释病因

古桥在长期的使用过程中受到来自自然因素和人为因素的影响，因而随着时间的推移，其材料、构件以致结构都在发生变化。作为专业的建筑保护师或者勘查人员，在勘查古桥时，应先表述病症，即归纳其破坏的种种表象，进而研究和追寻造成破坏的多方原因。作为解释性报告的重要组成部分，这些信息将为干预措施的制定提供依据。

常见的材料、结构腐败及相关问题的造成因素有很多，但归结起来，主要分为两大类，即自然因素、人为因素（见表4-2）。

表4-2　古桥的破坏原因分类

骤然的损毁	自然因素		地震、火山、洪灾、暴风雨、飓风、雷电、冰雹、海潮、火灾
	人为因素	公众方面	战争、暴乱、非法盗掘、城市建设、公共工程、现代农业建设
		专业方面	不科学的发掘、决策失误，缺乏项目规划和预测，缺少教育培训，缺少内部外部交流，缺乏安全保障，缺乏可持续发展观念
日积月累的破坏	自然因素		自然腐蚀、高温、低温、盐碱腐蚀、污染、火灾、植物生长、细菌破坏、动物破坏、粉尘污染
	人为因素	公众方面	旅游业，人为的磨损、振动、涂写、走私、忽视
		专业方面	不合理的发掘、缺少交流、过度的基础建设、不合理的保护等

自然因素包括：石材和木材的劣化、河水冲蚀、植物生长的破坏影响、气候环境影响等。

上海地区的古桥主要使用的材料为石材和木材，它们各有其物理和化学特性，会产生劣化现象，从而导致风化、磨损等病害。

河水冲蚀也和上海古桥出现的很多病害现象有关，其影响主要体现在两个方面。① 直接破坏：当水平面上涨或水流湍急时，河水对桥墩直接冲刷，经年累月，会导致桥墩出现歪斜或走动的情况，也可能会出现洪水冲垮桥台、大型漂泊物撞击古桥桥墩造成损害等现象。② 间接破坏：上海地区多数河床土质松软，河水的长期冲刷易导致基础的沉降和位移，从而使上部结构产生附加应力，进而引起拱圈的变形和其他构件的偏移甚至断裂，包括梁桥石柱的歪斜、沉降，石墩的走闪、坍塌，桥面条石的歪闪等。

上海有很多古桥上生长了植物，桥体表面被植物覆盖，看似美观，有历史感，但其实会造成三大威胁：① 植物的根茎会由灰缝侵蚀到桥身内部，植物根部能分泌生物酸，会加快石块的腐蚀；② 植物根系在桥身中蔓延生长，容易造成桥台的开裂或拱券变形，破坏桥体的结构稳定性，造成安全隐患；③ 同时植物又遮蔽了病害处，使得古桥安全隐患不能被及时发现。

另外，上海古桥受气候环境的影响是多方面的，也是重大的，主要体现在这样几个方面：① 上海属于亚热带季风气候，空气潮湿，利于古桥上植物的生长，会加重植物生长导致的破坏程度；② 古桥的桥台内部一般填充灰土，而上海降雨较多，长期的雨水冲刷易导致山花墙内部的填筑被掏空，进而导致踏步的倾斜，严重者甚至会发生断裂现象；③ 环境污染现象在全球都变得越来越严重，环境污染使得空气中的酸性气体增多，甚至产生酸雨，加速古桥风化，严重影响古桥的使用寿命，另外气温的变化以及大气中的水分、可溶性盐、污染物等均会加速石材的风化。

人为因素破坏主要分为三类：① 人为造成的表面污染与变色，主要指人为涂鸦、书写及烟熏等造成的表面污染现象。② 不合理的保护和利用导致的影响古桥整体风貌的现象，比如为了满足现代交通的需要，在踏步上加建坡道或拓宽桥面，为了使用安全，随意改建栏杆或加建栏杆等，均对古桥的原有结构形式产生一定的破坏；或者为了增强古桥的安全性，用水泥或混凝土等新材料对桥身进行加固，破坏了古桥的真实性和历史风貌。③ 更为严重的是车载超重带来的破坏，随着人们生活方式的改变，特别是位于乡间的古桥，自行车、电动车的通过变得十分频繁，甚至会有小型运货车辆通过，使得原来设计之初只为人行的古桥，荷载超重，导致古桥构件的变形甚至断裂。

4.2　勘查的基本原则

古桥作为历史建筑遗产，在勘查过程中应遵循历史建筑保护的基本原则，贯彻保护意识，具体来说应遵循以下四点原则。

4.2.1　原真性原则

建筑遗产的原真性主要包含"环境""材料""工艺技术"三个方面。具体而言就是保持原始环境，在修复过程中尊重建筑原材料和原工艺。原真性是保护工作的核心原则。

在古桥前期勘查中，特别强调对原真性的应用。对历史信息原真性的解读，要以能够与实物相印证的文献记载为依据，不歪曲不臆测；对价值的评判，要通过史料研究、历史特征分析的真实性进行体现。在病症表述、病因解释这一环，要基于科学的分析和推导，以真实全面表述古桥残损状况和程度，并给出合理解释为基点。

4.2.2　完整性原则

古桥前期勘查中完整性体现在两方面：一是勘查内容的完整性。不仅要包含古桥的本体，还要对其所处的环境有认识和评估，获取一切与之有关联的可能信息。二是勘查流程的完整性。不仅要有对价值的评估，还要对建筑的残损病症进行分析，解释病因，对文物建筑进行全方位的查勘。

4.2.3　多专业合作原则

古桥价值的多样性、外界影响因素的多样性、破坏作用机理的多样性，都决定了前期勘查工作不可能由一个或少数几个人员完成。随着遗产保护领域内的新理念的兴起和拓展，这项工作需要有更多学科背景的专业人员的参与，需要集多学科的联合力量攻克前期勘查的难题。

4.2.4　最小干预原则

《中国文物古迹保护准则》（2015年修订版）第12条提出了"最低干预"原则，在相关阐释中规定："……必须干预时，附加的手段应只用在最必要部分，并减少到最低限度。"在后期具体干预措施的制定上，这一原则是基本法则，因为现场人员无法预知现在所采取的干预措施在未来是否会产生不良的影响，所以只有在非做不可的时候才允许做，并且是最低限度上的干预。

前期勘查也是如此。对勘查的全过程，应秉持最小干预原则，在对建筑采取任何处理时都尽可能以微损甚至无损的方式，以不加剧病害为原则，做到"不改变原状"，最大限度保护本体结构、构造安全，尽量保存遗产价值。

4.3 勘查的方法与技术

对古桥的现场勘查涉及结构、构造、材料等内容,因此会使用到多种方法。借助先进的科技手段,能够使勘查更精确有效。其作用大致可归纳如下。

一是有助于保持历史建筑完整性。传统的病害勘查和诊断方式通常会对建筑遗产造成一定的破坏,而且较大程度上依靠检测人员的经验,存在不精确的问题。先进的无损检测(non-destructive testing, NDT)或微损检测技术是一种对病害较为严重的部分和材料进行相应检测的无害检测技术,可以在不对被测试材料产生明显损害的前提下,明确具体的病害成因,评定其相关状况,以便检测人员确定保护措施和实施方法。因此,相对于传统的有损检测方式,无损、微损检测能够最大化地保持历史建筑的完整性。

二是有效地辅助归档、记录。在对桥梁进行实地勘查和数据采集时,由于桥梁都是跨河建造,拍摄和测量都会有一定的难度,使用无人机、三维激光扫描等技术手段可以有效且高效地收集相关数据,并进行现状分析。比如对很多古桥的调研,都采用了无人机航拍技术并进行摄影测量,这可以避开桥身较高、跨度较大、水流湍急等外界不利因素,顺利开展工作。如图4-1、图4-2所示为勘查中留下的两张无人机航拍照片。

三是有效服务于后期的保护干预。借助精密仪器与现代科技手段对古桥表面和内部的物理、化学性质进行检测分析,并通过检测数据判断病害的类型、形状、尺寸、位置等,可以为后期的保护干预提供科学可靠的数据支持。

下面介绍笔者带领的研究中心在古桥现场勘查及病害分析中常用的几种技术手段。

①

②

① 图4-1　金山枫泾泰平桥无人机航拍照片
② 图4-2　青浦还清桥无人机航拍照片

4.3.1 田野普查方法

田野普查是开展保护、进行研究的基础工作,其目的有二:① 对上海现存古桥进行摸底,弄清其保存数量和保存情况,建立基础性档案;② 对基本建设工程中古桥的存废问题进行调查评估,根据实际情况制定修缮步骤和管理办法,以便更好地为保护研究提供资料。

田野普查方法包括步骤大致如下:

(1)对古桥的完整度、材料毁损、潮湿浸润、生物作用、环境状况等情况进行观察判断,记录其保存状况及损毁原因。

(2)绘制古桥位置示意图、平面图、立面图、剖面图等。

(3)拍摄古桥不同角度的照片,记录拍摄方位及构件名称。如图4-3所示为闵行水月庵桥的田野普查现场。

(4)利用访谈调查法,对古桥所在地老年居民、干部、文史馆员以及经常接触古桥的专业人员进行访问,获取有关古桥的更多资料。如图4-4所示为青浦万安桥田野普查的现场。

图4-3 闵行水月庵桥田野普查现场

（5）填写详细的田野普查登记表，留存资料。如图4-5所示为第三次全国普查不可移动文物登记表中闵行恒星桥的局部普查资料。

① 图4-4 青浦万安桥田野普查现场
② 图4-5 第三次全国文物普查不可移动文物登记表中对闵行恒星桥的普查资料（局部）

①

编号： 310112-0041-3　　　●复查　○新发现

第三次全国文物普查不可移动文物登记表

名　称　　　　　恒星桥
省（自治区、直辖市）　　　上海市
市（地区、州、盟）　　　市辖区
县（区、市、旗）　　　闵行区
调查人（签字）　王凤席　　日期　2009-12-16
审定人（签字）　　　　日期
抽查人（签字）　　　　日期

国家文物局　制

第 1 页　共 12 页

第三次全国文物普查不可移动文物登记表

名　称	恒星桥	代　码		
地址及位置	上海市市辖区闵行镇恒星村二组			
GPS 坐标	北纬	东经		海拔高程
	31°6′56.30″	121°28′37.13″		5m
测点说明	桥面正中			
类别	古遗址	○洞穴址　○聚落址　○城址　○密址　○窑址 ○矿冶遗址　○古战场　○驿站古道遗址　○军事设施遗址 ○桥梁码头遗址　○祭祀遗址　○水下遗址　○水利设施遗址 ○寺庙遗址　○宫殿衙署遗址　○其他古遗址		
	古墓葬	○帝王陵寝　○名人或贵族墓　○普通墓葬　○其他古墓葬		
	古建筑	○城垣城楼　○宫殿府邸　○宅第民居　○坛庙祠堂　○衙署官邸　○学堂书院 ○驿站会馆　○店铺作坊　○牌坊影壁　○亭台楼阙　○亭观塔幢　○苑囿园林 ●桥涵码头　○堤塘渠堰　○池塘井泉　○其他古建筑		
	石窟寺及石刻	○石窟寺　○摩崖石刻　○碑刻　○石雕　○岩画　○其他石刻		
	近现代重要史迹及代表性建筑	○重要历史事件和重要机构旧址　○重要历史事件纪念地或纪念设施 ○名人、旧居　○传统民居　○宗教建筑　○名人墓　○烈士墓及纪念设施 ○工业建筑及附属物　○金融商贸建筑　○中华老字号　○水利设施及附属物 ○文化教育建筑及附属物　○医疗卫生建筑　○军事建筑及设施 ○交通道路设施　○典型风格建筑或构筑物 ○其他近现代重要史迹及代表性建筑		
	其他			
年代	清			
统计年代	○旧石器时代　○新石器时代　○夏　○商　○西周　○东周　○秦　○汉　○三国　○晋　○南北朝　○隋 ○唐　○五代　○宋辽金　○元　●清　○明　○中华民国　○中华人民共和国　○待定			
面积(m²)	18			
所有权	●国家　○集体　○个人　○不明			
使用情况	使用单位（或人）恒星村		隶属　恒星村	
	用途　○办公场所　○开放参观　○宗教活动　○军事设施　○工农业生产　○商业用途 ○居住场所　○教育场所　○无人使用　●其他用途			
复查对象	级别　○全国重点文物保护单位　○省级文物保护单位 ●市、县级文物保护单位　○尚未核定为保护单位			

第2页　共12页

4.3.2 测绘方法

4.3.2.1 三维激光扫描

三维激光扫描（3D laser scanning）技术能够通过激光扫描测量的方法，获取物体表面的高清晰三维激光影像数据，并通过大量密集的点快速建构出三维点云模型，使人们在计算机中便可对该物体进行研究。三维激光扫描技术具有高速、高效、高精度（毫米级别）、高密度、数字化、自动化、实时性强等特点，现在已经广泛应用于建筑测量和古建修复中。通过采集数据，提供数字化空间模型，这项技术可以用于古建筑建模、检测、偏移分析和碰撞检测等。

青浦金泽迎祥桥的勘测就使用了三维激光扫描建模用于偏移分析（deviation analysis）。该桥整体东西向跨金泽塘，在使用三维激光扫描完成三维建模后，以东岸切线为 X 轴建立基准坐标系，进行轴线对比分析，比较各桥段的偏移情况。经比较发现桥面现呈南高北低状态，偏移最严重的部分可以达到10厘米左右。桥墩在水平方向上也出现明显偏移，中间两跨的偏移量达到了20厘米以上。

（1）数据采集：通过三维激光扫描仪、相机、无人机等工具进行现场拍摄（见图4-6），获取控制信息，采集点云图像数据（见图4-7），并对采集的数据与古桥进行照片匹配（见图4-8）。

图4-6　使用三维激光扫描仪对迎祥桥进行数据采集

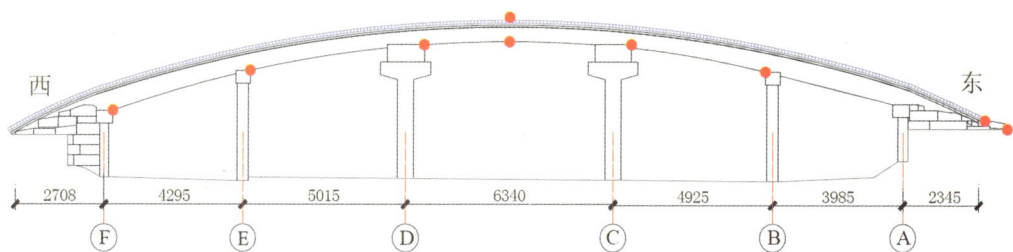

西 东

2708 4295 5015 6340 4925 3985 2345

Ⓕ Ⓔ Ⓓ Ⓒ Ⓑ Ⓐ

①

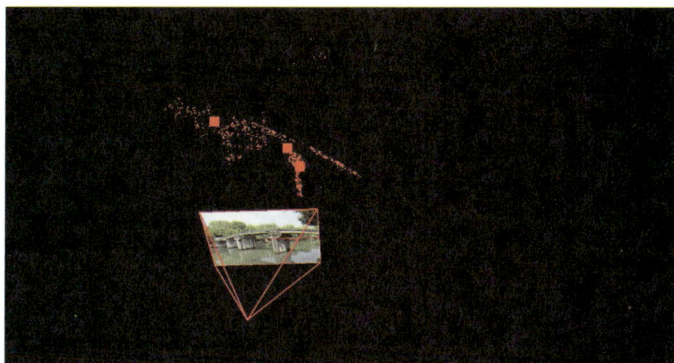

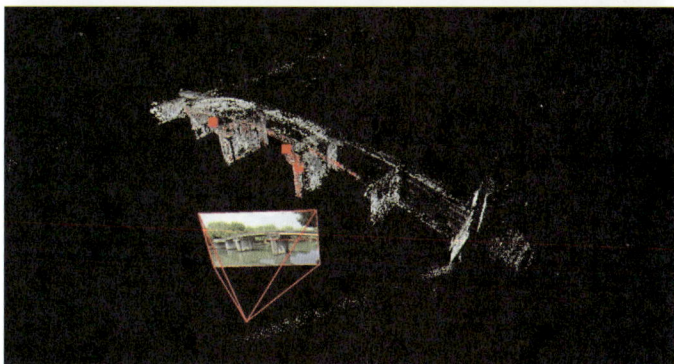

① 图4-7　进行数据采集的
不同测点
② 图4-8　照片匹配

②

（2）三维建模：对采集图像进行处理，利用摄影测量软件建立三维模型（见图4-9），结合全站仪采集控制点校核三维模型，并获得真实比例尺和坐标数据（见表4-3）。

（3）数据分析：建模之后（见图4-10），在三维模型中设置参照系，比较各部分的偏移值（见图4-11）。

表4-3　真实比例尺和坐标数据

控制点	X轴	Y轴	Z轴	误差/像素	误差/米
①	−3.343 000	13.301 000	0.966 000	2.657	0.037 135
②	1.612 000	17.898 000	0.853 000	0.495	0.005 404
③	−3.967 000	12.851 000	0.025 000	2.227	1.031 731
总计				2.077	0.028 373

①

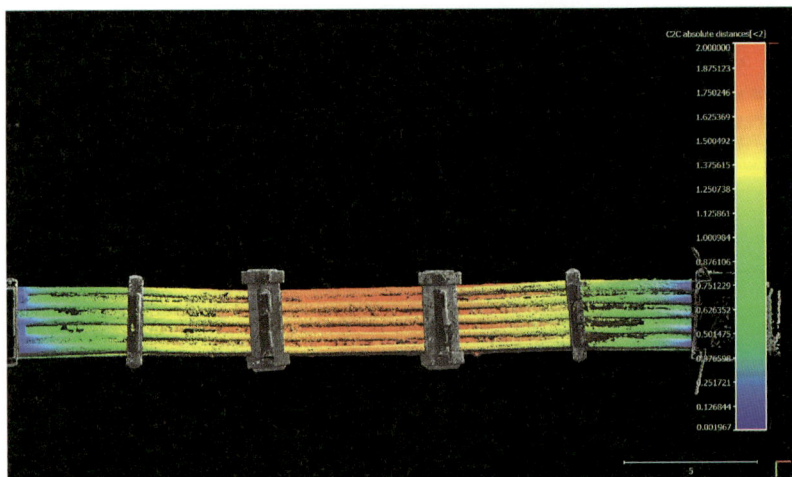

②

① 图4-9　三维建模

② 图4-10　迎祥桥三维激光扫描建模

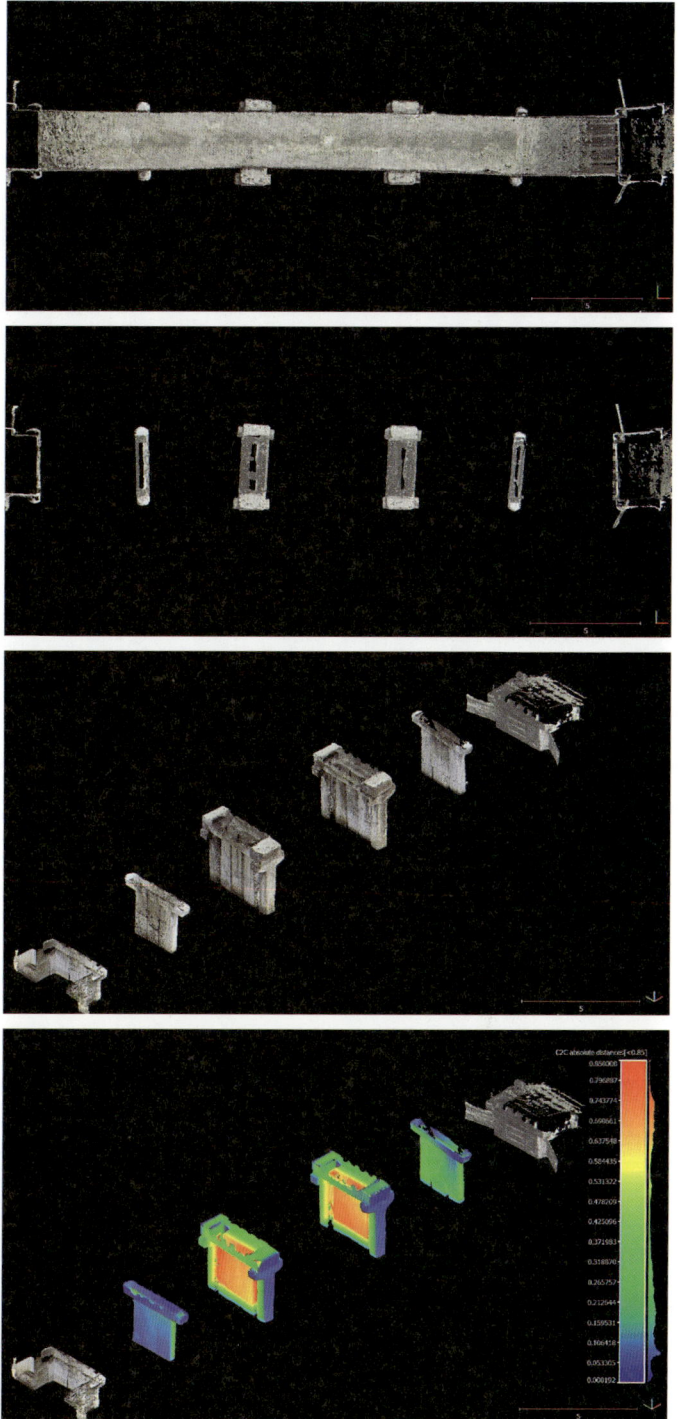

图4-11　三维模型中的参照系设置

图4-12 朱家角放生桥数据采集与建模

另外,通过对三维激光扫描采集的数据进行拼接、噪点消除、归一化等处理,可以获得古桥负载前后的模型。如图4-12所示为青浦朱家角放生桥的数据采集与建模。

4.3.2.2 摄影测量

数字摄影测量(digital photogrammetry)是通过计算机对所摄影像进行影像处理、影像匹配、影像分析的数字测量技术,通过识别图像中的像点,解析确定对象的三维坐标并输出数字化模型或影像。在影像处理和匹配中,通过提取影像特征,从而形成视觉及数字摄影测量。此法输出的数字可视化产品包括正射影像图、三维空间模型、透视图等。

针对上海地区古桥的摄影测量主要是通过电脑自动进行像素匹配、筛选、叠加、拼接和矫正,从而将地面与空中的摄影照片结合处理生成三维模型，获取其中的正投影，生成无透视、可量取的正立面、剖面等图像。

借助倾斜摄影技术可以更好地获取色彩和空间坐标数据。在拍摄后先处理数据，将饱和度等参数设置统一，再选择和筛选倾斜及垂直影像，对方位进行精准定位，然后将影像进行匹配，制作出和真实影像基本相符的数字地表模型（digital surface model, DSM）数据。通过对摄影测量形成的正立面进行编辑和分析，可以对病害勘查提供帮助，有助于直接记录、标注表面病害，并计算病害面积。

在青浦区麟趾桥的保护修缮中，勘查团队就曾经通过摄影测量的手段辅助三维建模，用于偏移分析和撞击模拟分析。在实地勘测中发现，麟趾桥拱券东侧边缘向北出现一定程度的偏移，并出现龙筋石断裂、桥台走闪等劣化情况。推测可能原因是驳船空载驶回时，因船体上升而对拱券产生撞击（见图4-13）。日久年深，多次大大小小的撞击对桥体造成了较为严重的损坏。为证明假设和猜想，工作人员先使用摄影测量技术进行照片匹配（见图4-14）和三维模拟建模（见图4-15），分析桥体的偏移情况，再通过计算机模拟软件（Scan & Solve）进行模拟撞击实验。

① 图4-13 麟趾桥撞击现场
② 图4-14 照片匹配

①

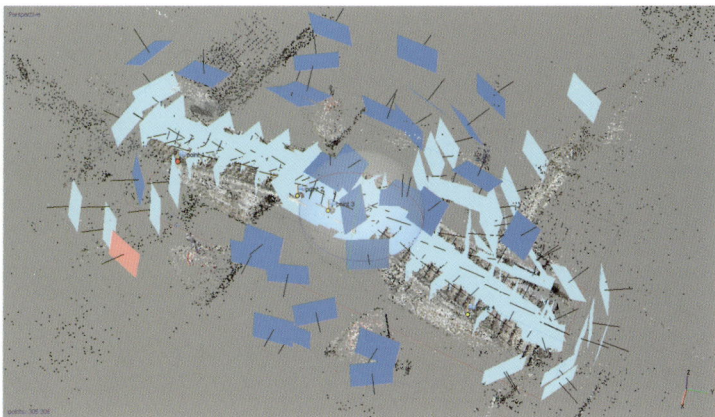

②

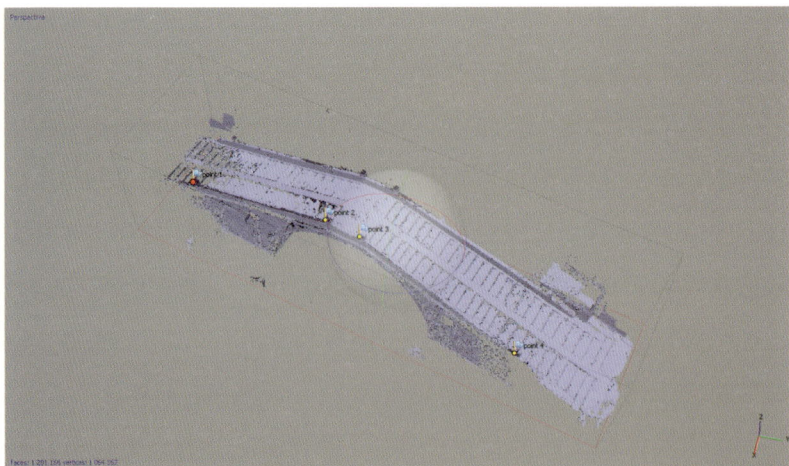

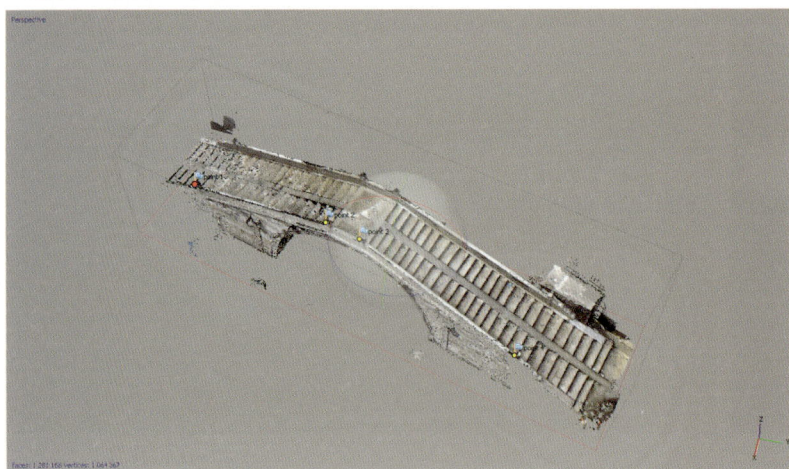

图4-15　三维模拟建模

在建模分析中,首先将三维模型分解为桥面和桥拱,然后建立水平面和垂直面两个坐标参考系。通过对比,分析构件的整体偏移和倾斜程度。如图4-16、图4-17所示为北侧及南侧桥拱偏移量分析,从模拟结果可以明显看出,北侧的撞击力对桥拱造成了较为明显的南向倾斜。北侧拱券顶端与底端之间大概存在约40厘米的偏移量。

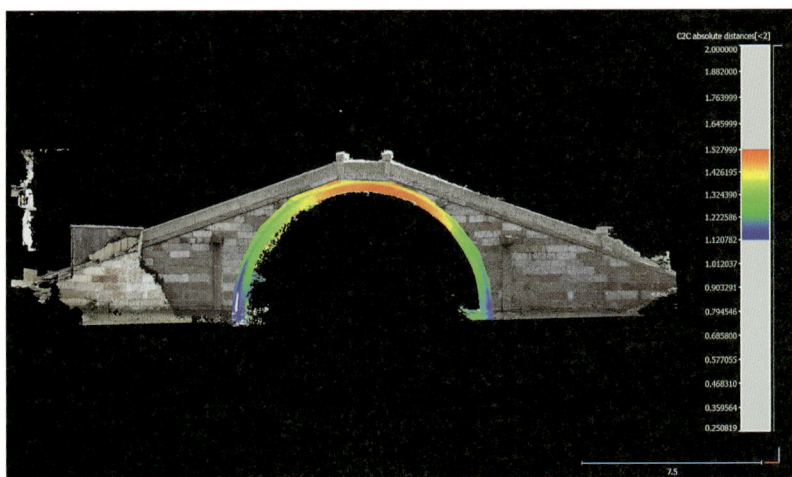

①

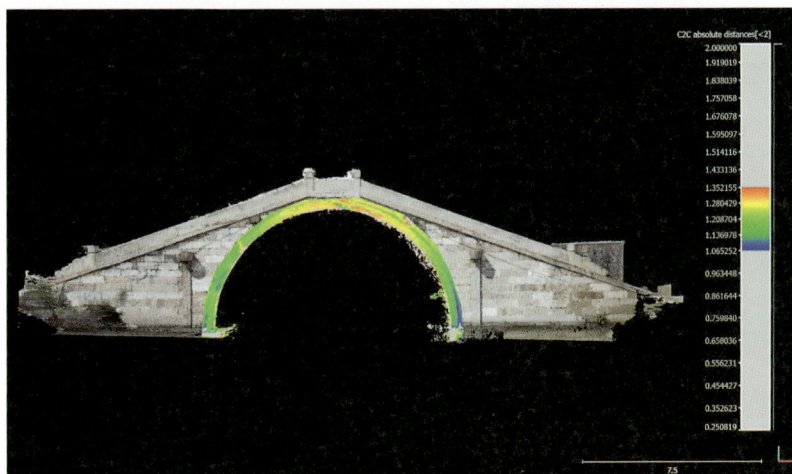

① 图4-16　北侧桥拱偏移量分析
② 图4-17　南侧桥拱偏移量分析

②

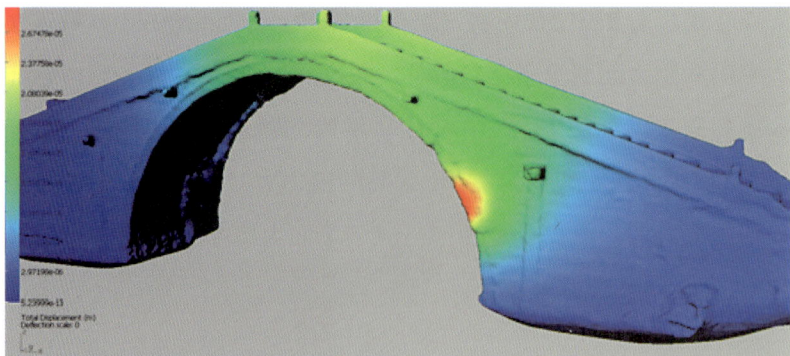

图4-18 软件模拟
撞击试验分析

在软件模拟撞击试验分析(见图4-18)中,通过设定撞击点、受撞击力,对恒定基础受力的拱券进行模拟撞击,可测量计算模拟偏移量。因最终的模拟结果中,模拟变形趋势与实地测绘结果相吻合,从而推断驳船对桥体的撞击是造成桥台走闪、桥体偏移、龙筋石断裂的主要原因。

4.3.3　病害勘查技术

4.3.3.1　红外热成像技术

红外辐射是一种电磁辐射,所有温度在热力学绝对零度以上的物体自身都会发射这种电磁辐射。物体的红外辐射强度与热力学温度直接相关。红外热成像仪可将物体发出的红外辐射能收集起来,经过一系列数字信号处理,获得显示物体表面温度分布的伪彩色图像。通过观察图像上的颜色分布可以确定物体的温度场分布。

红外热成像技术在20世纪末开始被国外学者应用于建筑遗产病害检测。它具有检测速度快、实时结果显示、对文物建筑完全无损的优点,用来检测外墙空鼓、表面剥落、屋顶渗漏、热桥等病害问题,并可进一步检测存在于建筑构造内部的病害。此技术对评估建筑的保存状况起到了较为重要的作用。在古桥的病害勘查中,红外热成

　　　　　　　　　　　　　　　　　　　　上海古桥保护研究

像法是非常重要的无损检测手段，具有越来越广泛的运用价值。

2017年，笔者所在团队对朱家角放生桥进行红外热成像数据采集与分析（此次调查的设备为红外热成像仪FLIR T610），结果在桥的拱圈部分发现有较多渗水处（见图4-20）。水可能是从桥板上渗入进桥体。放生桥主要材质为砂岩，其主要成分为碳酸钙，长此以往，渗水可能会形成水溶性盐，进一步腐蚀桥体，立即采取对应的防水措施。

①

① 图4-19　红外热成像仪FLIR T610
② 图4-20　红外照片里显示的放生桥拱圈的渗水情况

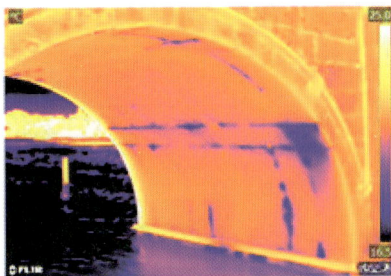

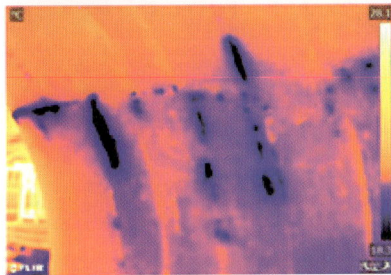

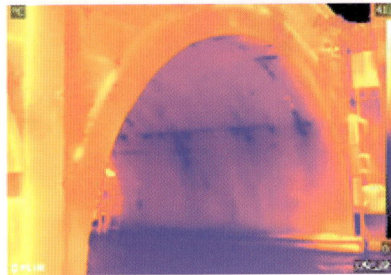

②

对青浦艾祁桥进行病害勘查时,现场目测发现桥体下方石板有深色水渍。经过红外热像检测发现,石板连接缝隙处存在温差较大的现象,疑似存在漏水的问题(见图4-21)。

除此之外,艾祁桥桥体下方不同位置还存在青石板大面积脱落的现象(见图4-22)。

① 图4-21 艾祁桥疑似漏水迹象
② 图4-22 青石板脱落现象

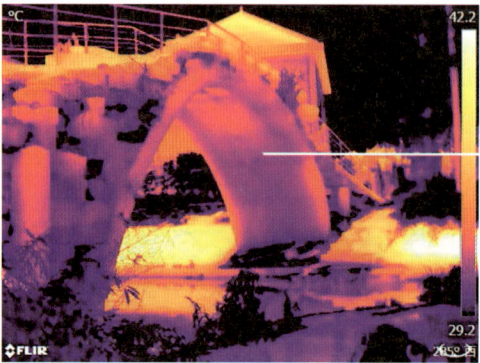
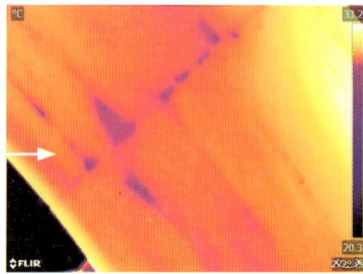

①

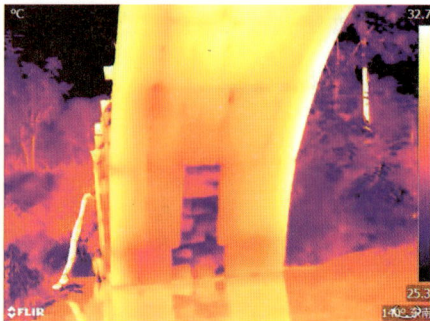

②

4.3.3.2 材料分析测试

对古桥结构材料的分析测试，一般情况下先在现场取样，再在实验室条件下进行检测，但在一些不便取样的情况下，则会采取机械贯入方式进行现场检测。检测分析方法有光学显微镜检测、X射线衍射（XRD）分析、拉曼光谱分析、FTIR红外光谱分析等。另外，根据国家行业标准《贯入法检测砌筑砂浆抗压强度技术规程（JGJ/T136—2017）》，也常运用贯入式砂浆强度检测仪，通过测钉的贯入深度检测砂浆的抗压强度。这种检测方法具有操作简单、结果准确的优点，因此也被运用于古桥结构材料的分析测试中。

以青浦艾祁桥石灰及青石X射线衍射（XRD）分析为例，对艾祁桥劣化的青石及石材砌块（如拱券，见图4-23）间的石灰砂浆进行取样（见图4-24至图4-26），通过X射线衍射（XRD）分析，发现石灰砂浆的成分碳化程度较高，即石灰中的氢氧化钙大部分已碳化成碳酸钙（方解石），但是未发现明矾成分的存在。

分析结果如图4-27、图4-28、表4-4所示。

① 图4-23 艾祁桥拱券

② 图4-24 现场取样

①　　　　　　　　②

① ②

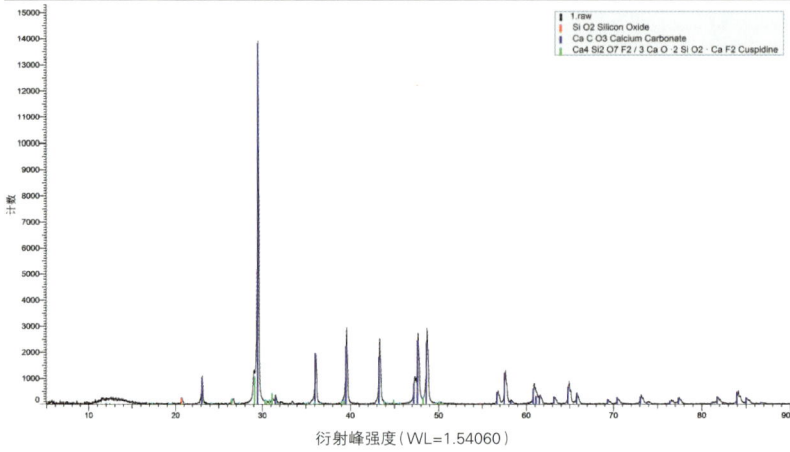

衍射峰强度（WL=1.54060）

③

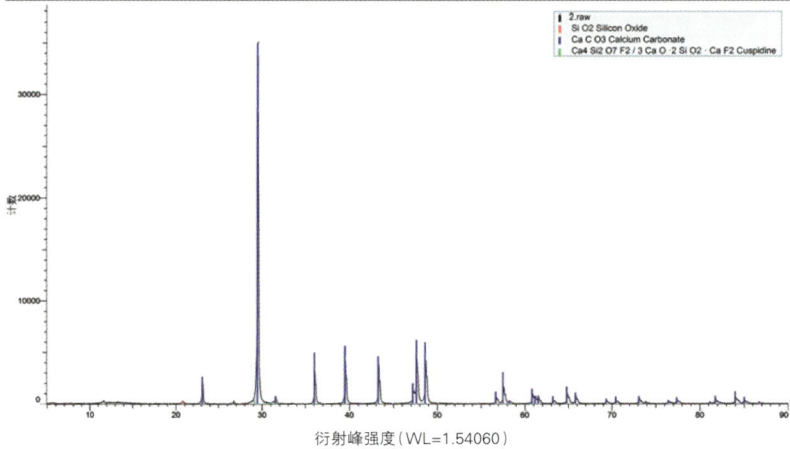

衍射峰强度（WL=1.54060）

④

① 图4-25　取样一：拱券砌块间的石灰砂浆

② 图4-26　取样二：劣化的青石

③ 图4-27　石灰砂浆样品分析结果

④ 图4-28　青石样品分析结果

表4-4 取样成分分析

单位：%

样　品	石　英	方解石	枪晶石	其　他
石灰	4	76	19	1
青石	2	94	3	1

注：其他为菱镁矿、白云石、伊利石、绿泥石、石膏、石盐、黏土类等物质。

其中，石灰的主要成分是氧化钙，在水的环境中将很快消化生成氢氧化钙，氢氧化钙又在大气中与水和二氧化碳作用缓慢碳化生成碳酸钙。石灰只有碳化后才有较高的力学强度。这种孔隙率大的碳酸钙有很好的透水、透气性，碳化后具有较强的耐候性，能使其与石质文物本体很好地兼容，牢固结合。

青石作为石灰的原材料，其主要成分为碳酸钙。

此后进一步做石灰样品FTIR红外光谱分析。结果如图4-29所示，除了较为明显的碳酸钙（方解石）的波峰以外，还有淀粉特征峰的存在（图中3 445厘米附近有一个极强且宽的吸收峰，主要是O—H键伸缩振动吸收引起；1 633厘米附近的吸收峰为淀粉中吸附水中无定型区域的吸收峰）。因此，基本可以肯

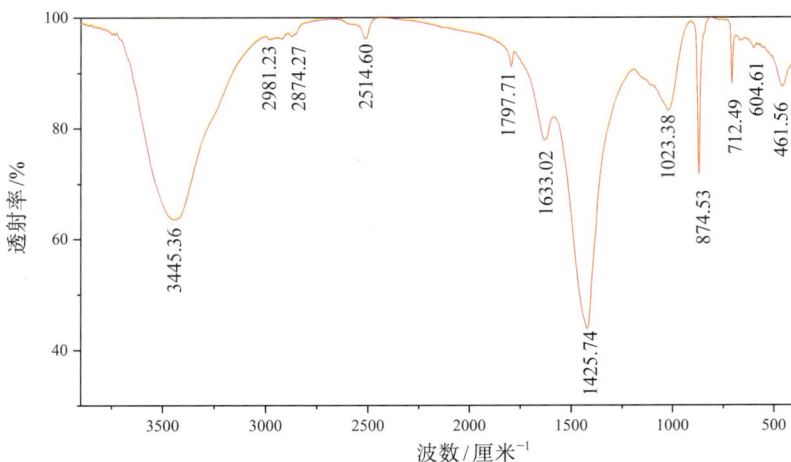

图4-29　石灰样品红外光谱结果

定石灰中掺有淀粉类（糯米）的物质。这和前文所述工匠的经验是吻合的。

在青浦金泾桥的病害检测中，工作人员先是用红外热成像仪对桥底的深色水渍进行了检测。红外图像显示存在温度不一、疑似漏水的痕迹。如图4-30所示为拱脚实物及其红外检测图像。

进一步近距离对石板深色水渍（见图4-31）进行观察，工作人员发现水渍问题主要以石材表面覆盖的一层黑色的污渍为主，取样后，用于后期实验分析。

光学显微镜下，1号、2号样品微观形态类似，都为石材表面附着了黑色的污渍（见图4-32）。

① 图4-30 金泾桥拱脚及对应的红外检测图像
② 图4-31 金泾桥的水渍问题

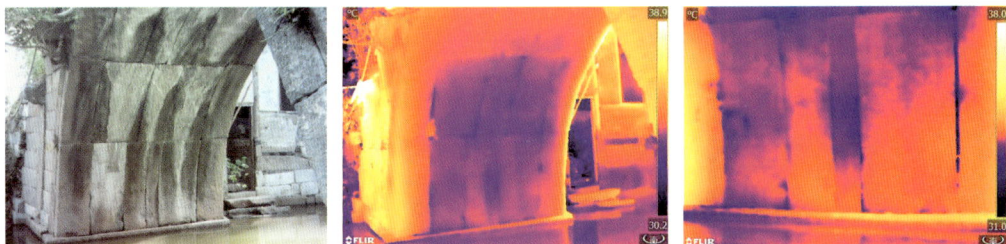

①

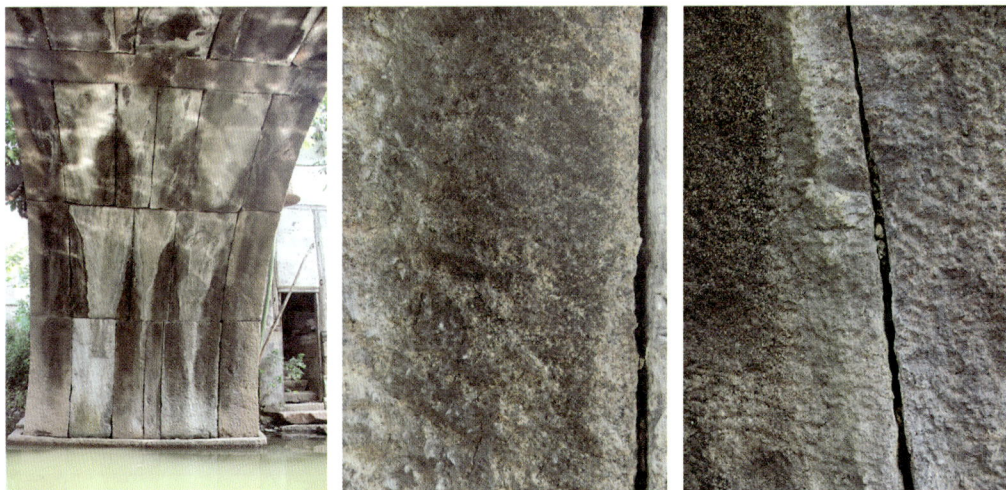

②

① 图4-32 1号、2号样品8倍及30倍微观图像

（a）1号8倍微观图

（b）2号8倍微观图

（c）1号30倍微观图

（d）2号30倍微观图

② 图4-33 3号样品8倍及30倍微观图像

（a）3号8倍微观图

（b）3号30倍微观图

（a）　　　　　　　　　（b）

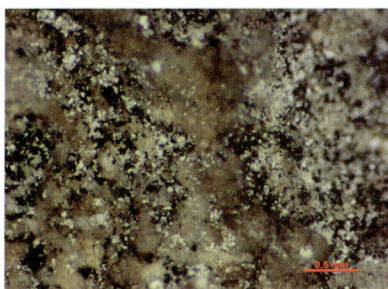

（c）　　　　　　　　　（d）

①

（a）　　　　　　　　　（b）

②

　　　3号样品可以观察到石材表面附着了绿色的藻类微生物（见图4-33）。

　　　最后的成分鉴定，工作人员首先尝试使用拉曼光谱技术进行分析，但由于外界因素干扰严重，结果不甚理想，故又尝试用红外光谱对样品进行分析。结果显示（见图4-34）三个样品的主要成分基本一致，均为碳酸钙。

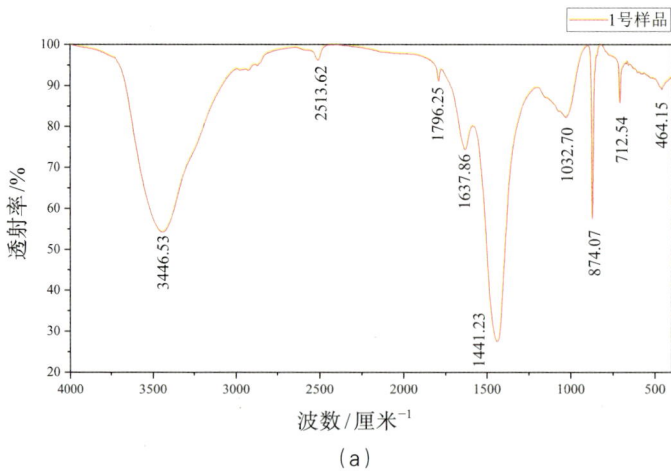

图4-34 三个样品的红外光谱图
(a)1号样品红外光谱图
(b)2号样品红外光谱图
(c)3号样品红外光谱图

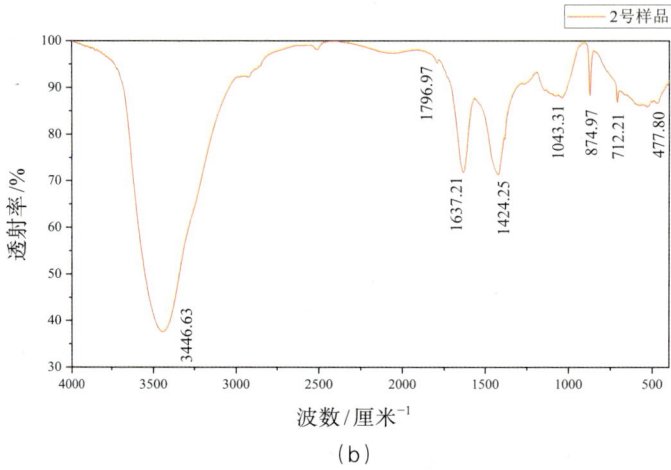

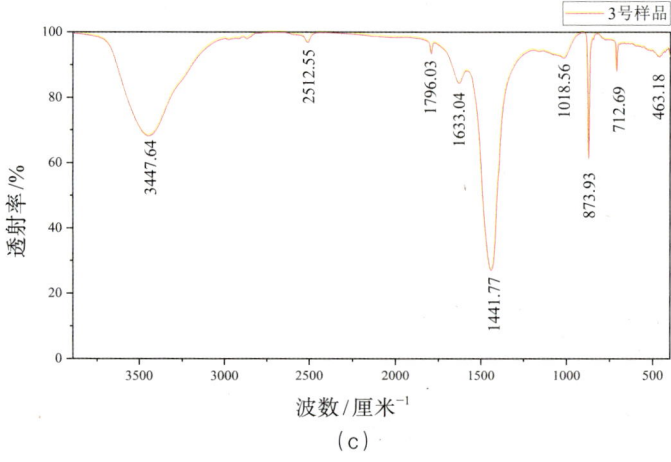

(a)

(b)

(c)

综上所述，对金泾桥的材料分析检测结果显示：

（1）桥底存在毁损现象，亟须进行保护修缮。

（2）经显微镜观察，根据金泾桥3号样品的表面藻类污染推断，其他样品的黑色污染主要是由于桥底部特殊的环境导致的。长期处于水汽丰富的条件下，桥底藻类微生物繁殖死亡周期变短，黑色污染应为藻类死亡后的残留物加上空气中的污染颗粒物结壳而成。桥底由于长期缺乏维护清洗，从而形成了大面积的黑色污染迹象。

（3）成分分析除了碳酸钙（青石主要成分）外无法检出其他物质。

4.3.3.3　木材状态检测

木材属于世界四大建筑材料（砌块、石材、木材、钢混）之一，相对来说，它具有取材、加工方便的优势。目前，针对古建筑木构件的检测大多仍然停留在传统的目测阶段，但无损检测新技术也已经开始应用。其中木质针测阻力仪与应力波断层扫描仪技术常被应用于古建筑木结构保存状态的检测。

阻力仪的技术原理为：仪器前端接触被测物，将一根直径为3毫米的金属探针以匀速的方式钻入被测物，记录钻入路径上所遭遇的阻力变化曲线，用于探知被测物内部的密度变化，可对木材内部的裂缝、腐朽、虫蛀情况进行判断（见图4-35）。

应力波仪的技术原理为：依据应力波射线的原理，利用发射、接受系统，在被测对象的一端发射射线，同时在另一端接受，通过多路径、多角度地扫描被测物，然后利用计算机反演成像技术，呈现被测物内部应力波波速变化，进而对被测物作出质量评价（见图4-36）。

将阻力仪与应力波仪结合使用，可以将双方优势进行互补，克服应力波仪对腐朽、空洞、裂缝等缺陷区分不够精确的缺点，以及

①

②

阻力仪数据覆盖面窄的不足，从而更快捷、准确地判定一定区域面积内的木材缺陷，避免对材料的浪费和对木构件的破坏。近年来的一些实验、应用结果表明：阻力仪与应力波仪能够有效检测古建筑木构件的虫害、腐朽、裂隙等病害。

上海地区的古桥中有很多使用了木构件，既容易遭受虫蛀伤害，又容易在自然环境下变形、糟朽，尤其古桥位于水流之上，水汽对木材的侵蚀作用更为严重。将阻力仪与应力波仪应用于古桥的病害检测，具有检测效果好与效率高的优势，数据结果能够直观、较好地反应被测物体内部的强度变化，从而得知保存状况。检测结果能够立即在现场获取。

不过需要注意的是，此技术的缺点为，检测过程中会对被测对象产生轻微的破坏作用，因此属于微损检测。

4.4 总体保存现状勘查

4.4.1 古桥的灭失情况

据史料记载，上海地区从明代中叶以后，仅有桥名的桥梁就有5 000座左右。而上海自开埠以来，随着城市的快速发展，很多古桥在陆续消失。到清末民初时期，由于铁路诞生，公路新建，上海地

① 图4-35 阻力仪检测木材
② 图4-36 应力波仪检测木柱
此两幅图片来源：北京工业大学国家文物局木结构古建筑安全性评估和防灾科研基地。

区的古桥梁为适应汽车通行，许多被改建或重建，失去了原有风貌。中华人民共和国成立后，随着道路的快速建设及城乡大规模基础设施建造，许多古桥被拆毁，不少石拱桥、石梁桥被改建为钢筋混凝土平桥。

上海古桥保护学者吴纪慰先生自1994年开始有意识地记录、拍摄上海古桥，经过十多年的走访，亲眼所见的仅有600多座。到现在，根据上海第三次全国文物普查和笔者所在研究中心的调查数据，现存上海古桥数量为617处，而上海市区内仅余4座古桥。正像吴纪慰先生所担忧的，"照此下去古桥会越来越少。这就不能不令人担忧：若干年以后上海的古桥究竟还能保留多少？我们的子孙后代还能感受到多少桥文化的脉络？"[1]

古桥消失的原因，主要在于经济、社会的发展，带来了基础设施建设的加速，汽车、火车等新式交通工具的出现，铁路公路的新建，城市规模的扩大，水利设施的修建等，使得凝聚历史记忆的古桥被大量拆除。

即便是能够保存下来且被核定为法律保护级别的文物古桥，由于大众的保护意识缺乏、相关法律法规不够健全等原因，也面临严峻的存续情况，更不要说散落在乡野田间、未列入保护名单的古桥了。因此对现有古桥进行详细的摸底、勘查，是进行妥善保护的前提。

4.4.2　古桥的使用情况

在现存古桥中，大约80%的桥梁仍保留有正常的使用功能，其余的则失去了通行功能。造成古桥失去桥梁使用功能的原因主要有以下这些方面。

---

[1] 吴纪慰.上海古桥谱[M].上海：上海市城市经济学会,2016.

1）河道变迁

河道变迁使得古桥位于河道尽端或桥下已无河流经过,这种情况对古桥的影响非常大。上海地区相当一部分古桥的消失是由于河道填埋或改道,上海市区内尤为普遍,由于道路建设和房屋建设,陆续填埋了很多河道,河上之桥也随之拆除。没有被拆除的古桥,也会失去原来的使用功能。

如金山亭林镇的成辰桥,民国十七年(1928)由沈同善等募捐重建,是一座三跨三拼石平梁桥(见图4-37),金山石材质,南北走向,中跨桥长约4.48米,南跨桥长约3.80米,北跨桥长约3.85米,总宽约1.18米,高1.78米。桥塌为金山石砌筑,立壁柱由两块金山石板并立而成。古桥现立于一片田地中,桥下已无河道(见图4-38),古桥不复承担水上通行功能。松江的来凤桥也存在同样的情况(见图4-39)。

① 图4-37 金山成辰桥立面图
② 图4-38 金山成辰桥现状
③ 图4-39 松江来凤桥

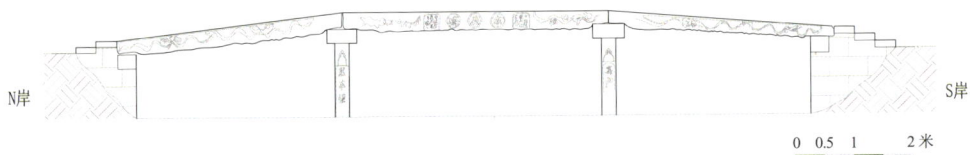

N岸　　　　　　　　　　　　　　　　　　S岸

0 0.5 1　　2米

①

②

③

上海古桥保护研究

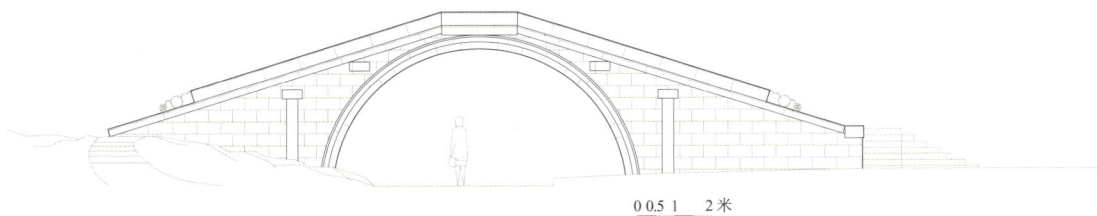

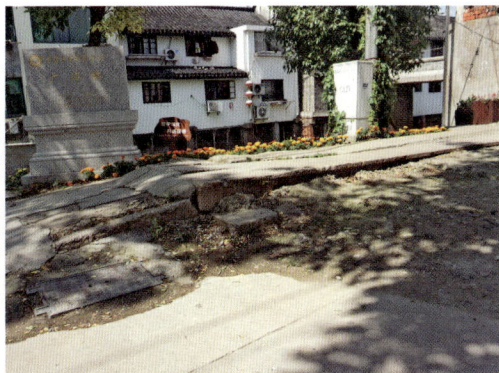

① 图4-40 丰德桥
　早期立面图
② 图4-41 宝山丰
　德桥现状
③ 图4-42 奉贤广
　济桥

　　位于宝山罗店镇布厂街南侧的丰德桥,跨老练祁河,原系木桥,清康熙四十八年(1709)改建为石桥。光绪四年(1878)重建,光绪三十年(1904)重修。如图4-40所示为丰德桥早期立面图。该桥为罗店镇最大的环形石拱桥,现为宝山区级文物保护单位。由于桥下河道已被填平改做道路,桥身下部被埋入土中,外露部分桥高4.29米,桥长19.8米,跨度7.7米,矢高3.66米(见图4-41)。现存古桥破坏比较严重。

　　此外,更加严峻的是河床被填后地面上升,导致一些古桥几乎被埋,只剩下桥面可见,比如奉贤青村镇的广济桥(见图4-42)。该桥建于清代初年,道光十一年(1831)重建,长10.8米,宽1.55米。由于河道被填,古桥构件部分散失,桥面条石也有断裂,并被覆盖上水泥,其生存状态岌岌可危。

闵行区浦江镇召楼老镇中的道南桥，建于清代，原为东西走向三拼三跨平梁桥。河道被填没后，古桥默默躺在古镇一条支弄中，下部结构均被掩埋，只剩一段桥面可见，更像是一段小石板路（见图4-43）。桥面石板的侧面"道南桥"这三个字还清晰可见。

金山漕泾镇的连塘桥，建于清乾隆十五年（1750），同治七年（1868）重建。该桥原为单跨四拼桥，桥跨长13.5米，桥宽2.1米。河道填埋后，连塘桥现在已是道路的一部分（见图4-44）。

2）道路或新建筑封堵

由于古桥已不能满足现代社会对于交通运输方面的使用需求，其使用功能渐渐被弱化，其保护也未能得到足够的重视。一些地方的新建建筑或道路就切断古桥或阻碍了古桥的通行道路，如嘉定东大街的永宁桥。该桥是一座始建于元代的单孔石拱桥，长约10米，宽约3米，拱高3.2米。目前一栋新建建筑建于古桥旁边，且其外墙直抵古桥一堍（见图4-45），封堵了古桥的通行道路，使其失去了使用功能。

又如浦东新区新场镇的雷坛桥，原是一座建于清道光二十四年（1844）

①

②

③

① 图4-43　闵行道南桥
② 图4-44　金山连塘桥现状（摄影/吴纪慰）
③ 图4-45　被封堵的嘉定永宁桥

① 图4-46　桥肩墙
　　被新道路切断的
　　浦东新区雷坛桥
② 图4-47　雷坛桥
　　桥面

①

②

的单跨石梁桥，其北侧现为一新建小区，小区围墙外新铺设了一
段河畔小道，为了保证新建道路的通畅，雷坛桥北塊的桥肩墙被
新建道路所切断（见图4-46）。雷坛桥的桥面也在后期重修时被
改造（见图4-47）。

4.4.3　古桥的周边环境

2005年国际古迹遗址理事会在西安通过的《关于历史建筑、古

遗址和历史地区周边环境保护的西安宣言》中指出：古建筑、古遗址和历史区域的周边环境指的是紧靠古建筑、古遗址和历史区域的和延伸的，影响其重要性和独特性或是其重要性和独特性组成部分的周围环境。除了实体和视觉方面的含义之外，周边环境还包括与自然环境之间的相互关系，所有过去和现在的人类社会和精神实践、习俗、传统的认知或活动，创造并形成了周边环境空间中的其他形式的非物质文化遗产，以及当前活跃发展的文化、社会、经济氛围。

古桥的"周边环境"是古桥保护十分重要的部分，它在一定时空范围内可以对古桥本体进行包裹，形成应对外界干扰的缓冲区，从而起到保护作用。古桥本体与周边环境的融合，可以真实、全面地保存和延续古桥所承载的全部价值。如果忽略了周边环境，古桥也就失去了历史脉络和鲜活的生命力。

在对上海地区古代桥梁的调研和勘测中可以看到，上海古桥中大约25%的古桥所处环境较好，多位于古镇、公园或学校中，不仅景色优美，也有较浓厚的历史文化氛围。那些位于上海郊区古镇中的古桥数量众多，如青浦的朱家角镇、金泽镇、练塘镇，嘉定的嘉定古城，浦东新区的新场镇等等都保留有较多的古桥，特别是金泽古镇，其中宋、元、明、清四代古桥姿态各异，有"江南第一桥乡"之称。如图4-48所示为1930年金泽镇桥坊寺庙全貌草图①，图4-49所示为金泽镇内河流走向和桥梁分布。在这些古镇中行走，可以领略上海古时"百米一桥"的繁荣景象。

不过大部分古桥的保存环境相对较差，或与周围环境、建筑群风格不一，难以保持整体风貌；或相对荒废，杂草丛生，废物堆积。

---

① 李天纲.金泽：江南民间祭祀探源［M］.北京：三联书店，2017.

一九三0年金泽镇桥坊寺庙全貌草图

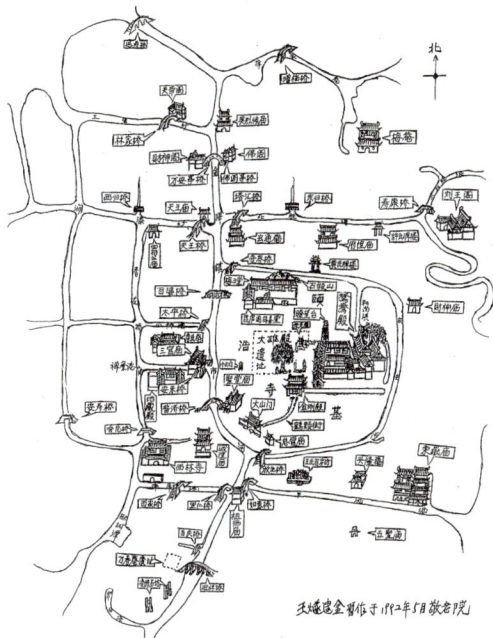

王纯惠金曾作于1982年5月敬老院

① ②

① 图4-48 1930
年金泽镇桥坊寺
庙全貌草图

② 图4-49 金泽古
镇水系走向和桥
梁分布图

现代社会的生产建设和生活方式,改变了古桥周边自然环境,打破
了古桥与自然之间的平衡。

　　比如城市道路建设对古桥周边环境造成了破坏,影响了古桥
的价值。以嘉定西大街西首的高义桥为例,该桥始建于元代,明万
历三年(1575)重修,清嘉庆十一年(1806)重修,是一座具有重要
遗产价值的单孔石拱桥。然而勘查中发现,该桥的一面紧贴城市主
干道及高架,两者间距不足一米,不仅古桥立面被遮挡,行驶车辆
产生的震动、排出的尾气等,均对古桥安全造成了一定的威胁;而
桥的另一侧,相距约5米处有一根大型管道设备,严重影响了古桥
风貌(见图4-50)。

　　奉贤区南桥镇的瑶墩桥,建于清代,东西跨庙泾港,三跨双拼
石平梁桥,立柱式桥墩用三根石柱并立组成,上置桥帽石,桥面采

①

②

③

④

用两块石条平铺，桥额有细腻的雕花及题刻，工艺考究。然其旁边5米远处即为庙泾港公路桥（见图4-51），严重影响了古桥风貌及遗产价值，现古桥已移至庙泾港河往北约600米处。如图4-52、图4-53所示为瑶墩桥移址重建及移址后的瑶墩桥。

另外，村落的整体拆迁也会使古桥赖以生存的环境全部改变，导致古桥失去使用价值。如浦东新区的毓麟桥，是一座建于清嘉庆十三年（1808）的三跨平梁桥，金山石材质，桥长约17.7米，宽1.08米。该桥位于北蔡镇南部的御桥村，因周边建设开发，村内大部分建筑均已拆迁，桥下河道亦被填平，该桥被整体搬迁至开发商基地内部。现此桥虽部分构件散落，但桥身保存仍较为完整（见图4-54）。如图4-55所示为毓麟桥立面修缮方案。

① 图4-50 嘉定高义桥周边环境
② 图4-51 奉贤瑶墩桥旁边的公路桥
③ 图4-52 瑶墩桥移址重建
④ 图4-53 移址后的瑶墩桥

①

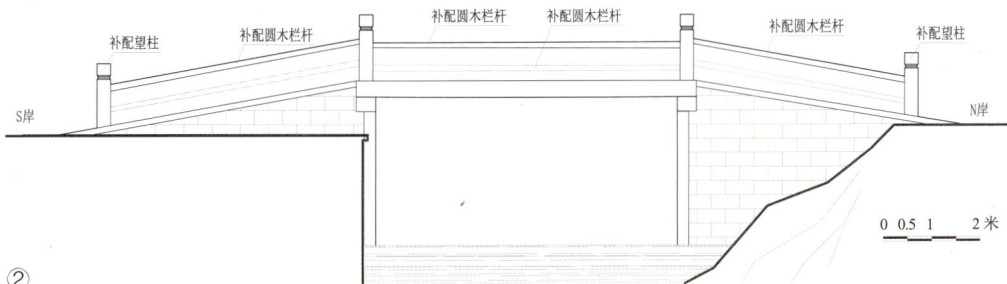

②

又如闵行区先进村八组的万有桥和众兴桥,由于先进村八组已全部拆除,两座古桥坐落于一片荒地之中,极其难找。勘查时发现古桥下部河道几乎已被填,周边满地杂草和零碎的建筑材料。如图4-56所示为众兴桥测绘图示例。众兴桥桥身保存尚算完好,但万有桥桥身残破,桥面条石一块已丢失,生存状况堪忧(见图4-57)。

还有很多地方的居民缺乏环境保护意识,随意倾倒大量生活污水,在古桥周围堆倒垃圾,致使河体水质发生污染,藻类丛生。这些藻类在生长时会产生一定量的化学物质,对古桥表面的砖石材料造成破坏,同时也影响到古桥的外观形象。青浦香花桥下的河道就被生活垃圾污染,桥旁还有垃圾堆积(见图4-58)。

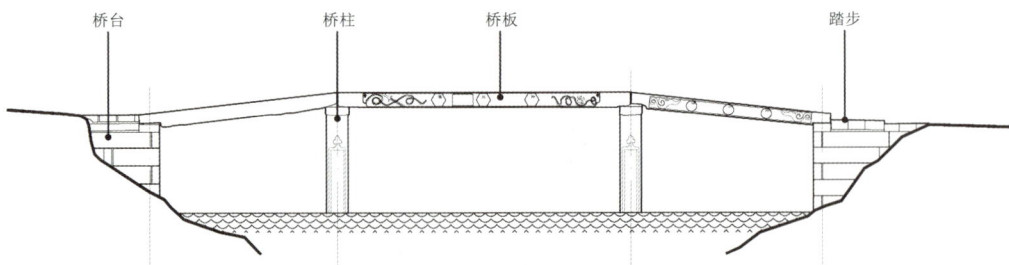

① 桥台　　桥柱　　桥板　　踏步

②

③

① 图4-56　闵行众
兴桥测绘图示例
② 图4-57　闵行万
有桥
③ 图4-58　青浦香
花桥现状

4.5　单体病害类型勘查

　　上海古桥的病害勘查是针对古桥单体本身所存在的病害进行调查分析。通过对不同的病害进行记录和评估，包括整体结构性病害、不同材料的表面病害，以及病害位置、病害程度等情况，判定古桥的病害成因和病害机理。这是进行保护和干预的前提。

　　上海地区现存古桥既有梁桥也有拱桥，由于所处环境复杂，对其作用形式也多样，因此病害形式也比较复杂。通过对上海古桥单体进行的病害勘查，可以将古桥病症分为结构性破坏、表面病害、改建加建这几个部分。

4.5.1 结构性破坏

结构性破坏是指构成古桥的结构部件遭到损坏。如上所言,上海古桥分为梁桥和拱桥两大类,这两类古桥的结构形式差异较大,因此本小节将分别对梁桥和拱桥的结构破坏进行总结和分析。

4.5.1.1 梁桥的残损情况

根据前文对上海古桥的结构分析,梁桥主要由桥墩、桥帽石、桥面、桥台等几个构件组成。经过实地勘查,上海古桥中,这些构件或多或少都出现了结构性破坏,常见的有桥台坍塌、走闪起鼓、桥身倾斜、立壁柱断裂、拱券倾斜、拱石脱落等。

1. 桥墩走闪或断裂

上海古桥的桥墩有石柱和石墩两种类型,其中石墩是用石块横放垒叠而成,较为稳重结实,而且上海古桥中石墩式古桥本身数量就少,因此出现结构性破坏的情况也较少,如金山区的山塘桥石墩出现了走闪现象(见图4-59)。所谓走闪,指的是横放垒砌成墩的石块发生走动,产生位移,严重者会导致坍塌。山塘桥始建于清嘉庆庚辰年(1820),后于20世纪50年代重建,为三跨石梁桥,桥长

图4-59 金山山塘桥桥墩走闪

23.19米，宽2.11米。如今，该桥中央一跨石板及栏杆丢失，南面一跨因违规建造，对桥梁完整性造成巨大破坏，中央两桥墩底部石块走闪，桥墩基础松动下沉，严重影响桥梁的牢固性。松江永兴桥的桥墩也出现了较为严重的石块脱落、走闪现象（见图4-60）。

石柱因为柱式结构本身较为单薄，且上海地区河床土壤较软，长期承受荷载和水流冲击后容易出现歪斜。石柱歪斜的程度可以通过摄影建模后对图像模型的进行分析，从而获得具体数据，色调越暖表示偏移程度越大。如图4-61所示为迎祥桥桥柱偏移程度分析图。因石料是一种脆性材料，遇到拉升或冲击等外力而发生变形

①

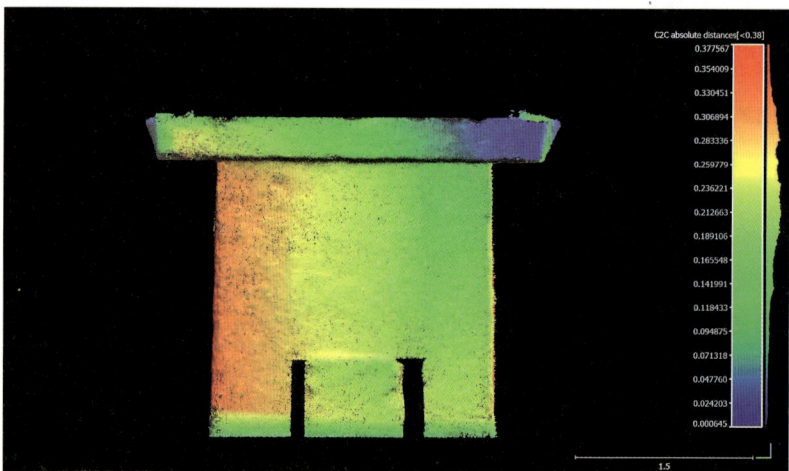

②

① 图4-60 松江永兴桥的桥墩脱落与走闪
② 图4-61 迎祥桥桥柱偏移程度分析图

时极易断裂，所以当石柱歪斜变形超过自身承受能力时，便可能会发生断裂现象。如青浦金泽的迎祥桥，其中石壁边侧的一块石柱从中间断裂（见图4-62），立壁柱和桥帽石也都出现较为明显的倾斜。如图4-63所示为迎祥桥方位倾斜图。

奉贤区的泰日木行桥，清乾隆三十五年（1770）由里人萧国求建，原名木行桥，为石质三跨平梁桥，总长19.28米，宽1.41米，桥墩由石块砌筑而成。该桥中跨南侧桥墩损坏后，当地人以红砖替代加固，整体极不协调（见图4-64）。

① 图4-62 迎祥桥立柱壁裂缝
② 图4-63 迎祥桥倾斜方位图
③ 图4-64 奉贤泰日木行桥现状

①

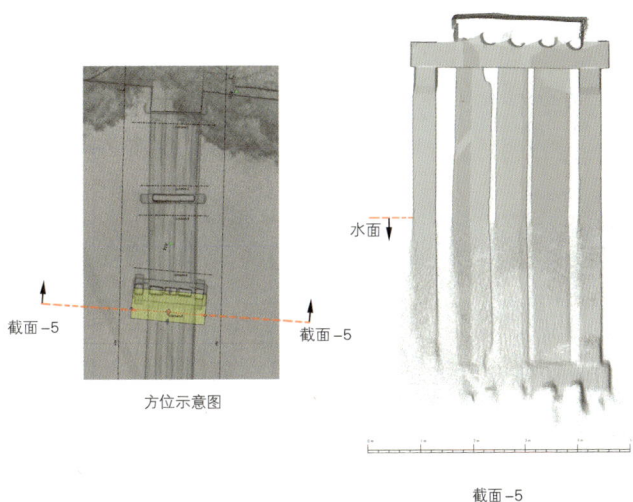

截面-5   截面-5

方位示意图

水面

截面-5

②

③

2. 桥面石歪闪或塌陷

上海古桥的桥面多由长条石纵向拼接而成,其中有14%左右的桥桥面条石出现歪闪现象。桥面石歪闪,即条石发生走动,导致桥面不平整或塌陷。奉贤区的顺德桥,建于民国十六年(1927),东西跨三团港,长12.5米,宽1.1米,全金山石材质,立柱式桥墩,用两块石条并立组成,上置桥帽石,桥面采用两块条石平铺。如图4-65所示为顺德桥立面图。后因桥台塌落,顺德桥桥面石部分垮塌,局部石构件有轻微歪闪(见图4-66)。

位于青浦区徐泾镇宅东社区的跨龙桥,始建于清道光二十六年(1846),为三跨石梁柱桥。该桥原架于蟠龙港之上,民国时期曾是连接蟠龙港东西两岸重要的交通要道。后因河流改道和周边用地规划变更,古桥下河水被填埋,北侧改为农田,古桥失去水上交通功能。虽然石桥基本形式保存较完整,但因年久失修,桥面移位,桥台和桥柱基础塌陷,总体结构存在安全隐患,因此周围用铁丝网围起,禁止通行(见图4-67)。2019年,笔者所在研究中心

① 图4-65 奉贤顺德桥立面图
② 图4-66 奉贤顺德桥的桥面石垮塌
③ 图4-67 青浦徐泾跨龙桥

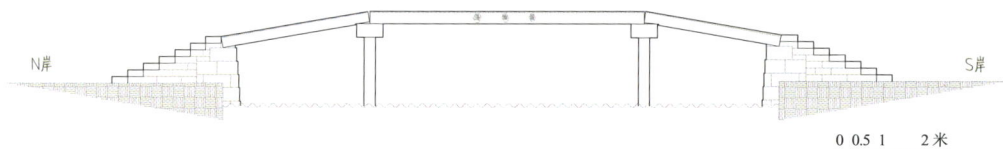

①

②

③

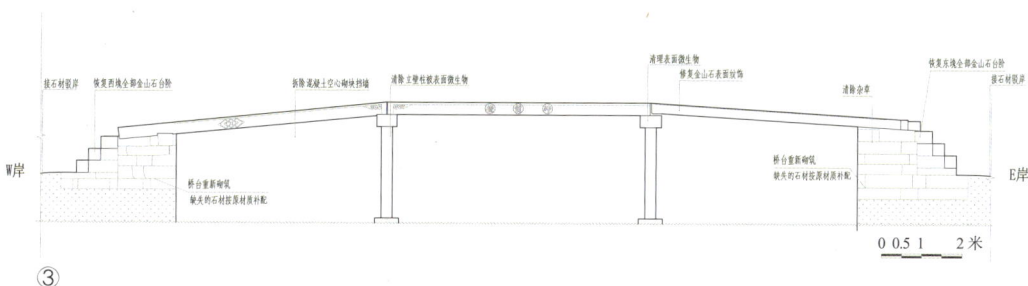

对跨龙桥进行了测绘、病害勘查研究及保护修缮设计（见图4-68至图4-70）。

　　青浦区华新镇嵩山村的思古桥，建于清康熙十六年（1677），1951年重修，又称思归桥。该桥为三跨石平梁桥，桥身皆由金山石砌筑，东西向横跨嵩塘，桥长16.3米，宽1.6米。如图4-71所示为思归桥立面图，因年代久远，此桥一侧桥台坍塌（见图4-72），桥面板部分丢失（见图4-73）。

　　闵行区华漕镇的天助桥，建于清乾隆戊子年（1768），是一座双拼三跨石梁桥，长19.7米，宽1.1米。后桥身出现较为明显的倾斜迹象，桥面石之间裂缝过大（见图4-74），板面存在较大高差。该桥已于2009年进行了修缮，对桥身进行校正，解决了结构隐患。

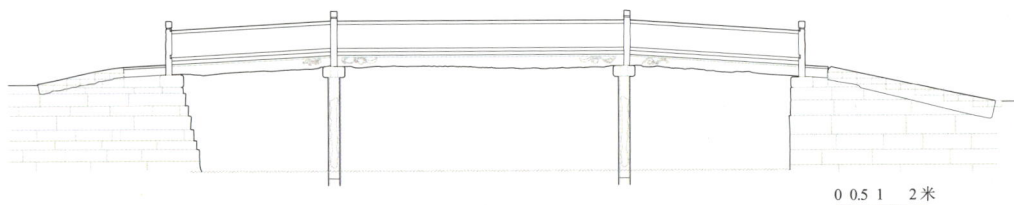

①

②

④

③

① 图4-71　思古桥立面图
② 图4-72　桥台坍塌
③ 图4-73　青浦思古桥构件遗失情况
④ 图4-74　闵行天助桥桥面裂隙

上海古桥保护研究

3. 桥帽石歪斜

桥帽石是搁置在桥墩上的横梁,是梁桥的重要结构部件,当桥墩发生倾斜或塌陷时,桥帽石也会随之出现一定的歪斜现象。由于上海古桥中桥墩歪斜或走动的现象较为普遍,因此桥帽石出现歪斜的情况也较多。金山区朱行镇的东风桥,始建于民国六年(1917),是一座单跨三拼石平梁桥,俗称"蒋家桥",东西走向横跨蒋家港。此桥长10.2米,宽1.7米,高2.3米,花岗岩材质,无栏杆。勘查时发现,该桥东西两侧的桥台出现沉降,桥台与桥板脱开,出现较大的缝隙,桥帽石出现歪闪移位(见图4-75)。如图4-76、图4-77所示为东风桥立面图及修缮后的东风桥。

另外还有部分古桥的桥帽石出现了残损现象,如闵行区的延寿桥、嘉定区的北项泾桥等。

① 图4-75　金山东风桥桥帽石歪闪移位
② 图4-76　东风桥立面图
③ 图4-77　修缮后的东风桥

①

③

0　0.5　1　　2米

②

① ②

① 图4-78 青浦太平桥桥台损毁
② 图4-79 浦东斗南桥桥台闪鼓

4. 桥台闪鼓或缺损

上海古桥中，约有25%的梁桥桥台部位发生闪鼓。桥台建于基础之上，内部填以灰土，当所受承载过大时，桥台石块易发生走动，导致桥台变形，凹凸不平，这是梁桥较为普遍的一种破坏形式。

如青浦区朱家角镇华南村的太平桥，又称石板桥，建于1945年，是一座三跨平梁桥，花岗石质，桥长19.8米，宽2.1米，高2.9米，三个石块垒叠墩上各置横梁，两岸桥墩用块石砌筑。该桥原有北块11级台阶，南块8级，现已全部缺失，两侧桥台山墙石块大面积脱落，北侧桥台大面积移位（见图4-78）。

浦东新区川沙新镇的斗南桥，建于清代，为单跨石梁桥，现残存约18米，宽1.56米，高约2.6米。因所建年代较早，桥体略有风化，桥台闪鼓（见图4-79）。勘查时发现因河道淤塞，桥体极少使用，基本废弃。

5. 木梁糟朽或丢失

由于木材质松易腐，材料强度不够耐久，暴露在空气中遇潮极易糟朽，因此上海古桥中的木梁桥均面临木梁糟朽的病害，甚至一些木梁已掉落河道中。

如前文提及的松江望仙桥,现存上海地区唯一的一座宋代梁柱式木石结构桥梁,也是全国现存唯一一个木肋石板桥的实例,目前木梁均已丢失。

青浦区练塘镇的顺德桥,在元代始建时原为木梁桥,经历多次修缮后,原木梁已基本消失,在元代遗留下来的桥帽石上,仍保留有用以搁置木梁的凹槽(见图4-80)。

青浦区金泽镇的迎祥桥,是江南著名的元代桥梁,地处老镇之中,周边环境优美。但由于年久失修,该桥35%以上木望板脱落丢失或腐烂(见图4-81),青砖面层产生纵向裂缝,桥面存在严重安全隐患。

①

① 图4-80 青浦顺
　德桥桥帽石上搁
　置木梁的凹槽
② 图4-81 迎祥桥
　的木材糟朽

②

4.5.1.2 拱桥的残损情况

上海拱桥的病害主要集中在拱券、券板、山花墙、踏步及各种构件石料如护拱石、天盘石、龙头石、对联石等部位。

1. 拱券变形

拱券是拱桥最主要的受力部位，由于两侧桥台纵向走动，桥台的结构组成部分以及山花墙部分发生剪切位移，使得拱跨变化，从而会导致拱券变形。这是最常见的拱券病害。上海古桥中，约有34%的石拱桥发生了拱券变形，其中马蹄形拱券变形最为严重，其结构相对于半圆拱和圆弧拱较为不稳定，而半圆形拱桥的拱券变形情况少于圆弧形拱桥，因为上海一带的半圆形石拱桥，在拱脚部分的券板背后用石料实砌。这种做法，使得拱脚部分的券板成为桥墩台的一部分，从而减少了拱中心夹角，使得此类拱券恒载分布较之圆弧拱更加合理。

如位于奉贤区青村镇中街的南虹桥，建于康熙癸酉年（1693），为南北走向的单孔石拱桥，总长20米，拱径5.5米，高3米。如今，该桥损坏比较严重，出现拱券基础倾斜、栏板丢失、券板石破损、拱券变形（见图4-82）等病害。如图4-83所示为南虹桥病害示意图。

图4-82 奉贤南虹桥拱券变形

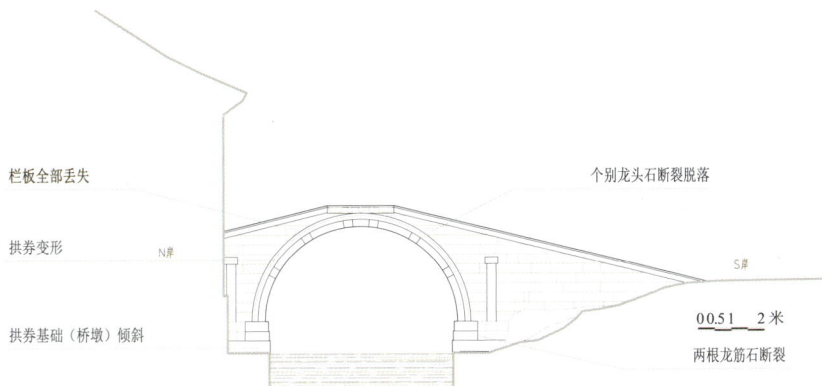

栏板全部丢失

个别龙头石断裂脱落

拱券变形　N岸

S岸

拱券基础（桥墩）倾斜

0 0.5 1　2 米

两根龙筋石断裂

①

① 图4-83　南虹桥
　病害示意图
② 图4-84　修缮后
　的南虹桥

②

嘉定区安亭镇的严泗桥，是一座马蹄形拱券的单孔石拱桥，始建于明洪武七年（1374），清道光六年（1826）重建。该桥拱券看似完好，但是制作三维模型获取正立面进行分析后发现，拱券上部整体下沉，按照原有的圆心，已不再是一个夹角超过180度的标准正圆弧。如图4-84所示为修缮后的南虹桥。

2. 券板残损

券板是两端做卯槽或者榫头的弧形石板，券板间相互联锁或与龙筋石联锁从而形成拱券。它是构成拱券的主要部件，历朝历代修缮时都将其作为重点保护对象,因此一般保存较好。不过到了现代社会,由于石拱桥跨度和高度有限,而现代航运通行的船只一般体量较大,且行驶速度较快,因此船只通过拱桥石时易发生碰撞,有时会导致券板的残损。上海古桥中仅有5%的拱桥券板发生残损,如青浦区金泽镇的如意桥。该桥建于元至元年间(1279—1294),明崇祯年间重修,清光绪二十五年(1899)重建,是一座单孔石拱桥。勘查中发现,该桥靠近拱脚的两侧券板均有残损现象(见图4-85)。

　　金山区枫泾南大街的跻云桥,建于明成化十三年(1477),单孔石拱桥,如今券板残损(见图4-86)。青浦区朱家角镇的泰安桥,始建于明万历十二年(1584),为单孔石拱桥,其旧券板残损较为严重,现已在旧券板外附了一层新的券板。

①

②

① 图4-85　青浦如意桥
　　券板残损
② 图4-86　金山枫泾跻
　　云桥券板残损

图4-87　浦东新区
保佑桥天盘石断裂

3. 各种构件石料残损

拱桥的各种构件石料，包括护拱石、天盘石、龙头石、对联石等，历经岁月，都容易出现残损现象。如浦东新区新场镇的保佑桥，又名莲笔华桥，建于明弘治十五年（1502），清同治九年（1870）重建，为单孔石拱桥，其天盘石凸出部分全部断裂（见图4-87）。

4. 山花墙变形

山花墙的作用主要是挡住桥台内部的填筑物，其主要病害是变形，即山花墙凹陷或凸出。上海古桥中约有25%的拱桥山花墙发生了变形，这是一种较为普遍的病害，其中山花墙凸出的情况较为普遍，出现凹陷现象的古桥较少。

如嘉定区的聚善桥，始建于明洪武十三年（1380），清同治三年（1864）重修，为单孔石拱桥，拱高5米，净跨9.3米，青石桥身，现可以明显看出该桥山花墙凸出。

前文论述过的青浦区的麟趾桥，由于曾经遭受船只撞击，其山花墙局部凹陷、损毁（见图4-88）。闵行区的尚义桥，为一座跨度仅有4.4米的小型单孔石拱桥，建于明宣德二年（1427），清代曾修

① 图4-88 青浦麟
　趾桥山花墙损毁
② 图4-89 青浦艾
　祁桥山花墙损毁

① ②

缮,现位于华东师范大学校园西南隅,其山花墙也出现了局部凹陷的情况。

　　还有些古桥的山花墙出现损毁,如青浦区的继善桥、艾祁桥等(见图4-89)。

5. 踏步塌陷或断裂

　　上海古桥中的石拱桥绝大多数为步行石拱桥,有踏步,只有嘉定区的太平永安桥在后期改建中,改为碎石桥面,目前可通非机动车辆。踏步病害在上海古桥中也很常见,包括踏步倾斜、塌陷或断裂等。如青浦区章埝镇的金泾桥,建于清乾隆四十七年(1782),宣统年间重修,是一座单孔石拱桥,拱跨5.7米。该桥踏步石部位塌陷现象较为严重,并有若干踏步石已经断裂。

　　上文提到的奉贤南虹桥,北部有石阶20级,南部有石阶16级,踏步出现走闪与塌陷问题(见图4-90)。青浦区练塘镇的永兴桥,东北侧桥堍基础歪散,山花墙变形,踏步石和栏板出现塌陷、走闪、断裂(见图4-91)。

上海古桥保护研究

① ②

① 图4-90 奉贤南
虹桥航拍图
图中可见踏步走
闪、塌陷现象。
② 图4-91 青浦永
兴桥走闪、断裂
现象

4.5.1.3 附属构件缺损

古桥的附属构件包括栏杆、桥碑、桥头建筑物等,历经风吹雨
打,也容易残损或缺失,尤其是栏杆,由于位于桥面之上,用以保护
行人及车辆不掉入两旁河水中,最容易遭到人为的撞击与磕碰,所
以成为最容易遭受破坏的构件。

上海古桥中,石拱桥均有栏杆,但大多数梁桥不做栏杆。在有
栏杆的古桥中,13%左右的古桥栏杆经过整体改建,还有少数几处
古桥的栏杆整体缺失,如青浦的九峰桥、青龙桥、金泾桥,松江的大
通桥和浦东新区的保佑桥等。剩下的有栏杆的古桥,其各部件如抱
鼓石、望柱、栏板等均有局部缺失或残损的现象。

比如出现抱鼓石缺失的古桥有:金山区的济众桥,目前只留有
一块抱鼓石,其余三处均已缺失;金山区的致和桥,目前抱鼓石全
部缺失(见图4-92)。抱鼓石除了整体缺失外,还存在残损现象,如
青浦的普济桥,其中一块抱鼓石残缺了一角。

上海古桥中的望柱也存在一定的病害,比如金山区枫泾镇的
庆云桥,始建于明代,民国年间重建,为三跨四拼石梁桥,全长16

① ②

米，该桥一处望柱柱头缺损，还有两根望柱歪倒，另有两块抱鼓石缺失。

① 图4-92 金山致和桥抱鼓石全部缺失

② 图4-93 宝山区大通桥的栏板缺失

还有的古桥望柱出现明显的形式或材质的不统一，如青浦区的顺德桥，栏杆为花岗石材质，有八根望柱，其中三根为花岗石材质，为方形柱头，还有一根为青石材质，柱头雕刻莲花；青浦区的林老桥，栏杆为青石材质，有八根望柱，均为莲花式柱头，但其中两根望柱为青石材质，还有六根望柱为花岗石材质；嘉定区的太平永安桥，栏杆花岗石质，望柱均做方柱柱头，但其中一根望柱为莲花式柱头。

上海古桥中有的出现栏板缺失情况，如青浦区的金泾桥、浦东新区的青龙桥、宝山区的大通桥（见图4-93）、嘉定区的井亭桥及时家桥等；有的出现护手缺失问题，如宝山区的大通桥，奉贤区的戴家桥、中石桥、东陈行桥和积善桥等。

4.5.2　表面病害

常见的表面病害包括风化与磨损、表面植物的攀附、涂料覆盖等，有些病害会对古桥的保护和留存造成很大影响，且不易对治，比如石材的风化现象等。

4.5.2.1 风化与磨损

表面风化和使用过程中的自然磨损，是石材、砖材建筑所面临的最普遍的病害现象之一，其表现形式主要有变色、石材裂缝、石材松软、碎裂，最严重的情况是导致石材呈土状堆积。风化不仅会影响桥梁的美观，也会降低材料的强度，从而降低整体结构的承载力。上海的所有古桥，均不同程度地受到风化及磨损的影响，只是程度有所不同。

在调研、勘查过程中，通过对古桥桥名、楹联的刻字以及雕花等部分石刻的清晰程度进行记录，可以发现：上海地区约20%的古桥出现桥额、楹联部位的刻字、雕花已模糊不清甚至完全无法辨认的情况，还经常伴随着石材变色、表面粉化等现象。如闵行区寅春庙桥，一座三跨石梁柱桥，桥面由条石双拼而成，目前桥柱发生了变色现象，局部呈红紫色，且原来的方形桥柱由于风化严重几乎已不见棱角，导致古桥所蕴含的历史信息遭受损失。青浦太平桥的石材表面风化现象也比较严重。

不过大多数古桥的石刻较为清晰，风化现象并不严重。一方面是因为部分古桥历经修缮，减缓了石材的风化；另一方面，清代以后部分古桥用花岗石砌筑，花岗石本身抗风化能力较强。

4.5.2.2 表面植物的攀附

上海地区空气潮湿温暖，而古桥所处的低洼地区情况更为明显，这种环境下植物容易肆意滋生，因此上海古桥中桥身附着杂草或苔藓类植物的情况，较为普遍，约占古桥总数的35%，这可以视为较为轻微的破坏；大约11%的古桥桥身长有乔木类大型植被，可将其视为较为严重的破坏。

如朱家角的放生桥，桥身上长了5棵百年石榴树。嘉定区的严泗桥，山花墙的石缝间长有杂草，而且还长有一株百年石榴树，该石榴树已被列为上海市古树名木。青浦区的乐善桥、九峰桥，松江区的三里桥等，桥身上树木生长的现象也较为严重（见图4-94、图4-95）。

青浦区华新镇的思古桥，建于清代，现桥台受植物根系生长影响膨胀变形，局部石块发生位移。由于基础不均匀沉降，两侧桥台出现了不同程度的塌陷，西侧桥台向西方向滑移，桥面板与桥台之间存在较大的裂缝。桥上部分构件因为受力不均出现了走闪、断裂（见图4-96）。

4.5.2.3 污渍或涂料覆盖

上海古桥中，有一些古桥受粉尘和大气污染而形成表面污渍，或因砂浆凝固而形成表面水锈结壳，另外还有一些古桥的桥身被涂料或人为涂鸦所污染。这些病害既对古桥的石材产生了着色污染，也破坏了古桥的整体风貌。如青浦区练塘镇的永兴桥，该桥一块的山花墙上用黑色喷漆写了几条广告（见图4-97）。青浦迎祥桥的表面则留有人为涂鸦（见图4-98）。

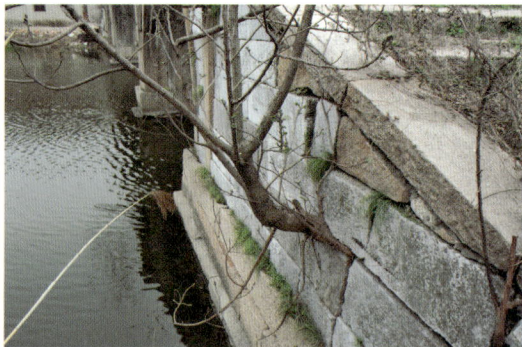

①

②

③

① 图4-94 因植物生长而受外力破坏出现裂缝的青浦九峰桥
② 图4-95 松江三里桥上植被对桥体的破坏
③ 图4-96 青浦思古桥桥台走闪

①

②

③

④

① 图4-97 青浦永
兴桥污痕
② 图4-98 青浦迎
祥桥表面的人为
涂鸦
③ 图4-99 松江年
丰人寿桥的水泥
栏杆
④ 图4-100 奉贤
永寿桥的铁栏杆
桥旁有管道通过。

4.5.3 改建加建

通过对古桥现状的勘查,工作人员发现存在着对古桥的不合理
改建及加建现象,破坏了古桥的整体美,主要包括以下几种情况。

1. 栏杆改建

古桥栏杆的改建现象较为严重,很多古桥一有破损或者缺失
的地方,就直接使用铁栏杆或者水泥栏板补修。比如松江区的年丰
人寿桥,由于桥身在民国时期被改为钢筋混凝土结构,栏杆也同时
被改为水泥材质(见图4-99)。松江秀南桥的情况和年丰人寿桥相
似。嘉定区的大明桥、奉贤区的永寿桥(见图4-100)、八字桥、中和
桥等,栏杆都被改成了铁质。

①　　　　　　②

2. 桥面改造

为了更好地适应现在的交通需求，有些桥面被进行了大规模改造，有时在沿桥的两侧加水泥自行车道，有时将桥面拆开拓宽。这种情况在上海古桥也较为常见，一是因为上海有大量古桥分布于各村镇之中，人员流动频繁，二是这些古桥很多是石梁桥，部分石梁桥桥面仅两根长条石双拼而成，宽度较窄，使用不便，尤其是无法满足现代人自行车或电动车通行的需求。因此出现了将桥面的两根条石拆开，中间填筑水泥的改建情况，以拓宽桥面，比如浦东新区的兴隆桥（见图4-101）、进香桥（见图4-102），闵行区的酬恩桥，奉贤区的青龙桥、济新桥、达观桥、秀龙桥和平安桥等。此举初衷虽是为了便民，但这种做法不仅破坏了古桥结构，也破坏了古桥的整体风貌。

3. 用水泥或混凝土进行加固

当护栏与望柱、护栏石块间的施工缝处出现较大的位移时，有时采取的维修方法是在施工缝处灌入水泥砂浆，并在相邻护栏石面上以较粗钢筋扣牢，这种做法会严重破坏古桥风貌。上海古桥中，以水泥进行修补和勾缝的情况较为普遍，约有15%的古桥存在此

① 图4-101　用水泥加宽的浦东新区兴隆桥桥面
② 图4-102　浦东新区进香桥桥面加宽

①

③

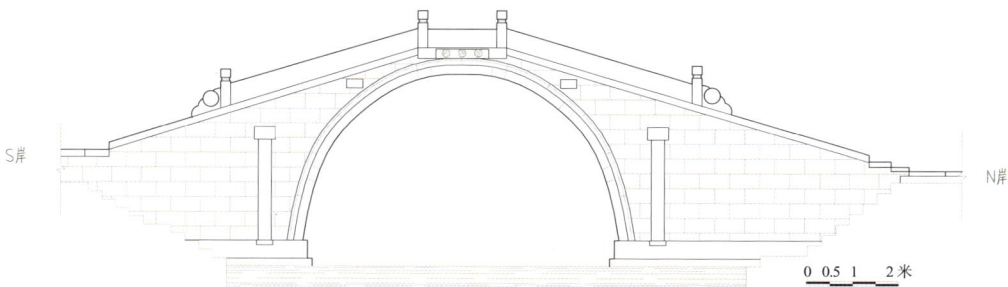

②

① 图4-103 嘉定
永宁桥水泥勾缝
② 图4-104 继善
桥立面图
③ 图4-105 青浦
继善桥加固

类病症。如嘉定区的永宁桥,山花墙的石缝间均以水泥勾缝且勾缝痕迹十分突兀(见图4-103)。青浦继善桥(立面图见图4-104)使用了水泥、红砖进行加固(见图4-105),且桥边有市政管线通过。

4. 踏步处加建坡道

由于人们交通方式的改变,一些地区的踏步桥已不能满足当地人们的生活与出行,因此有些古桥在踏步处被加建坡道,上海古桥中也存在这种病害现象。如青浦区的麟趾桥、香花桥,奉贤区的通津桥和大同桥,浦东新区的保佑桥,均在踏步正中覆盖了一条水泥坡道。如图4-106所示为奉贤通津桥踏步上加盖的水泥坡道。

①

①

②

① 图4-106　奉贤通津桥的水泥坡道

② 图4-107　金山寿带桥桥脚处的管道

5. 市政管线的不合理布置

随着市政设施改造，很多新的市政管道需要布置，以促进城市发展和基础设施提升。这些管道在穿越河道时往往选择安于桥梁附近，严重影响了古桥的外观形象。有些管道甚至直接固定在桥身上，对古桥的完整性造成了不可逆的损伤。这种病害状况同样存在于上海古桥中，如金山区的寿带桥，在一块桥脚处，伸出一根管道，覆盖在两级踏步上，又在踏步上筑红砖以封堵管道口（见图4-107）。又如奉贤区的中和桥，不仅栏杆被改成不同颜色的铁栏杆，白色的市政管线还紧贴栏杆从古桥通过，安装时槽开了一小段锁口石使得管道紧贴栏杆从古桥上通过，并在桥栏上钉了一些铁件来固定管道。

位于嘉定镇东大街的熙春桥，始建于南宋嘉定年间（1208—1224），明成化十二年（1476）重建，2001年重修桥面及护栏，单孔石拱桥，长12余米，宽3米，拱高2.8米。熙春桥历经变迁，具有重要的遗产价值，但却被旁边的管道设备严重影响了风貌（见图4-108）。此外，奉贤中和桥、青浦积善桥等也都存在被管道设备影响的问题。如图4-109所示，奉贤中和桥的桥身上架着一条市政管线。

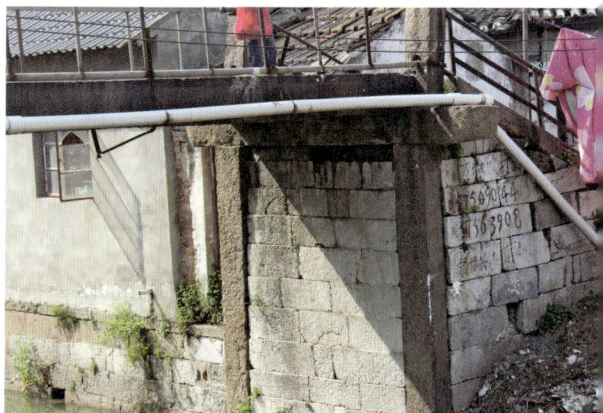

① ②

① 图4-108　嘉定
　熙春桥旁边的管
　道
② 图4-109　奉贤
　中和桥被市政管
　线破坏的外貌

通过现场勘查工作,勘查人员对上海古桥的总体保存现状、周边环境及病害情况等就具有了整体的认识和把握,这是下一步提出宏观保护策略及开展具体保护修缮工作的基础与前提。笔者将在下一章中,分别论述这两方面的内容,以形成对上海古桥保护的整体架构。

第 5 章

上海古桥的保护修缮

我国的古桥多年来由于缺乏系统化的保护和管理,造成了古桥数量急剧减少,现存的古桥也因年久失修,大多变得非常脆弱,整体健康状况堪忧。上海古桥是我国古桥保护的整体缩影。通过上文对上海古桥的保存概况和病害的勘查分析可知,上海古桥的生存同样正面临着颇为严峻的挑战。因此,保护古桥的形势非常迫切。

不过对于古桥的保护不能仅仅停留在意识上,也不能依靠简单仓促的措施,而是需要进行整体考量、评估和调研,从而制定科学长远的保护规划策略和行之有效的修缮方案。参考欧美等发达国家的经验,他们在保护古桥时,通常分系统级和项目级两个层级开展工作。系统级层面上的工作包括针对整个古桥保护制订行业政策及实施措施,包括政策、规范、手册、指南等的开发,资金保证和确定投资优先次序,以及公众宣传和教育等;项目级则是针对单个桥梁确定工程设计和维护养护方案[1]。

将欧美的古桥保护经验与我国的具体情况相结合,可将我国的古桥保护分为宏观保护策略与具体保护修缮两个层面。本章将分别对这两个层面进行研究分析,希望能够为上海古桥的保护提供一定的理论依据及实施方法。

5.1 保护修缮原则

5.1.1 保护管理原则

上海古桥是上海地区的文化记忆,也是无法再生的历史资源,需要社会统一认识,需要政府部门高度重视,要求规划、交通、建

---

[1] 张劲泉,蒋瑞年,程寿山,等.美国古桥保护法规、策略及关键技术分析[J].公路交通科技,2016,33(9):46-51.

设、城管、园文、旅游等各部门通力配合[1]。从宏观的保护管理方面来看,古桥保护的基本原则有四点。

（1）应保尽保、能保尽保的原则：对1949年以前建成的所有现存古桥,或在中华人民共和国成立后采用传统工艺和建筑材料建造、整体保存的桥梁,均应列入保护范围,以达到"抢救式"保护效果。

（2）统一领导、分级管理的原则：建立健全的管理机构,统一进行领导,保障古桥的保护工作顺利进行。

（3）原地保护为主、异地保护为辅的原则：应尽量对古桥进行原址保护,如果必须进行异地迁移,需要进行充分论证和科学决策,尤其对于具有较高历史价值的古桥,更要避免异地搬迁,以免脱离古桥的原生态环境,造成遗产价值的减损。

（4）有效保护、合理利用的原则：上海古桥是宝贵的历史财富和精神财富,应将保护放在首位,在保护的基础上合理利用,使古桥能够融入人们的现实生活,造福公众、传承后世。

5.1.2 保护修缮原则

《中华人民共和国文物保护法》（2015年修订版）第二十一条明确规定：文物保护单位的修缮、迁移、重建,由取得文物保护工程资质证书的单位承担。对不可移动文物进行修缮、保养、迁移,必须遵守不改变文物原状的原则。

不改变文物原状,核心是保护修缮要遵循真实性和完整性原则。真实性是对遗产保护干预时所需要遵循的最重要的原则之一,指的是对古桥的所有干预措施都必须建立在详实地考证和历史研究的基础上,按照古桥原有的特征、材质、施工工艺进行修缮,以真

---

① 张俐.杭州市区古桥现状与调研报告［D］.西安：西安建筑科技大学,2015.

实地体现古桥原有的信息。完整性一方面指古桥在整体风貌、结构构件、装饰构件等方面的完好程度，另一方面指古桥所见证历史信息的完整性，包括周边环境及古桥自身留下的有价值的信息。

根据《威尼斯宪章》《巴拉宪章》《奈良真实性文件》等相关保护文件精神，在修缮实践中，真实性和完整性又体现为如下具体原则。

（1）可识别性原则：在实际修复中，面对不可避免需要替换（构件）、加固、修补的情况，后来的构架与原来部分之间需要具有可辨识性，不发生混淆，将文物原有的真实性保留下来，对于材料的自然老化痕迹要予以保留。

（2）可逆性原则：对古桥进行的所有保护干预措施应当是非永久性的，可去除的，必要时可以全部恢复至原有的状态，而且在恢复过程中不会对古桥造成新的破坏。所进行的干预措施都应该是可逆的，以便为进一步的维护和修复提供足够的空间和选择。

（3）最小干预原则：尽可能通过对文物所处的环境进行改造处理以减少文物本体受到来自周围环境的病害影响，尽可能减少在文物本体上的保护修缮措施，只在必要的情况下，对文物本体进行保护处理，避免过度修缮。

（4）环境统一原则：在选择保护干预的材料和实施方法上，必须考虑对周边环境的影响，要符合生态可持续性要求。

（5）预防优先原则：以预防为主，预防优先于修复。

5.2 宏观保护策略

5.2.1 建立上海古桥资料信息库

著名遗产保护学者孔庆普先生曾在《关于建立中国古代桥梁技术档案规范的建议》中指出，"建立古桥档案是古桥保护事业基础工作的第一步"。将分散的古桥资料集中起来，建立系统、详实的信息资料库是开展古桥保护工作的基础。

虽然在第三次全国文物普查时，上海市对现存古桥进行了较为全面的统计，但由于对古桥类建筑的普查没有与其他类型建筑普查有所区分，缺乏统一规范且有针对性的调查标准，因此所获得的信息不够全面，缺乏深度。再加上有一些古桥被遗漏，还有一些已经消失，已经被统计在册的古桥也有的信息标注错误，因此有必要对上海古桥进行全面调查，建立专门、详实的数据库，系统、详细地记录每座文物古桥的地理位置、历史沿革、价值评估、营造特征、附属文物、管理单位以及非物质遗产元素等信息，并附古桥测绘图纸、历次修缮图纸、历史照片等图像信息，形成较为完整的古桥档案。然后将这些资料及数据转化成数字信息存入电脑，以便查找和统计分析，并且及时更新有所变动的信息，为以后古桥的保护提供尽量准确、科学的依据。

5.2.2　完善相关法律法规

我国历史上第一部文物保护法是1982年通过的《中华人民共和国文物保护法》，定义了文物保护单位并提出相关保护原则。20世纪90年代末，有关机构又研究、制订了《中国文物古迹保护准则》。之后《中华人民共和国文物保护法》和《中国文物古迹保护准则》几经修订，共同成为我国文物保护工作最主要的理论依据和指导原则。具体到上海本地，则在2014年制订、施行了《上海市文物保护条例》。

上述法律法规是上海古桥保护应首先遵循的法律条例。不过由于古桥不论从结构形式、材料应用，还是使用功能上都有其特殊性，具体工作中需要结合上海地区的实际情况，完善相关法律法规，形成针对古桥保护的指导性原则及方法。通过建立健全法律法规，可避免现代化建设及人为因素对古桥造成更多破坏。

　　　　　　　　　　　　　　　　　　　　　上海古桥保护研究

5.2.3　制订长远且科学的保护规划

制订长远规划、开展科学保护是古桥保护工作中的重要一环，各级政府要加大对古桥的保护力度，要在充分调查、论证的基础上，把古桥纳入文物保护级别，开展相关保护工作：① 遵循"应保尽保"的原则，将古桥全部列入保护名录并依法公布，设立标志、碑记或铭牌，明确古桥保护范围和控制地带；② 编制古桥及周边环境保护规划，对古桥的周边环境包括水体、土壤、植被及生态进行全方位整治和优化，减少污染及破坏；③ 对古桥进行长期监测，结合监测数据进行多层次叠加分析，从而对保护状况进行量化，增强日常维护中对灾害的防御能力和应急能力，实现精细化管理和预防性保护；④ 加强制度建设，落实古桥保护和日常维护管理机构，明确各行政主管部门的职责，全方位、多渠道筹措古桥保护开发资金，提出保护利用办法。

5.2.4　加强对古桥的全方位研究

古桥的保护要从研究开始，只有深度了解上海古桥及文化，才能更好地保护它们。中国自古都是"匠人修桥，文人记桥"，缺乏修造技术资料方面的记载，造成古桥研究文献资料匮乏。研究可以从古桥实体和文化方面入手，全方位深入探讨古桥的建筑风格、营造技艺、文化内涵、监测保护、信息再现、保护开发等内容，既可以为古桥的科学保护提供依据，也能够挖掘新的亮点，使上海古桥及文化内涵愈发丰富璀璨。

5.2.5　加大公众传播力度，提高保护意识

古桥是一种公共的开放建筑物，从过去到如今一直延续使用，与人们生活息息相关。因此，提高公众的保护意识对于保护古桥具有极为重要的作用。

目前,古桥的价值尚未为公众所熟知,很多人对身边的古桥所知甚少,也很少去关注古桥。这种对于文物价值的意识缺失,在一定程度上也会造成保护工作中的困难,比如上海古桥中,私自改建和随意涂抹等现象时常发生,甚至出现桥石被盗的情况。

因此,需要加大对古桥保护价值的公众普及,如举办与古桥保护相关的文化活动,成立民间古桥保护组织,在车站、码头和公共场所及古桥周边设立公益广告牌,利用各种媒介来介绍当地古桥的历史及特色,建造古桥展览馆,用影视图像、3D模型等多角度介绍古桥历史和营造技艺等。这样一方面可以使更多的人去认识、了解上海地区的古桥,激发人们对古桥的喜爱、怀旧和自觉保护意识,杜绝自身对古桥做出破坏行为,为保护管理工作奠定坚实的公众基础,另一方面也能使古桥成为地方名片,扩大知名度和影响力,从而吸引政府及其他途径的资金投入,使得古桥能够得到切实有效的保护、开发和利用。

5.3 保护修缮措施

通过保护修缮,运用技术干预手段,不仅可以解决古桥现有病害问题,而且可以最大限度消除引起古桥病害的隐患,使古桥能够"延年益寿",延续、传承其各层面的遗产价值。

根据保护修缮措施与干预技术特点的不同,可以将古桥的具体保护修缮分为预防性保护、修复性保护、落架修缮、环境整治这四个方面。

5.3.1 预防性保护

预防性保护是在古桥发生病害之前预先进行技术干预的保护方式,它是确保古桥安全存在的重要手段,不仅可以大大减少古桥出现病害的概率,而且能够对古桥进行尽可能小的人为干预,从而可以较长时间地延续古桥的原始风貌,以较好地保证古桥的原真性。

5.3.1.1 表面清理与清洗

通过对古桥的病害勘查可知,很多古桥上都附有苔藓、藻类甚至桥身长有大型乔木类植物,而古桥表面的一些沉积物也会对石材造成破坏。因此,在对古桥的预防性保护过程中,对古桥表面的清洗及清理是首要的一环。这种做法既可以打开石材本身固有的气孔,去除古桥表面的有害物质和污渍,恢复古桥石材的健康状态,又可以呈现出古桥本来的面貌和肌理,方便确认保护方法,为后续的修复干预措施做准备。

古桥表面有不同的污渍,针对情况的不同,清洗手法和技术也会有差异。按照所用清洗剂和处理技术特点的不同,可以分为机械清洁法、水清洗法、喷砂式物理清洗法、化学清洗法、激光清洗法和砂浆罩面剥离等。

1)机械清洁法

一般借助毛刷对小部分区域进行处理,将古桥表面的藻类、苔藓类植物刷掉。若遇到根系顽强的乔木类植物,采用电锯将其锯断,再用一些小型工具进行清理。在使用毛刷等清洁工具时切忌用力过重,要避免对古桥石材造成损坏。

此外还有一种砂浆罩面处理,针对石块垒叠墩表面覆盖的水泥砂浆罩面,需要进行人工剥离。剥离过程中要确保对石材不造成破坏。剥离后对原有石材进行强度检测,完好构件继续使用,缺失部分按照原构件规格、材质、颜色补配。

2)水清洗法

水清洗法包括:① 水浸泡;② 高压喷水法;③ 低压喷水法;

④ 雾化水淋法。这种方法的优点是比较环保,有利清除石质中的水溶性盐,缺点是由于黏结石块的胶结材料容易被水破坏,因此可能会对古桥造成潮湿性破坏。

在具体操作中,对于较难处理的大面积的污渍,为避免对石桥表面造成破坏,可使用水蒸气喷射清洗或雾化水淋洗。雾化水和水蒸气喷淋作用轻柔,不容易伤害石材表面,同时覆盖面积较大,能够提升清洗速度。

3)喷砂式物理清洗法

由于石材表面存在很多清水冲洗无法去除的污染物,如可溶盐、微生物、难溶性硬壳、人为的涂料覆盖或历次修缮的残留物等,因此可运用喷砂式物理清洗法将其去除。要避免使用高压喷砂方法,以免在清洗过程中对古桥产生二次伤害。

4)化学清洗法

当污染物已深入石材孔隙内部,凭借水清洗和喷砂式物理清洗已难以去除时,有时需要使用化学清洗法。一般是在石材表面涂敷纤维、粉末或胶体等清洗剂,再覆盖薄膜保湿,清洗剂通过石材的微孔渗入,与污垢分子发生物理或化学反应,然后通过吸出或稀释的方法将微孔内的残留物清除。

需要注意的是,通常应尽量采用物理式清洗而非化学式清洗,以防止化学物质从石缝微孔中进入石材,对古桥产生新的化学物质残留。如果不得不采用化学清洗法,要避免采用强酸、强碱等强腐蚀性材料,以免对古桥石材造成腐蚀,也要避免使用挥发性的有机溶剂,防止对周围人群的健康造成不良影响。

5)激光清洗法

利用激光冲击波清洗表面污垢,也是现在广泛应用于石质文物的清洗手法,其优点是快捷、安全、无污染、可持续性强、适用范围广,但因其价格较为昂贵,故推荐使用于体量相对较小、相对珍贵的文物修复中[①]。

5.3.1.2 隔离防护材料的使用

由于古桥绝大多数都是暴露在自然环境中，受到日晒、雨淋或污染等的影响，因而风化现象比较严重。在石材表面使用隔离防护材料，可以阻止有害因素侵入，起到防腐或隔绝环境的作用，这是目前非常简便、有效、可行的预防性保护方法。常用的防护性材料有蜡类、无机防护剂和现代有机化合物等，常见的防护技术手段有如下几种，其中有的在上海古桥保护中较多使用，有的则极少采用。

1）脱盐处理

盐析现象会减弱石材的强度，也是造成石材风化的主要原因之一。如图5-1所示为闵行鹤龙桥表面的盐析现象。不管是石梁桥还是石拱桥，应进行脱盐处理，去除石料中的可溶性盐成分，对于预防性保护都有着重要作用。

图5-1 闵行鹤龙桥表面盐析现象

脱盐处理时一般采用纸浆贴敷法。首先将纸浆或草纸吸水后敷在石材表面，通过毛细作用将石材内部的可溶性盐吸附至石材表面，并进一步吸收在纸浆内，随后待其干燥，揭下纸浆即可去除部分石材内部的可溶性盐。经过反复操作，即可降低石材浅层的盐浓度，并加速内部离子向表面的迁移，从而去除更多的可溶性盐。

在上海地区，古代桥梁多数使用抗风化能力较强的花岗岩建造，一般盐析现象较少，因此目前使用脱盐处理的情况也较少。

2）憎水处理

在通常情况下，传统砖砌体对于雨水是有一定的抵抗力和抗水性的。就砖石砌体的劣化来说，雨水的侵蚀主要是由通过缝隙进入砌体内的水分造成。在砌体表面施加的憎水剂不但对于这类通

---

① 戴仕炳，张鹏. 历史建筑材料修复技术导则［M］. 上海：同济大学出版社，2014.

过裂缝进入的水分并没用明显的阻挡作用,而且还会在一定程度上加快可溶盐的盐析作用,因此并不推荐在砖砌体的历史古桥的保护中使用憎水剂。

3)防腐处理

防腐处理主要是针对古桥木构件病害进行的预防处理。处理时,先对古桥原有的木构件进行检测,登记腐烂的部分,再进行防腐处理措施。所有木构件的腐朽部分均需剔除干净,并根据实际情况墩接或镶补。对虫蛀腐朽构件应采用药剂涂刷和喷淋处理,最后须待木材含水率降至20%以下时再施以木材防腐剂防腐。如需更换新木构件,则应对新木构件采用水溶性药剂和真空加压处理及热冷槽浸渍等防护处理。在日后的管理中,要注意保持古桥的整洁,加强面层防潮等事项。

5.3.1.3 保护材料的使用原则

在使用以上清洗材料或隔离防护材料时,需要考虑到材料的可逆性,一般对保护材料的评选标准如下:

(1)与被保护材料的机械、物理、化学特性具有一定的兼容性和相似性。

(2)具有良好的化学特性,不会与文物本体发生任何化学反应,不会影响文物本体的化学性质也不会发生溶蚀现象。

(3)保护材料对于周围环境和人体无毒无害。

(4)考虑到保护、维护的难度和需求,保护材料需要具有一定的耐久性和有效性,并符合经济、环保的条件。

(5)使用在表面的保护材料必须不影响文物本体的真实性,不能对石材的原有颜色和肌理造成改变。

(6)对于石材的保护不是富集在表面形成结壳,而是会渗透到石材内部,进行深层处理和保护。

（7）在选择阻挡水分进入的材料时也要考虑到此材质不能影响砌体内部水分的挥发。

5.3.2　常规维修

古桥由于长期暴露于自然环境中，材质容易发生风化、磨损、裂缝等现象，因此需要对病害处进行常规维修。这可分为石材修补和木材修补两大类。

5.3.2.1　石材修补

古桥的石料由于自身性状和自然力的缘故，很多会发生风化，造成脱落或缺损，从而影响石砌体强度和耐久性。对于体积较大的石构缺损，需要选用同种石材进行补充复制；而对于开裂、磨损，一般考虑维持原状，保留天然风化痕迹。当裂缝小于10毫米时，可以使用砂浆勾缝填补；而针对大于10毫米的非结构性裂缝，则需要先用碎砖块进行填补后再用砂浆勾缝。

如嘉定区安亭镇的六泉桥，初建于明永乐四年（1406），在清咸丰年间"庚申之役"中被毁，民国十三年（1924）重建，2000年被公布为嘉定区文物保护单位。六泉桥为单孔石拱桥，桥长40米，宽3.7米，高6米，由花岗岩砌筑，半圆形拱券，拱跨10.5米，横联分节并列砌筑，两侧各有台阶踏步41级。桥上共有望柱六对，顶部两对柱头为圆头，其余柱头为方头素面，另铺设有条石栏板。

该桥因基础出现不均匀沉降，桥内灰土流失严重，导致踏步石出现较为严重的损坏、塌陷与断裂。山花墙有局部鼓凸开裂，券板石有部分断裂、破损、外闪，部分护拱脱落缺失。石栏板、望柱与抱鼓石有局部损毁。

在修缮中，对缺损的构件进行了替换或修补，对歪闪、移位的石构件进行了归安，对有脱榫、移位情况的桥构件予以复位、归安，

①

②

③

对局部开裂的非结构受力构件（如抱鼓石端部）进行了砂浆黏结，用石粉修补了表面有裂缝的石材（见图5-2）。

如图5-3、图5-4所示为修补后的抱鼓石、栏板石与望柱。

5.3.2.2 木材修补

上海地区的古桥中，木材的使用主要集中在木桩基础和木栏杆。一般木桩的劣化属于结构性病害，是不能通过修补解决和强化加固的；而对于木栏杆等木材表面的裂缝，则需要先进行鉴别再选择合适的修补方式。

① 图5-2 砂浆黏结、修补抱鼓石

② 图5-3 修补后的抱鼓石

③ 图5-4 修补后的栏板石与望柱

针对木材表面的裂缝，当糟朽深度不超过直径1/2时，可以在剔除糟朽后进行嵌补；当裂缝宽度不大于3毫米时，可保留裂缝；当裂缝宽度达到3～30毫米时，使用木条涂抹耐水胶结剂的方式进行嵌补；当裂缝宽度大于30毫米，但小于直径的1/5时，除使用胶结剂进行嵌补外，还需要使用铁箍或宽度不小于100毫米的碳纤维布缠绕加固，保持加固间距不大于700毫米；对于糟朽较为严重的部位，若实在不能修补则需考虑进行原样替换。

如图5-5至图5-7所示为木材糟朽的迎祥桥进行修补后的情况。

①

②

③

① 图5-5　迎祥桥木材糟朽
② 图5-6　迎祥桥木材修补
③ 图5-7　修补后的迎祥桥木材

5.3.3　结构加固

结构加固是一种干预性较高的保护措施,是在古桥发生破坏后需恢复原状时所采用的干预方法。由于古桥年代久远,且长期经历风雨或河水冲刷,目前上海古桥中很多古桥存在裂缝现象,或者构件的断裂、结构的破坏等,造成安全隐患。对病害部位施以稳定、加固、支撑、补强等修复性保护措施尤为必要。

在对古桥进行加固时,要遵循两个原则:一是要尽可能保留原构件,由于古桥的每个构件都是文物,上面承载着历史、文化的记忆和技术的痕迹,因此在古桥的修复过程中,任何断裂破碎的构件,只要能拼起来,无论破损到什么程度,都应尽可能挽救;二是要尽量不改变保护对象的整体面貌,保护古桥的真实性和完整性。

古桥的加固主要是针对构件间的加固和针对桥身的整体加固,对此可以采用内部加固和外部加固的不同方式,大致可以有以下几种。

5.3.3.1　灌浆加固

地基不均匀沉降,会造成桥体结构倾斜、开裂变形等情况,一定程度上会威胁到桥体的安全性。灌浆加固是较为常见的地基加固方法。它是通过施加一定的压力,让水硬性石灰渗入裂隙中进行填充,经胶结硬化后,水泥浆液将破裂部分连接为完整的、稳定的且具有较高强度一个整体。

灌浆加固具有施工简单、实用性强、成本低、周期性短等优点。注浆方法分为充填注浆法、渗透注浆法、压密注浆法、劈裂注浆法、高压喷射注浆法、电动化学注浆法等几类。在灌浆施工中需要先对裂缝进行清洗,铲除表面附属物,待水渍干掉后,通过压缩空气将浆料挤压进岩石裂缝,并在外围使用环氧树脂胶泥封缝。封缝应严密,否则很容易出现漏浆的情况。

在保护修缮古桥时,灌浆加固主要应用于桥体基础部分的加固处理。在不扰动桥体本身的情况下,可围绕原有基础四周架设箱型基础框架模板,浇筑混凝土,形成更高强度的混凝土桩基础。

5.3.3.2 内置锚杆加固

灌浆加固包括传统灌浆,直接注浆加固,其缺点是具有不可逆性。内置锚杆加固技术是在原有混凝土灌浆技术基础上发展衍生出来的新型灌浆加固技术,具有可逆性的特点。

锚杆加固的基本原理是通过钻孔在结构的内部埋置锚杆并在衬套内灌注水泥浆,通过锚杆增加结构抗压、抗拉和抗剪能力,将破裂构件连接成为整体。

锚杆加固修复技术大致会用到以下三种材料。

(1)锚杆:锚杆主要为不锈钢或碳素钢材质的金属杆,起到拼接的作用;锚杆之间相互搭接,使各锚杆在空间上形成网状结构。

(2)网状结构的衬套:衬套是由特殊的聚酯纤维编制而成的管状材料,主要用于包裹水泥灌浆,并利用自身良好的膨胀性能适应不同的钻孔直径和孔深。

(3)水泥灌浆料:水泥灌浆料主要起连接作用,是主要的黏合材料,它可以充分穿过网眼,在适当压力下填满孔洞,有效地黏结基材,不仅提升了锚固杆件在基材里的受力性能,也提高了石材构件的整体受力强度。特质水泥灌浆料内添加有反收缩添加剂,可以保证浆液在凝固过程中不会因收缩而影响锚杆系统的整体受力。

在应用锚杆加固施工工艺时,首先要对加固构件钻孔,以便插入金属杆件和注浆管。不同的石材对于钻孔的要求也有所不同,一般钻孔直径为20～40毫米,孔与构件表面呈一定的角度。钻孔后将装有衬套、注浆管、排气管的锚件完全放入孔内,通过压力泵将已与水搅拌后的水泥灌浆料注入衬套内。在灌浆结束后,将钻取的石块边料重新固定在孔洞内。

　　锚杆加固方法常用于砖石结构的加固,包括桥墩中因不同沉降而产生的裂缝、拱肩墙和侧墙因填料固结所产生的破坏以及拱墙的变形等。在青浦区还清桥的加固修复中,使用了内置锚杆加固。还清桥桥体主要材质为武康石,桥柱是由三根条石并立组成的立壁柱,勘查时发现,桥身已完全碎裂落入河道中(见图5-8),仅保留有两岸的桥台。技术人员利用锚杆修复技术对破裂的构件进行加固修复(见图5-9),包括桥面板、立壁柱以及桥帽石的修复,使构件达到可以继续使用的强度。

① 图5-8 青浦还清桥碎裂的桥身

② 图5-9 还清桥修复中采用的内置锚杆加固技术示意

①　　　　　　　　　②

5.3.3.3　碳纤维加固

传统的桥墩加固方法是一种增大截面的加固法——通过增加钢筋以提高原构件的承载力和刚度，但新增加的钢筋混凝土会对桩基和承台带来较大的荷载。而碳纤维加固法是一种应用外黏高性能复合材料加固结构的新技术，相比于传统的钢板加固技术，它具有强度高、重量轻、不影响原有结构重量的优点，且加工方式相对简单、效率较高。与使用锚固构件的加固方式相比，碳纤维布的加固方式对历史古桥本身的损伤最小，秉承了"最小干预"的原则。

碳纤维加固包括碳纤维棒加固和碳纤维布加固两种方式。

1. 碳纤维棒加固

碳纤维棒加固技术的实质是体外配筋，用高强碳纤维棒作为受力配筋，从而提高原构件的配筋量，再相应提高结构构件的刚度和承载力。施工时，本法先对构件表面进行清洁和强化处理，安放锚定，安装碳纤维棒，再在碳纤维棒外喷射聚合物砂浆，等待砂浆静置固化完成施工。

碳纤维棒本身具有耐腐蚀、使用寿命长、耐酸碱盐、耐水和抗老化等特点，以聚合物砂浆作为黏结剂，不仅起到了很好的黏结作用，同时还是碳纤维棒的保护层，为其起到抗腐蚀和抵御高温的效果[①]。

奉贤区的大同桥在修缮时就采用了碳纤维棒内部加固的方法。该桥北桥台山花墙出现较为严重的起鼓，部分金山石石块出现松动歪闪，北桥台东侧桥柱下部破损严重，西侧桥柱下部靠近水面

---

① 陈平，赵冬，张卫喜，等."皇宋中兴圣德颂碑"的修复、加固与安装［J］.施工技术，2006（8）：39-40.

图5-10　奉贤大同桥桥台加固并归安

约30厘米处断裂。在保护修缮中,采用局部落架修缮的手法,先对望柱、山花墙石块、栏板等构件进行逐一拆卸,并按照方位进行分类编号,再通过内植筋的方式,使用碳纤维棒加固北桥台西侧断裂桥柱并归安(见图5-10)。最后内部通过两根铁销将断裂石构件连接,外部使用环氧树脂进行黏结。

2. 碳纤维布加固

碳纤维布加固技术主要是通过将碳纤维布粘贴于待修复构件表面,从而增强其与原有石构件或混凝土之间共同受力,起到增大结构的抗拉或抗剪能力,提高强度、抗裂性、结构的延性和抗震加固的作用。碳纤维布的强度一般为建筑用钢材的十几倍,弹性模量比建筑用钢在同一水平上略有提高,具有高强、轻质、材质薄、施工便捷、耐久耐腐蚀性好等特点。

在青浦襄臣桥的修缮中,工作人员就采用了碳纤维布对拱券下部和桥墩的水盘石进行加固处理(见图5-11)。襄臣桥位于青浦区赵屯镇,相传因造桥者孙琪字襄臣,故名襄臣桥,也称"新桥"。

① 图5-11 青浦襄臣桥修缮（碳纤维布加固拱券）

② 图5-12 修缮后的襄臣桥

该桥建于明末，清宣统三年（1911）由里人杜濂等人募资重修。该桥为单孔石拱桥，长32米，宽4米，高6米，半圆形拱券采用横联分节并列式砌筑，共分有九节，每节并列排有八块拱石。桥上望柱雕刻有莲花图样。

在使用碳纤维布对襄臣桥拱券下部和桥墩的水盘石进行加固前，首先清理了构件表面的污渍和风化痕迹，填补表面细小裂缝，并对表层进行打平。然后在表面涂刷基层树脂，找平修补，裁剪合适的碳纤维布。随后进行碳纤维布粘贴，需要做到稳、准、匀，使碳纤维布不皱、不折，展延、平滑、顺畅。滚压碳纤维布时，需要顺同一方向滚压，保证胶的渗透和浸润。在需要搭接碳纤维布时，搭接距离要大于10厘米。滚压结束后，再在碳纤维布表面涂浸树脂，对表面进行整理。待修缮经防护后通过检验，就完成了襄臣桥的加固过程。如图5-12为修缮后的襄臣桥。

5.3.3.4 替换加固

若古桥石构件破损严重，无法继续使用，就需要进行替换加固。石构件的替换情况主要分为两种：在不影响结构稳定性和美观的情况下，使用同种材质进行复制替换；若有结构加固的需求，在不影响美观和整体风貌的情况下,则可以考虑使用混凝土构件进行替换加固。

修缮古代桥梁时,有时因为原有木桩基础的耐久性较差,在出现倾斜或损坏的基础部分多会采用混凝土桩基础代替原有木桩基础。一般桩径为20厘米,桩长应根据地基情况确定,需要深入到湖底淤泥层下部,这样一方面可以提高整座桥梁的承载力,另一方面能够减少桥梁整体的不均匀沉降。

在前述青浦区还清桥的修缮中,除使用了锚杆加固,也使用了替换加固技术。经现场对基础进行复勘,可以判断该桥原有石立柱基础已经出现倾斜甚至破坏。由于湖底淤泥较多,考虑到修缮后桥梁的耐久性和使用寿命,采用桩基础替换加固可以加强整座桥的承载力,减少不均匀沉降。因此在修缮中采用桩承台作为新的基础,使用了桩径20厘米的预制混凝土方桩。

以上对于古桥的结构加固措施,由于会对古桥的真实性或多或少造成一定影响,因此修复过程中有以下几点必须严格控制:① 修复中首先应考虑使用原始材料,并对古桥传统工艺进行保护;② 尽可能降低干预程度,对古桥谨慎进行大面积拆除及重新安装;③ 保留各个时期的历史痕迹,若历年修缮中使用了不同材质的石材,不需要将其都恢复至最初建成年代的材质;④ 如果残损程度不至于造成安全隐患或信息缺失,则不必要进行结构加固保护,只需要开展预防性保护及常规维修即可。

5.3.4 落架修缮

当古桥的主要承重构件残损较为严重、需要完全整修或更换时,就需要对古桥构架全部或局部拆落,修配后再按照原状进行安装,这种保护修缮方式叫作落架修缮。

落架修缮首先需要在拆除前对桥的每一块石构件进行编号,

按照编号拆除,统一堆放。然后在拆除结束后,要分析这些石构件的具体情况。如果石构件状态较好则继续使用;如果原件损坏不堪使用,则用新的构件来代替。最后再按照编号依次安装,保证维修以后的桥恢复原貌,修旧如旧。

根据拆卸的程度不同,可以将落架修缮分为全面落架修缮和局部落架修缮。修缮的过程中需要结合实际情况,如不同劣化情况、不同构件的加固技术、各种表面污渍的清洁清洗技术等,使用不同的保护维护技术。

上海境内古代桥梁的落架修缮,较为常见的是局部落架修缮。相比之下,全面落架修缮则相对复杂一些,工程量大,修复难度也较高。又因全面落架修缮会令桥梁的结构产生一定变化,对古桥的真实性和完整性有所影响,现在已经不再提倡应用于古桥修缮中。

5.3.4.1 落架移址重建

全面落架由于会对古桥本身结构的真实性和完整性产生影响,除非万不得已,现已较少使用于古桥修缮中。目前在上海的古桥修缮中,需要考虑到全面落架的情况,主要是因各种原因导致的移址重建。

移址重建是将古桥拆分成基本组成构件,然后迁移至别处进行重新组装拼合,恢复其原有面貌。现在随着技术的进步,已经可以采用整体平移的方法。移建是干预程度最大的保护修缮,只有遇到不可抗拒的自然因素,或受到特别重大的建设工程影响,而且没有别的保护措施可以替换的情况下,才可以考虑实施移址重建。目前上海地区古代桥梁移址重建的实例已有多处,比如闵行区的鹤龙桥、奉贤区的通德桥、宝山区的宝善桥、闵行区的寅春庙桥、金山区的迎秀桥等。

鹤龙桥始建于清康熙四十五年(1706),位于闵行区华漕镇与

图5-13 闵行鹤龙桥原址状况

青浦区交界的小涞港上,为单跨石平梁桥(见图5-13),主桥面加阶梯引桥总长18.80米,中宽1.93米,净跨7米。该桥全部由金山石(花岗岩)建造,桥面板由三块条石平铺而成,上设有石望柱和圆木栏杆。桥上有较为精致的暗八仙雕刻,形制传统、雕刻简洁。

作为闵行与青浦的界桥,300多年来,鹤龙桥一直是河两岸联系交流的纽带。由于鹤龙桥所在的小涞港综合整治而需要拓宽河道,若原址保留,桥梁将会孤立于河道中央,既无法安置也难以使用。因此有关部门决定将该桥由华漕镇诸翟西街南侧整体迁移至东南方向约55.8米处的新开河道上(见图5-14),既保证了周边环境的相似性,也保留了古桥原本的南北走向和整体风貌。

由于需要移址重建,鹤龙桥采用了全面落架的修缮方式。首先对桥梁进行全部落架拆卸,对拆下后的构件进行清理和编号,将方向、名称、编号、方位等信息都进行详细标注,以便用于移位后的复原工作。桥面石、桥帽石等重要承重构件都事先进行了强度检测,对于不堪使用的构件予以更换或修补。

移位新址需要按照原有施工工艺重新做基础并安置桥墩和桥台,在归安复原过程中,按照标号和标注原样砌筑。对于缺失的构件和不能使用的原构件需要重新补配,进行局部修补。从整体风貌的角度考虑，相关机构对移位后的石桥及其周边环境进行了综合治理，以维护古桥的原有风貌。如图5-15、图5-16所示为鹤龙桥立面图及移至新址的鹤龙桥。

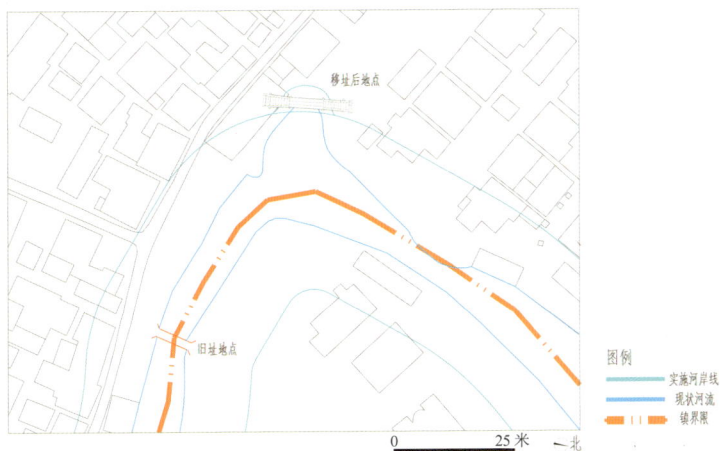

①

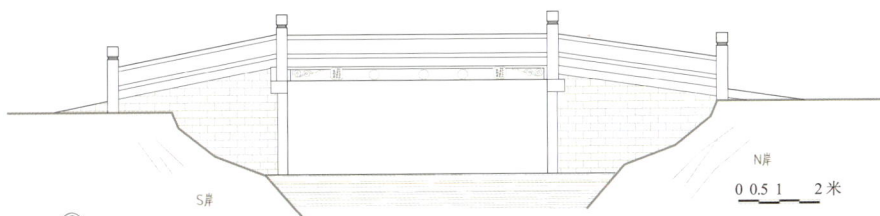

②

③

古桥的移址重建有几点注意事项：① 需要在拆迁前对基础进行复勘，取得原有的基础做法资料，并在迁移后继续保留这部分材料和做法；② 尽量使用原有构件，只有当原构件残损严重时才可以予以更换，且在材质、规格上都要尊重原有特征和风格，在施工工艺上要尊重原有手法；③ 通过移址重建，既要做到加固桥体，又要做到保持古桥原有风貌。

移址重建因为干预太大，会造成很大破坏，比如奉贤区通德桥的移建就已对古桥造成了不可逆的破坏。通德桥原是一座三跨石梁墩桥，移址重建时仅取了古桥中段的石板移入别墅区花园中，完全破坏了古桥的结构和风貌，忽视了移建的根本目的。

5.3.4.2 局部落架

局部落架常见于损坏情况较为严重的古桥修缮，即拆卸一部分构件进行修复，并在修补后归安复原。下文以青浦区朱家角镇的太平桥为例，说明石梁桥的局部落架修缮方式。

青浦太平桥，又名石板桥，位于青浦区朱家角镇华村南，建于1945年，是当时华村通向新杨村的唯一大桥，也是当年新杨村老知青下乡的历史见证。该桥为南北向三跨石平梁桥，跨大定湖支流，金山石质。桥长16.6米，宽2.79米，桥柱用两座金山石石块垒叠墩并立组成，上置横梁。桥面每跨采用两块金山石石块，中间搁置石板平铺，其中跨东侧刻有"太平桥"三字及简易花式（见图5-17）。两岸桥台采用三合土（内掺青石）填充。该桥整体形制厚重大气，结构体系完整，具有较高的文物保护价值，被公布为第三次全国文物普查新发现文物点。

通过病害勘查发现，该桥结构残损，桥柱两座石块垒叠墩局部石块移位，桥台挡墙局部坍塌，植被侵袭，桥面中部石板全部缺失，且因朝南道路阻断而位于河道中间，已无法通行（见图5-18至图5-20）。故有关机构对其进行了局部落架修缮。

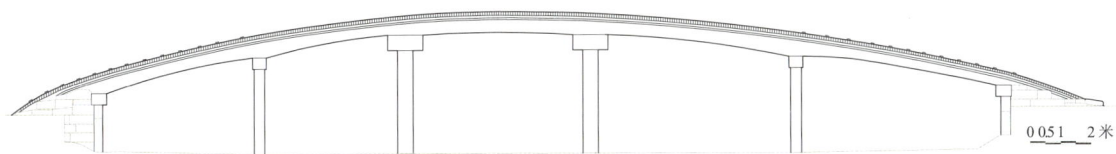

①

②

③

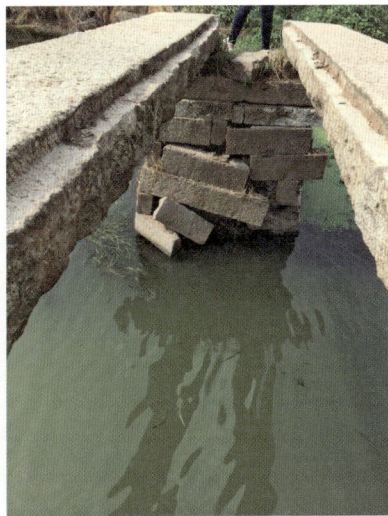

④

① 图5-17　太平桥
立面图
② 图5-18　青浦太
平桥修缮前
③ 图5-19　太平
桥病害：桥堍上
植被覆盖
④ 图5-20　台基挡
墙石条松动、歪
闪

在修缮施工时,需要进行围堰(见图5-21)及基础复勘,然后在现场搭设脚手架,对两侧桥台及桥面进行局部落架。同全面落架相似,局部落架修缮对拆卸的所有构件也要进行详细编号和标记,以便复原工作顺利进行。还要对所有石材进行检查,如发现石材裂缝需对石材进行强度检测。

清除覆盖在桥堍石材上的植物;对保存完好的石材采用物理清洗方式对其表面污渍、微生物侵蚀处进行清洗。

重砌桥台,保留原夯土里的石块,采用三合土填筑,分层夯实。全面打点勾缝,用大麻刀月白灰按历史原样将灰缝塞实塞严与石活勾平,勾缝须细致、均匀。

对桥体的修缮方式为:补配桥面缺失石板,主要以河里打捞石块为主;缺失的部分按照原石板规格材质颜色补配。对石块垒叠墩表面覆盖水泥砂浆罩面处进行人工剥离,剥离过程中确保对石材不造成破坏,并对缺损的石块进行补配。对石块垒叠墩表面污渍处进行物理清洗。将石块垒叠墩移位的石块进行归安。

① 图5-21 围堰施工
② 图5-22 修缮后的太平桥

如图5-22所示为修缮后的太平桥。

①

②

5.3.5　环境整治

环境整治是古桥原地保护的重要组成部分，指的是对古桥周边环境的保存、维护、改善等技术措施，目标在于保护古桥价值的完整性。因为古桥的周边环境是古桥赖以生存的土壤，它同时包含了与古桥相关的有价值的物质文化因素与非物质文化因素。

通过对上海地区古代桥梁进行调研和勘测可以发现，多数古代桥梁的保存环境相对较差。有的与周围环境或风格不一，难以保持整体风貌；有的地处荒废，杂草丛生，人迹罕至。这些状态都损害了古桥的遗产价值，因此需要进行环境整治。

对古桥周边环境进行整治的主要内容有以下三点。

1）清理破坏因素

消除与古桥相关的环境中危及古桥安全和健康的自然及人为破坏因素，比如清理桥体滋生的植物，还原本来面貌；整治被污染的河道，清理古桥周边的垃圾，拆除周边搭建的违章建筑，撤除古桥周边垃圾站点，美化桥周环境；还原其交通功能，等等。

2）景观整修

保护古桥周边环境中有价值的因子，对不协调的、影响古桥价值特征的因素进行治理、修整，以提升环境景观质量。

3）建立标志

建立古桥可视与防撞标志（见图5-23），避免桥体遭受碰撞。

在古桥周边环境的整治中，有三点需要注意的内容：

一是随着国家对古桥保护的重视，古桥保护的范围不断扩大，是动态变化的，要根据变化及时调整。

二是对于不同的古桥建筑和桥址环境，在保护方法和保护要求上不能一刀切，应有主次之分。

三是古桥周边环境的整治可能与城市规划与建设有所关联，

图5-23 青浦区麟趾桥的防撞标志

比如上海古桥中部分古桥环境面临着与城市规划道路的冲突,部分古桥因为村落的整体拆迁而荒置等,因此在古桥环境整治的实施中,需要重视与城市规划部分的合作与协调。

第 6 章

上海古桥的保护修缮实录

本章如实反映了上海地区13座古桥修缮保护的实际情况，每座古桥的信息均包含古桥简介、保存状况、修缮方法三方面，展示了修缮前后的实况图片，以期留下一份古桥保护的实例档案。

6.1　嘉定区天恩桥

1. 古桥简介

天恩桥，旧名"真圣堂桥"，位于嘉定区南翔镇永丰村大桥头东南侧，东西走向跨南横沥河。始建于明嘉靖年间，原为木桥，清顺治年间由里人徐孝竹、陈尚之等共同发起重建，上海县知县资助银钱50两，筑成此桥，更名为"天恩桥"。雍正九年（1731）、乾隆十八年（1753）、乾隆五十四年（1789）先后由邑人程虔五、知县於一芳等发起重修，并增设石栏。同治十三年（1874）邑人徐致祥、巡抚张之万和苏松太兵备道沈秉成拨款重建。1951年，天恩桥重修。

天恩桥为三孔石拱桥，桥长39.8米，宽6.8米，中间大拱的孔径达11.04米，矢高6.11米，两侧小拱拱径为5.9米，西桥头两侧设有埠头，各有11级台阶伸入水中。该桥是嘉定境内现存最长、最高的石拱桥。如图6-1至图6-4所示为修缮前的天恩桥及其平面、立面、剖面图。

图6-1　天恩桥修缮前

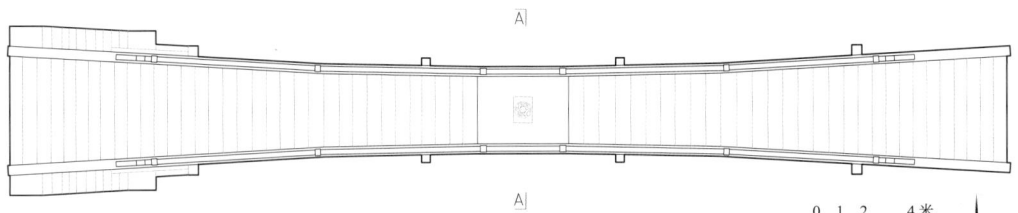

① 图6-2 天恩桥平面图

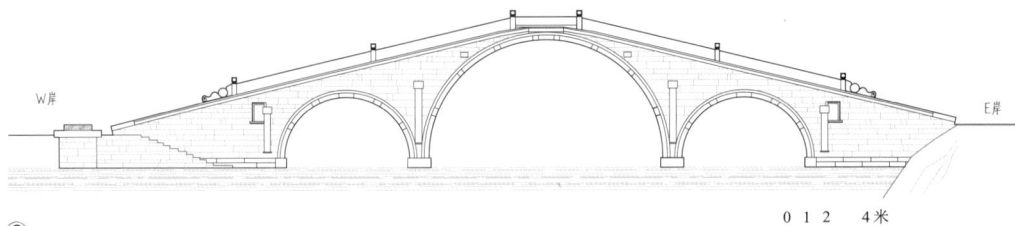

② 图6-3 天恩桥立面图

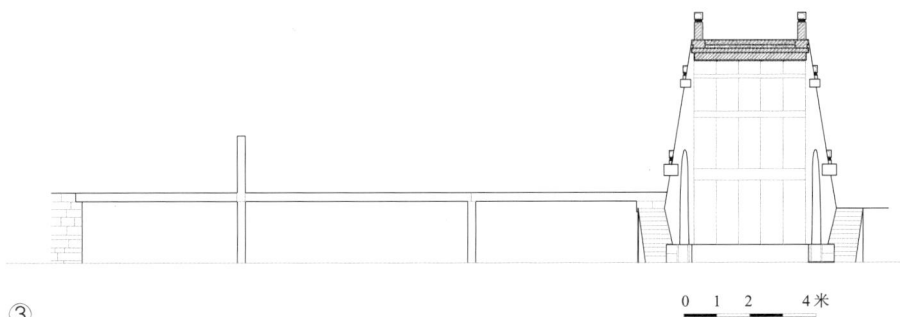

③ 图6-4 天恩桥剖面图

　　桥身材质主要为青石,桥面局部有明显的后期金山石修补痕迹。该桥两侧桥额石均刻有阳文楷书"天恩桥",桥顶桥心石上刻有灵芝漩涡卷草纹浮雕(见图6-5),遗存的望柱上雕刻有莲瓣图样。桥柱有楹联四副,南侧刻有"云际龙飞高凌百尺,波间虹卧彩耀三槎""境接吴淞势挟汪洋通万顷,名颜真圣义兼廉让媲千秋",北侧刻有"行看桂子月中落,定有仙槎海上来""人杰地灵白鹤来飞传胜迹,风恬浪静彩虹遥映镇槎溪"。

④

① 图6-2　天恩桥平面图
② 图6-3　天恩桥立面图
③ 图6-4　天恩桥剖面图
④ 图6-5　天恩桥桥心石漩涡卷草纹

① ②

① 图6-6 天恩桥栏板石材风化磨损
② 图6-7 天恩桥水泥坡道

2. 保存状况

勘查发现,天恩桥无明显结构病害;构件风化磨损较为严重,如桥心石、栏板(见图6-6)、踏步石及拱券券板石。

该桥在后期修缮及周边居民使用过程中,进行了部分改建,因此原有修缮痕迹较重,如1951年重修时曾将受损较为严重的中部桥面踏步改用水泥砌筑;后来为了推行自行车方便,桥上踏步中央保留有水泥坡道(见图6-7)。

栏板、望柱、抱鼓石缺失,四处栏板分别在东南方向缺失10米,东北方向缺失6.5米,西南方向缺失8米,西北方向缺失6米;望柱缺失7根,抱鼓石缺失3块。

大拱内东南券板损毁,已被水泥填补。拱券和山花墙上有明显裂缝,但不影响结构,桥身山花墙上长有杂草和藤蔓。东侧桥堍大面积被植物覆盖,树根对山花墙造成一定程度的鼓闪。

3. 修缮方法

天恩桥于2007年进行了保护修缮。本次修缮的主要目的是对缺失的构件进行补配,对现有病害进行处理,对残损严重的构件予以更换。

主要修缮措施如下：

（1）对于缺失的构件，应于周边环境或河道中进行找寻，找到者予以原位归安；确实无法找到的构件，根据现场遗存的构件，进行原材料、原规格、原形式，并尽可能采用原工艺进行补配。

（2）对后期人为增加的水泥坡道、局部水泥修补痕迹及山花墙、翅墙上的植物、树木进行清理。清理时应将植物根系清除干净，清除后的孔洞用灰土填实压紧。

（3）依次拆卸桥面栏板、望柱、抱鼓石、仰天和踏步石，拆卸时必须按方位分类进行编号（编号应写在石构件的侧、背面），集中保存管理，以避免造成损坏，便于后期按原样复位。如图6-8所示为修缮踏步石现场。

（4）山花墙、翅墙局部鼓闪的石条进行拆卸修整，完毕后进行石条原位归安。对桥东端两侧的树、藤进行清理，对造成山花墙鼓闪的根系进行移除，以彻底消除树木生长对桥体造成的破坏。

（5）用碎石三合土填充桥身，并夯实紧密。桥面上铺设10厘米厚的1∶1混合砂浆进行封顶，找平。

（6）按照编号，对落架构件进行原位归安。按照龙头石、踏步石、望柱、栏板和抱鼓石的顺序进行复位安装。缺失的构件予以补配。

（7）最后对桥进行全面勾缝，用大麻刀月白灰勾抹，将灰缝塞实塞严，与石活勾平。要求勾缝精细、均匀。如图6-9所示为工作人员对拱券进行勾缝处理。

① 图6-8　踏步石修缮
② 图6-9　拱券勾缝

①

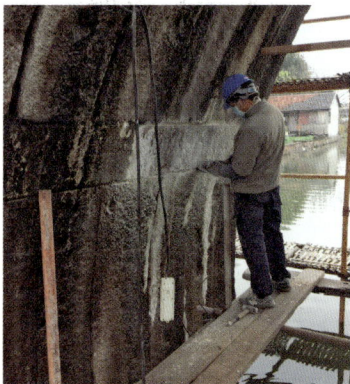

②

① 图6-10 天恩桥修缮后

② 图6-11 修缮后保留的不同历史时期石材

③ 图6-12 区分明显的修补部分与原遗存部分

如图6-10至图6-12所示为修缮后的天恩桥，桥上保留了不同历史时期的石材，远观可明显区分修补部分与原遗存部分。

6.2 宝山区宝善桥

1. 古桥简介

宝善桥，县志称众缘桥，俗称大石桥，原位于宝山区月浦镇东双泉路东，东西走向跨马路河。该桥始建于明天启五年（1625），由里人曹彬、王祖荣等募资建造。清嘉庆五年（1800）、清光绪二十八年（1902）、民国二年（1913）先后三次进行重修。后因道路扩宽，

图6-13 修缮前宝善桥原址

宝山区文物管理部门决定对宝善桥进行移址保护，2004年将其移至宝山临江公园内。如图6-13所示为修缮前宝善桥原址。

宝善桥为三跨石梁墩桥，全长25.24米，东西两侧桥堍长分别为3.91米和3.81米，中跨跨度是5.90米，东西两侧跨度分别为4.50米和4.23米，桥总高超过5米。桥面板由三块金山石石条铺就，总宽约1.55米，每块为宽0.50米、厚0.30米的条石。

因宝善桥所在的马路河历史上为该地区水上航运的主要航道，水流较为湍急，故此桥采用较为坚实的桥墩。桥墩为梭形截面，迎水面有分水尖，减少了水流冲击的压力。桥墩为青石与金山石分层实砌，向上收分。桥墩上的桥帽石长3.15米，厚24厘米。现桥面两侧无栏杆和扶手保留，但是桥面石板上有方形槽孔，疑似是原栏杆和望柱留下的痕迹。

桥身上有题刻。中跨桥面石条南北侧分别有刻字和图案：北侧，上部方框内套刻"宝善桥"（行楷字体），西端刻"嘉庆五年仲春"（隶书字体），东端刻"何元功书，里人重建"（隶书字体），两头刻有草凤纹饰；南侧，中间圆圈内套刻"宝善桥"（行楷字体），东端刻"嘉庆五年重建"（隶书字体），西端刻"邵斗文捐银十八两"（隶书字体）、"陈君幸捐银十五两银"（隶书字体），纹饰同北侧。中跨

① 图6-14 桥面板
中跨上卷草纹图
样
② 图6-15 宝善桥
平面图
③ 图6-16 宝善桥
立面图
④ 图6-17 宝善桥
剖面图

①

A

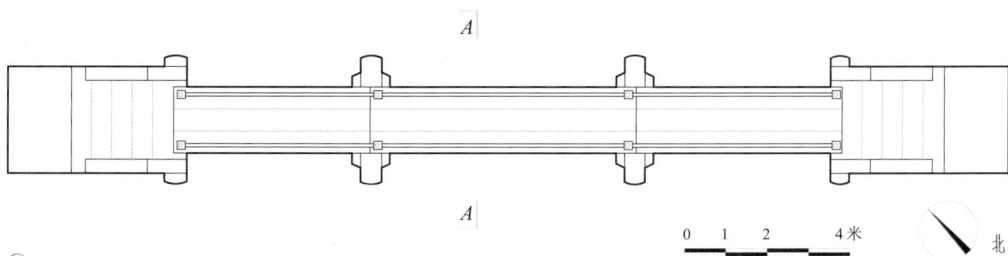

A

0 1 2 4米

北

②

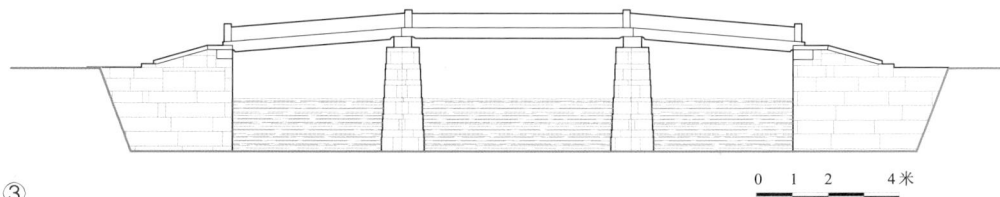

0 1 2 4米

③

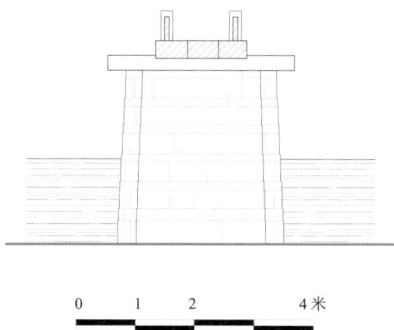

0 1 2 4米

④

桥面板侧边雕刻有卷草纹图样（见图6-14）。

如图6-15至图6-17所示为宝善桥的平面、立面、剖面图。

2. 保存状况

该桥移址保护之前，已基本废弃不用，桥下河道干涸，泥土、杂物淤积较为严重，周边环境较

①

②

③

④

差，杂草和杂物较多。桥堍出现一定的沉降，东侧桥堍出现倾斜（见图6-18），上部踏步缺失、走闪严重。中跨桥面条石端头出现断裂，影响安全。桥面条石断裂（见图6-19）、局部缺损，表面有黑色污渍（见图6-20），桥上原有栏杆和望柱全部缺失（见图6-21）。

① 图6-18　桥堍倾斜
② 图6-19　桥面板条石断裂
③ 图6-20　桥面板缺损、有污渍
④ 图6-21　望柱、栏杆缺失

3. 修缮方法

宝善桥于2004年被移至宝山临江公园内，2018年进行了最近一次修缮。这里主要谈如何对其进行移址重建：

（1）因须对宝善桥进行迁移保护，故先对桥梁进行全面落架。构件落架时必须按照顺序及方位分类进行编号（编号应写在石构

上海古桥保护研究

件的侧、背面），并对构件进行逐块检查，对残损严重及缺失的构件，在后期桥梁复原时予以替换和补配。

（2）对淤泥下的基础进行勘测，确定基础的建造材料和建造工艺，并进行记录以保证在拆卸后可以按照原有做法和材料进行重建。

（3）对新址的地基部分进行地质勘探，以便根据新址的地质条件对基础进行设计，确保文物原状妥善安置和结构的安全稳固。根据新址的地勘报告，进行新建基础设计。

（4）施工时，首先在新址处设围堰，抽水后进行密排木桩基础施工，并于木桩顶部铺设450毫米厚钢筋混凝土承台，要求桩顶深入承台100毫米。承台上铺设100毫米厚混凝土垫层。于垫层之上按照原状及构件编号砌筑桥墩与两侧桥台，两侧桥台内部按照原有工艺填充碎石及三合土，并夯实。

（5）在新做的基础上，使用原有材料和建造方式，重新砌筑桥墩（见图6-22）、桥塊，依据拆卸时的编号对石构件进行归安（见图6-23）；桥塊内部按照原有工艺填充碎石混合物。

（6）根据记录和编号，将桥面板进行铺设归安。因现场条件无法使吊装设备进入，加之桥面条石重量较大（重量可达5吨），现场施工队利用开挖基础时的堆土，采用传统滑滚拖拉方式使桥面条石

① 图6-22 新址桥墩砌筑
② 图6-23 上部石构件归安

①

②

①

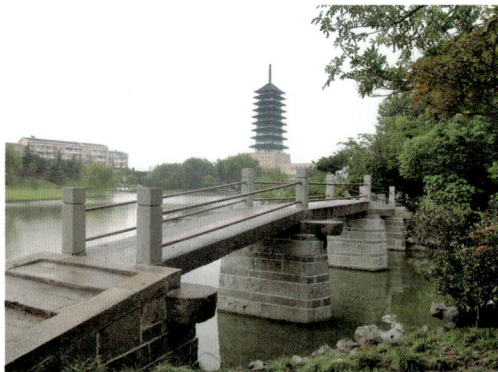
②

归安。对断裂的桥面板进行了原样更换,同时根据桥面遗存的槽口,对望柱、栏杆进行了补配恢复(见图6-24)。

如图6-25所示为修缮后的宝善桥。

① 图6-24　望柱和栏杆补配修复
② 图6-25　宝善桥修缮后现状

6.3　奉贤区大同桥

1. 古桥简介

大同桥,位于奉贤区柘林镇胡桥老街中市,南北走向跨横泾河,始建于清宣统元年(1909)。该桥为单跨石平梁桥,全长16.20米,宽2.33米,高3.80米,跨度为5.25米,如图6-26所示为修缮前的大同桥。

大同桥两侧桥堍山花墙由金山石条石砌筑,桥面板由四块金山石并铺而成。桥上栏板为花岗岩,高0.54米,中跨栏板外侧刻有桥名"大同桥"。桥北望柱为花岗岩材质,南侧则被替换为水泥柱。南侧桥堍有金山石踏步11级,北侧为16级。桥额上有题刻"大清宣统元年建立",两端刻有卷草纹。桥洞两侧有楹联,字迹已不甚清楚(见图6-27)。图6-28所示为大同桥封顶时采用的石榫接口工艺。

大同桥的平面、立面、剖面如图6-29至图6-31所示。

①

②

③

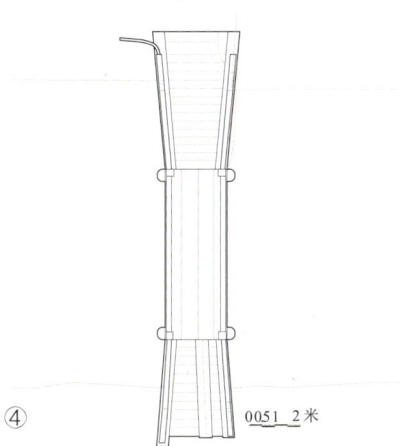

④

0 0.5 1   2 米

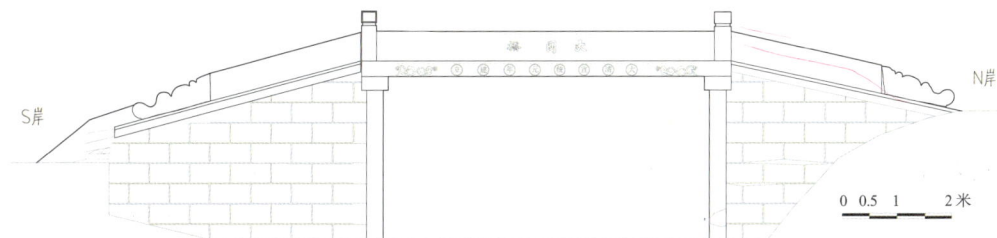

⑤

S岸   N岸

0 0.5 1   2 米

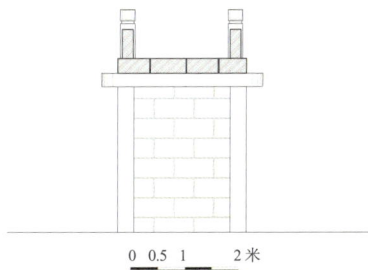

⑥

0 0.5 1   2 米

① 图6-26　修缮前的大同桥
② 图6-27　桥洞一侧楹联
③ 图6-28　石榫接口工艺
④ 图6-29　大同桥平面图
⑤ 图6-30　大同桥立面图
⑥ 图6-31　大同桥剖面图

2. 保存状况

大同桥整体外观原貌保存完整，无明显结构性病害。局部存在不当修缮及后期改造问题。

现存石构件表面风化较严重，桥额雕饰及楹联雕刻现已模糊不清。北桥堍西立柱距水面30厘米处出现断裂，东侧挡墙由于条石松动出现局部鼓凸。两侧桥堍踏步中间加设水泥坡道（见图6-32），桥面栏板外侧水泥修补，北桥堍立柱间由于砌筑石条缺失而以水泥填补（见图6-33），部分望柱走闪。此外还存在市政管线布置不合理的问题（见图6-34）。

① 图6-32 桥堍上加设的水泥坡道
② 图6-33 北桥堍桥柱间水泥填堵
③ 图6-34 市政管线的不合理布置

①

②

③

上海古桥保护研究

①

②

③

① 图6-35　落架修补桥堍
② 图6-36　踏步归安
③ 图6-37　施工中行人安全保障措施

3. 修缮方法

大同桥最近一次修缮完成于2013年。因为桥本身不存在严重结构性问题，故采用局部落架的方式进行修缮。

（1）首先对桥身进行清理，清除后期改建及不当修缮增加的水泥，接着依次对桥栏板、望柱、抱鼓石、踏步石、桥面条石进行拆卸，并对可继续使用的构件进行编号记录。

（2）因该桥两侧桥台未出现不均匀沉降，本次修缮施工未进行围堰排水，而是直接搭设脚手架和桥面托架开展施工。考虑到对桥梁构件的保护，脚手架没有直接固定于桥身。

（3）使用碳纤维棒加固方式，将北桥堍西立柱的断裂处进行连接，并在外面使用固封胶处理。并对局部鼓凸的挡墙进行拆砌，将缺失的挡墙金山石条进行补配，补充桥堍内碎石三合土，并予以夯实。如图6-35所示为落架修补桥堍。

（4）按照构件编号，依次归安桥面石、踏步、望柱、栏板和抱鼓石，并对桥身进行去离子水清洗。如图6-36所示为踏步归安。

（5）最后对桥身石材进行大麻刀月白灰全面勾缝，将灰缝塞实塞严，与石活勾平。要求勾缝须精细、均匀。

施工中还须注意工程安全，可设置屏障加以隔绝，保障过往行人安全（见图6-37）。

6.4 奉贤区保安桥

1. 古桥简介

保安桥,原位于奉贤区金汇镇齐贤社区南行村七组,东西走向跨洋泾河,始建于明正德十五年(1520),2004年被公布为奉贤区文物保护单位。

该桥为单孔石拱桥,横联分节并列式圆弧形拱券,桥长12.3米,宽2.9米,高4.3米,拱径为5.9米,青石砌筑,桥拱有花岗岩修缮痕迹。封顶的对口石与券板石采用凹凸榫连接(见图6-38),工艺精湛。龙筋石上面的正中券板石和天盘石、拱券顶部的伏券石上皆雕刻有云纹图样。桥心石上雕刻有水纹图样。

拱券顶部伏券石中部题刻有"保安桥"字样,南侧已断裂为三块,北侧仅余一半的桥额石。相传海瑞到过此地,"保安桥"三字即为海瑞当时书写。

如图6-39至图6-42所示为保安桥的平面、立面、剖面图及修缮前的保安桥。

① 图6-38 对口石
与券板石的凹凸
榫细部
② 图6-39 保安桥
平面图
③ 图6-40 保安桥
立面图

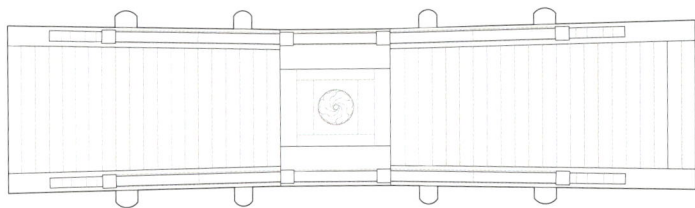

② 　　　　　　　　　0 0.5 1　2米　↑北

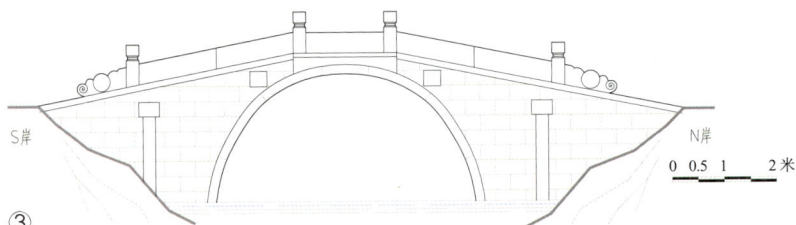

S岸　　　　　　　　　　　　　　N岸

0 0.5 1　2米

③

上海古桥保护研究

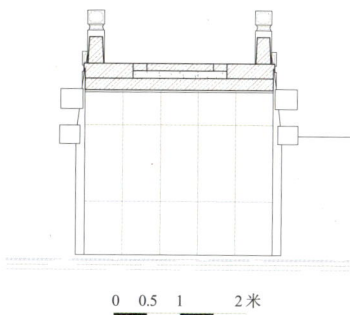

① 图6-41　保安桥
　　剖面图
② 图6-42　保安桥
　　修缮前
③ 图6-43　桥额石
　　断裂
④ 图6-44　露出的
　　龙头石和楹联石

2. 保存状况

保安桥修缮前保存状况较差，桥额石断裂（见图6-43），桥上部千斤石、望柱、栏板、踏步石等构件大部分缺失，部分散落在周边草丛。

东侧桥堍挡墙上部坍塌，灰土缺失，露出天盘石和楹联石（见图6-44），并有倾斜与走闪现象。拱券下部龙筋石端部碎裂，拱券东侧南面券板石断裂、松动走闪，桥体出现结构安全性问题。

整座桥被植物覆盖，两侧桥堍长满杂草，翅墙两侧有小型乔木生长。

3. 修缮方法

保安桥曾于2007年进行修缮，本次修缮采用了局部落架方式，主要解决结构安全隐患，修复桥面，在最大限度保护保安桥文物价值和历史风貌的基础上进行最小干预的保护修缮。

（1）施工前，对基础进行了探查，基础没有出现明显的不均匀沉降，故而本次未采取围堰方式进行施工。

（2）落架施工中拱券托架需要按照拱券形状特制，拱券石与托架接触中间有托木承接，脚手架不直接接触桥身。

（3）对桥面上部构件及券板石进行拆卸、清理并编号。如图6-45所示为拱券落架后施工队拆卸券板石。

（4）更换断裂的伏券石、券板石及碎裂的龙筋石，补配缺失的石构件，校正倾斜歪闪的天盘石与对联石，按照构件编号及记录，对所有构件进行原位归安。为了保证券板石之间结合紧密、稳定牢固，使用砂浆对石材缝隙进行了黏结。

（5）对山花墙进行补砌（见图6-46），并填充内部碎石三合土，夯实后于顶部铺设100毫米1∶1水泥砂浆找平，在上部进行桥面、望柱、栏板、踏步的恢复（见图6-47至图6-49）。最后对桥身石材进行大麻刀月白灰全面勾缝。

如图6-50所示为修缮后的保安桥。

①

②

③

① 图6-45　拆卸券板石
② 图6-46　山花墙砌筑
③ 图6-47　桥心石安装

① 图6-48　踏步石安装

② 图6-49　抱鼓石和栏板安装

③ 图6-50　修缮后保安桥全景

6.5　奉贤区继芳桥

1. 古桥简介

继芳桥,俗称为"糖桥",原址位于奉贤区光明镇东街,始建于明万历六年(1578),光绪《重修奉贤县志》记,(此桥)明万历四十七年(1619)重修。

1978年开凿金汇港时,继芳桥被泥土填没,仅桥顶仍露出地面,"继芳桥"三字尚可辨认,后桥顶部被压在厂房下,一座围墙压于桥顶（见图6-51）。2004年此桥被公布为区级文物保护单位。2005年9月经市文物专家多次讨论和实地考察后，决定将继芳桥迁移至青村镇西市河文星桥处。

今继芳桥位于青村镇东街，东西走向跨和尚塘。此桥为三孔石拱桥，桥长近30.0米，宽2.6米，高近5.0米，共有石阶42级；中孔最大，直径为6.6米，左右二孔略小，直径约3.5米。

继芳桥建造工艺精湛，采用凹、凸榫，对接严密，桥身雕刻精致（如图6-52所示为桥心石纹样），具有较高的艺术价值，是奉贤区石拱桥之冠。

继芳桥平面、立面、剖面图如图6-53至图6-55所示。

①

②

① 图6-51　被压在厂房下的继芳桥
② 图6-52　桥心石纹样

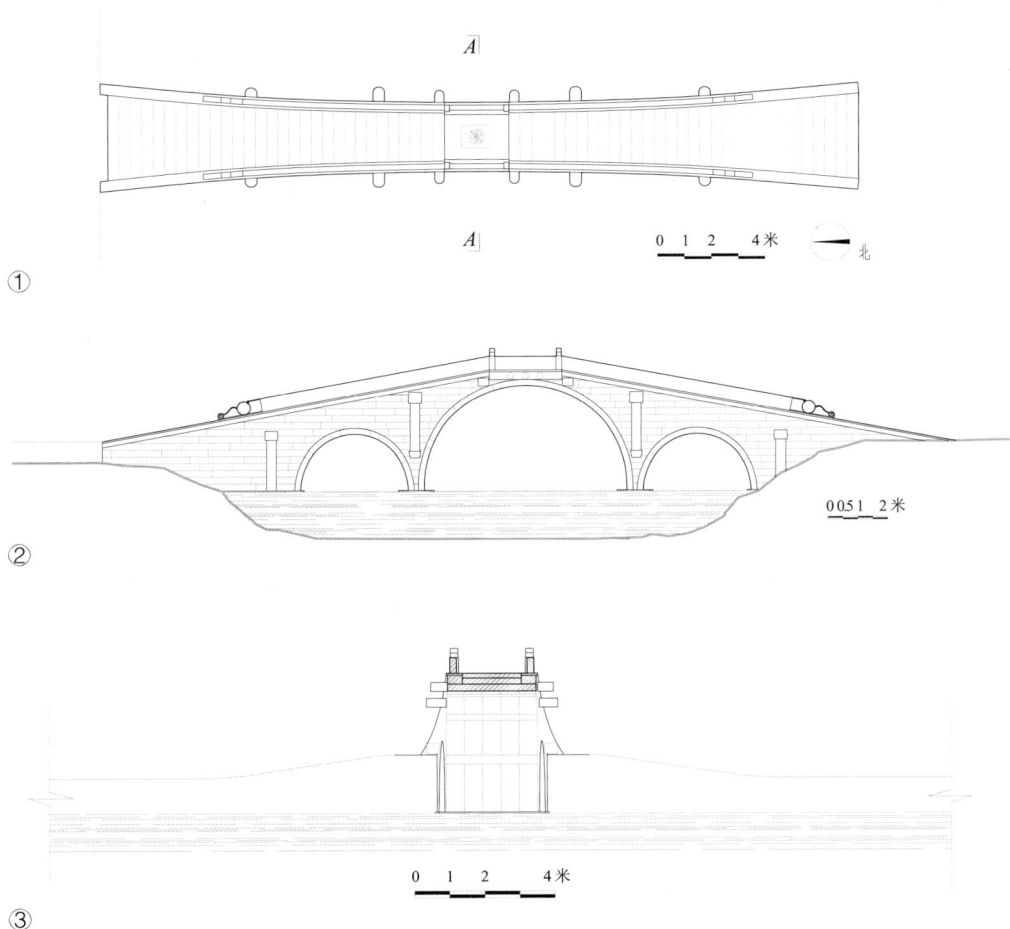

①

②

③

A

A

0 1 2　4米　——北

0 0.5 1　2米

0　1　2　　　4米

① 图6-53　继芳桥
　平面图
② 图6-54　继芳桥
　立面图
③ 图6-55　继芳桥
　剖面图

2. 保存状况

迁移修缮前勘查发现，继芳桥桥身被泥土填没，上面有厂房围墙压置。现场挖掘时，桥体出现较明显不均匀沉降，桥墩、水盘石、盖桩石有较大程度不均匀沉降，西侧桥墩沉降尤其明显，有超过30厘米的沉降值。

桥身整体向西倾斜，拱券变形、开裂、残损（见图6-56），局部券板石断裂脱落。桥额有明显裂缝。望柱、天盘石、踏步石、券板石等均有不同程度的损坏。挖掘现场还发现了继芳桥原有抱鼓石（见图6-57）。

3. 修缮方法

继芳桥于2005年完成修缮与迁移，移址重建情况如下：

（1）施工开始后，首先对继芳桥现场进行发掘与清理，拆除桥身上部厂房围墙，开挖填埋桥身的泥土直至基础，并于现场及周边环境内找寻散落的桥梁构件，如望柱、抱鼓石、栏板、踏步石等。

（2）对桥身构件进行落架编号，并对构件表面进行清理。

（3）根据迁移新址的地勘报告，对桥梁基础进行设计。如图6-58所示为现场做混凝土木桩桩基础。采用传统圆木桩基，上部浇筑500毫米钢筋混凝土承台，桩顶需深入承台底板100毫米。承台上部浇筑150毫米厚混凝土垫层，上部砌筑桥墩（见图6-59）。

（4）按照迁移前原状搭设脚手架及木拱券以便于架设拱券（见图6-60），按照落架编号和桥梁原状，由下至上安装券板石、龙筋石，完成拱券砌筑，将天盘石及对联石原位归安，砌筑山花墙、两侧桥台翅墙，桥梁内部填充并夯实碎石三合土。

（5）对桥面缺失的石构件如踏步石、望柱、抱鼓石和栏板等，按照历史原貌进行复原（如图6-61所示为柱头的复原），并于桥北增设1.8米宽引桥坡道（见图6-62），坡道采用金山石铺装以便与桥梁整体协调。

修缮后的继芳桥全景如图6-63所示。

①

②

③

① 图6-56 拱券上的裂缝和残损
② 图6-57 继芳桥原有抱鼓石
③ 图6-58 现场做混凝土木桩桩基础

①

②

③

④

⑤

① 图6-59　桥墩砌筑　　　③ 图6-61　柱头复原　　　④ 图6-62　修缮后引桥处理
② 图6-60　拱券砌筑　　　　　（a）原有青石望柱柱头　⑤ 图6-63　修缮后继芳桥全景
　　　　　　　　　　　　　　　（b）修缮后添配柱头

6.6 嘉定区太平永安桥

1. 古桥简介

太平永安桥,又名察院桥,因明成化十三年(1477)桥北埂设有都察院行台而得名。此桥位于嘉定镇法华塔西侧察院弄,南北走向跨练祁河。

该桥始建年代已不可考,桥身的青石拱券据考证为明代遗存。清乾隆二十八年此桥(1763)重修,时南、北均有台阶踏步;1949年修缮时桥面改为现弹石路面。2000年11月太平永安桥被公布为嘉定区文物保护单位。

太平永安桥为单孔石拱桥,桥长10.0米,宽3.6米,桥孔跨径4.7米,矢高2.2米,桥身由花岗岩和青石组成。

如图6-64、图6-65所示为修缮前的太平永安桥及其上桥额、桥耳;图6-66所示为桥上一望柱柱头的雕刻。图6-67至图6-69所示为太平永安桥的平面、立面、剖面图。

图6-64 修缮前的太平永安桥

① 图6-65 太平永安桥桥额及桥耳

② 图6-66 望柱柱头雕刻

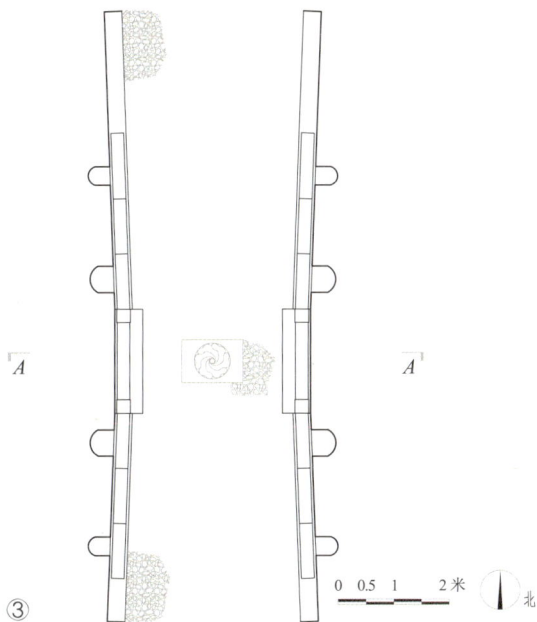

③ 图6-67 太平永安桥平面图

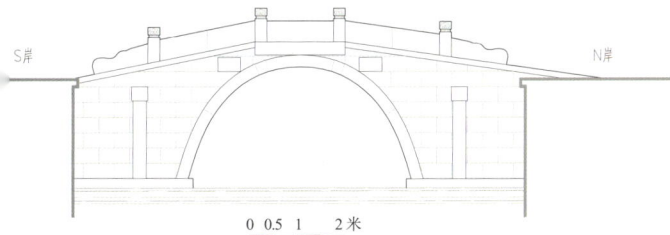

④ 图6-68 太平永安桥立面图

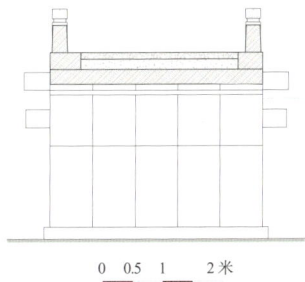

⑤ 图6-69 太平永安桥剖面图

2. 保存状况

勘查时发现,太平永安桥经过多次历史修缮,桥身存在多次修缮痕迹,又因年久失修,存在较为严重的病害残损情况,龙头石出现松动断裂,桥身有明显的不均匀沉降。桥梁多处石构件缺失,龙头石、楹联石出现断裂缺损(见图6-70),石材表面出现较为严重的风化现象。弹石桥面破损(见图6-71)。

东、西两侧山花墙受植物生长树根影响,出现局部鼓闪,拱券也发生变形(见图6-72),结构安全性较差,影响桥梁正常使用。

3. 修缮方法

太平永安桥在2007年采用了局部落架的方式(见图6-73)进行修缮:

(1)施工时,在河道中搭设拱券托架(见图6-74),使每一块券板石有托木托实,每个支撑点支实,确保拱券的压力均匀。搭设脚手架对石桥形成全面支撑,确保文物安全。

(2)清理桥身、桥面植物、杂物后,对桥面石构件进行落架并编号。

(3)清除石活中石灰糯米灰,逐块地拆卸并检查每一块龙筋石、券板石、

①

②

③

① 图6-70 断裂残损的楹联石
② 图6-71 弹石桥面破损
③ 图6-72 拱券受植物生长影响出现鼓闪、变形

龙头石、天盘石、对联石以及局部鼓凸的翅墙石条。

（4）根据基础勘查的情况，加固因沉降而松动的水盘石，券板石与桥台连接处石塞牢固，砂浆捣实。如图6-75所示为施工人员现场夯实桥台填土。

（5）券板石按照构件编号进行拼装，拼接处每道榫卯仔口连接紧密，每排券板石之间用砂浆黏结紧密（见图6-76）。

（6）龙头石原位归安并用铁件固定，接缝灌实砂浆，局部拆卸的翅墙石条按照编号归安，缺失的对联石，用相同石料添补，并与天盘石上下用榫卯固定。

① 图6-73 落架移除桥面
② 图6-74 拱券托架
③ 图6-75 夯实桥台填土
④ 图6-76 砂浆黏结加固拱券

①

②

③

④

（7）桥身填充碎石三合土，并于桥面将有编号的望柱、栏板、抱鼓石等构件进行原位归安。砌筑拱券时安置桥心石并按修缮前弹石路面原状恢复桥面（见图6-77）。

如图6-78、图6-79所示为2007年修缮完成后的太平永安桥及2019年该桥的保存状况。

① 图6-77 恢复原有弹石路面
② 图6-78 2007年修缮完成后的太平永安桥
③ 图6-79 2019年太平永安桥保存状况

①

②

③

6.7 青浦区麟趾桥

1. 古桥简介

麟趾桥,俗称金家桥,位于青浦区香花桥街道金米村,东西走向跨大盈港,始建于清康熙年间,嘉庆年间重建。1994年8月此桥被公布为青浦县文物保护单位。2001年5月被列为区级文物保护单位。

该桥为单孔石拱桥,全长27.2米,两侧桥堍宽4.3米,桥中宽为2.3米,横联分节并列圆弧形拱券,拱径9.9米,矢高5.17米。拱券、部分仰天石和部分山花墙由青石砌筑,龙筋石、对联石、踏步石和部分山花墙由花岗岩组成。如图6-80所示为修缮前的麟趾桥。

桥南楹联刻有"建百千年功德,正逢乌鹊迎秋;通亿万人往来,遥看几江鹰水",北联因风化较严重,现文字已模糊不清。据查,桥北楹联刻的是"地近孔林,两坪弦歌敦风化;泽流赵浦,万年济渡颂平康"。楹联下部雕刻有莲花图样(见图6-81)。桥心石也有雕刻装饰(见图6-82)。

如图6-83至图6-85所示为麟趾桥平面、立面、剖面图。

图6-80 修缮前的麟趾桥

①

②

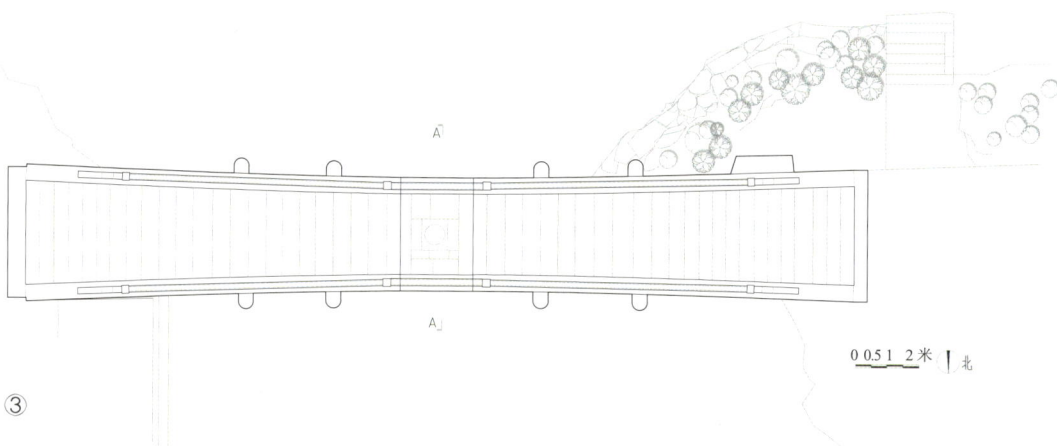

③

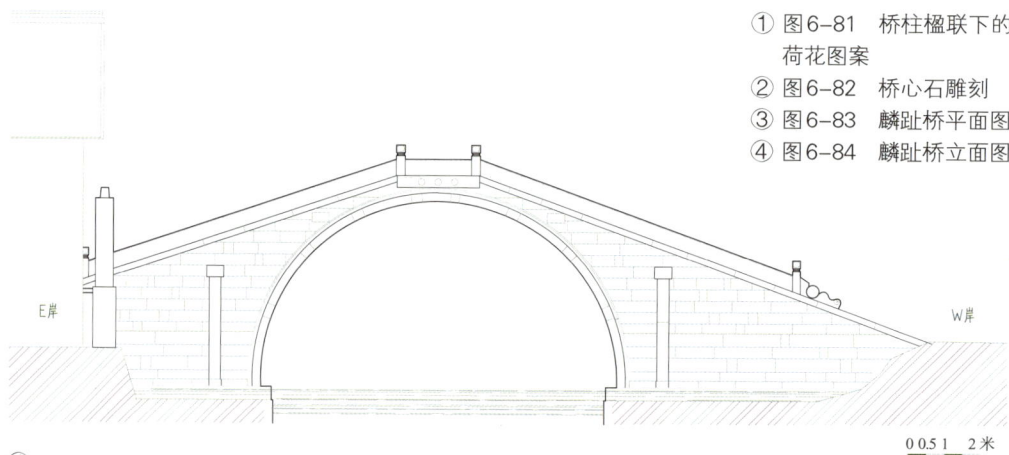

④

① 图6-81　桥柱楹联下的
　　荷花图案
② 图6-82　桥心石雕刻
③ 图6-83　麟趾桥平面图
④ 图6-84　麟趾桥立面图

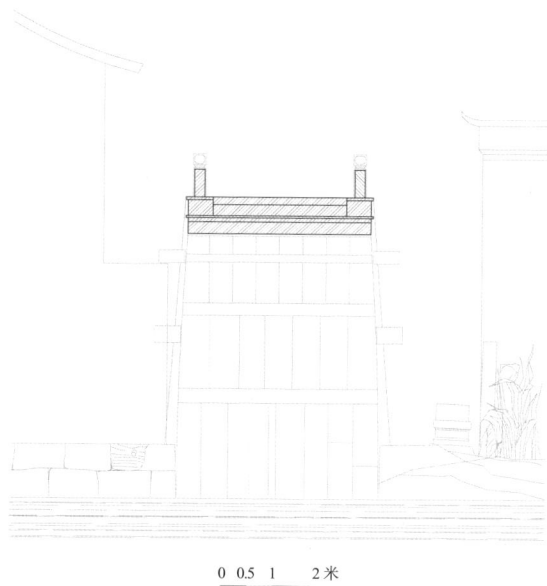

图6-85 麟趾桥剖
面图

0　0.5　1　　2米

2. 保存状况

由于麟趾桥横跨水上要道"西大盈港",因而多次被往来运输的船只撞击,出现了较为严重的损毁情况。2005年5月,该桥被一艘重300吨的铁驳船撞击,第一排拱券石整体向南错位,拱券变形严重,桥身扭曲,东南侧翅墙条石大面积坍落(见图6-86),桥体上部明显变形,桥面出现多处较大的裂缝,踏步石残损(见图6-87)。整座桥的结构经此遭到严重破坏,随时有倒塌的可能。经现场勘查后,有关机构决定对麟趾桥进行落架大修。

2008年4月中旬及2014年5月,麟趾桥再次遭到船只撞击,拱券、桥墩石由南向北移位20厘米左右(见图6-88),南、北桥联石断裂,南、北山花墙走闪,桥面踏步石开裂。经现场勘查后得出,需要对麟趾桥进行局部落架加固。考虑到撞击对桥体的影响,修缮时在石桥两侧加设了防撞钢架。

① 图6-86 麟趾桥东南侧翅墙条石坍塌

② 图6-87 被撞后变形、受损的桥面

此后，桥上加建了水泥坡道。

③ 图6-88 拱券石整体错位

②

③

3. 修缮方法

麟趾桥在2007年和2015年分别进行了一次修缮。2007年采用的是局部落架修缮的方式，主要过程如下：

（1）首先对桥基进行勘测，除桥墩部分条石存在残损，桥台灰土有流失现象外，未发现基础明显的不均匀沉降。因此，施工时对桥面、拱券的所有构件、天盘石、龙头石及部分翅墙条石进行了落架编号。如图6-89所示为拱券的落架拆卸。

（2）对构件进行清理、残损替换及缺失补配后，按照桥梁原状进行复原。

（3）按照龙筋石、券板石的编号及位置砌拱（见图6-90），天盘石、龙头石原位归安，补砌翅墙条石并补充桥身内碎石三合土，夯

① 图6-89 落架拆卸拱券

② 图6-90 重新砌筑拱券

③ 图6-91 整修砌筑山花墙
　　随后归安仰天石、踏步石。

实紧密后于顶部铺设100毫米厚的水泥砂浆垫层封顶，整修砌筑山花墙，按照原状对桥面仰天石、踏步石进行复原归位（见图6-91），并根据历史原貌对望柱、栏板进行了恢复。

（4）清洗整桥，全面打点勾缝，整修石活，灰缝塞实塞严，用大麻刀月白灰勾缝，使灰缝精细匀称。

（5）修缮后期在距桥两侧各2米的位置处设置了混凝土防撞墩。但因原有防撞墩出现了倾倒，且不能进行船只高度限制，故而留下了船只再次撞击的隐患。

2014年5月，麟趾桥再次发生严重撞击事故，主要问题表现在：船只碰撞处的券板石、龙筋石碎裂，撞击处券板石向对侧凸出，山花墙上部向撞击方向偏移，桥面踏步石与垂带石、栏板间缝隙加大。但桥基暂未发现不均匀沉降。针对这些状况，展开了相应的修缮措施：

（1）本次修缮设计前，通过摄影建模的方式就撞击对桥体造成的影响进行了仿真分析。方法是用无人机获取该桥的图像，建立三维模型（见图6-92），并通过有限元分析软件对桥的撞击进行模拟（见图6-93），得到危险程度的分布示意图并模拟桥体受撞变形的情景，对桥体倾斜、位移程度进行了定量判断（见图6-94）。这为后期修复和加固提供了参考。

① 图6-92 照片建模
② 图6-93 软件模拟撞击试验分析

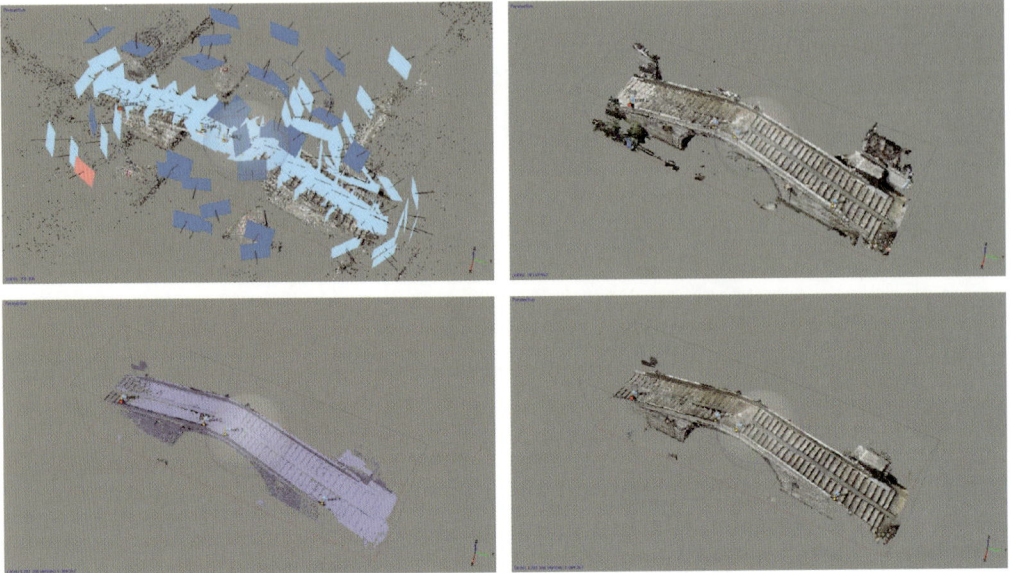

①

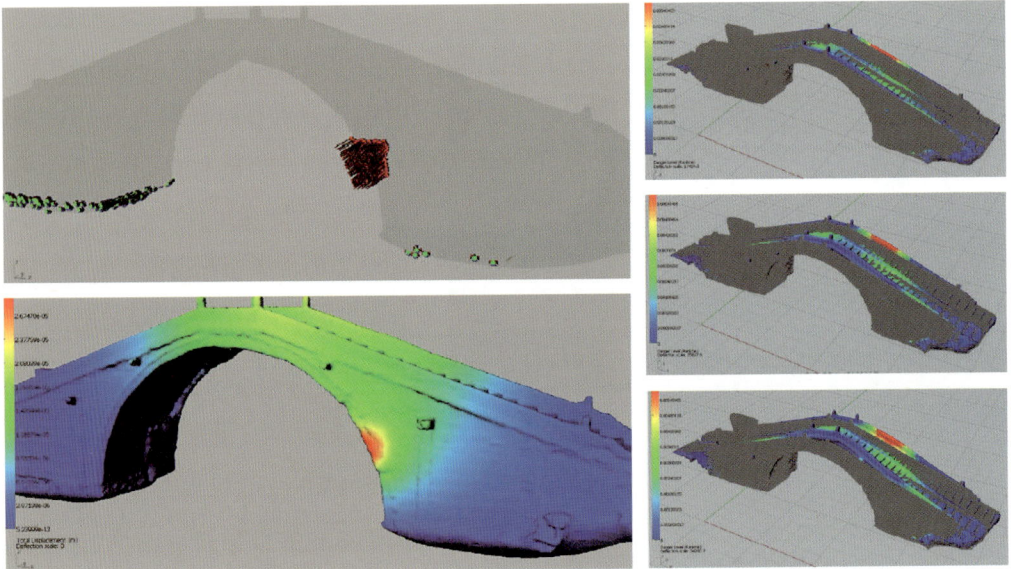

②

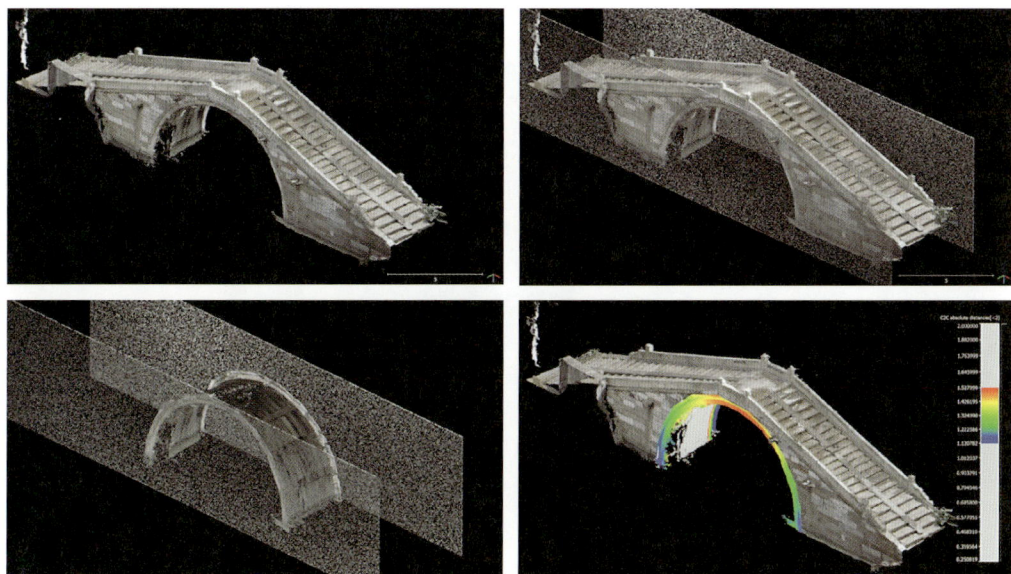

图6-94　模型分析通过颜色的不均匀分布，可以得到构件的整体偏移和倾斜程度的分布。

（2）对西侧桥堍进行局部落架处理，拆卸栏板、龙头石和局部翅墙条石。落架时需要考虑对称卸荷和加载，以确保拱券受力均匀和结构安全。

（3）使用不锈钢筋将断裂龙筋石进行连接加固，并采用环氧类黏结剂进行黏结，对鼓闪的山花墙进行拆砌归安，充填桥体内的碎石三合土，顶部铺设100毫米厚水泥砂浆垫层，桥面构件依次复原归位。

（4）最后在距原有防撞墩外侧各1米的位置处，建设新的钢筋混凝土双拱桁架结构防撞设施，满足限宽与限高的要求。同时，在双拱桁架外边缘向两侧延伸15米处分别设置电子声光预警系统，并在河流沿线适当位置树立限航警示标志牌。

本次修缮完成后，麟趾桥（见图6-95）再未发生过船只撞击事件。

如图6-96、图6-97所示为麟趾桥二次修缮施工设计图及拱券、龙筋石的具体修缮方案图。

① 图6-95　修缮后的麟趾桥
② 图6-96　麟趾桥二次修缮施工设计图
③ 图6-97　拱券、龙筋石具体修缮方案图

①

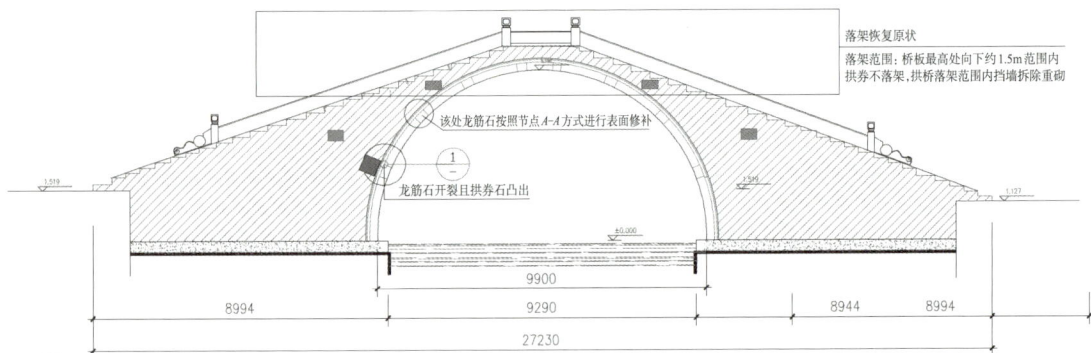

落架恢复原状

落架范围：桥板最高处向下约1.5m范围内拱券不落架,拱桥落架范围内挡墙拆除重砌

该处龙筋石按照节点A-A方式进行表面修补

龙筋石开裂且拱券石凸出

9900

8994　　9290　　8944　　8994

27230

②

剖面图

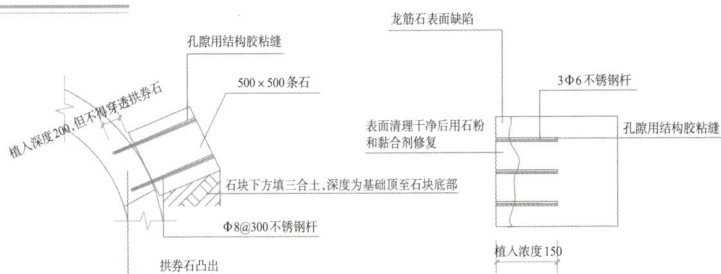

植入深度200,但不得穿透拱券石

孔隙用结构胶粘缝

500×500条石

龙筋石表面缺陷

3Φ6不锈钢杆

表面清理干净后用石粉和黏合剂修复

孔隙用结构胶粘缝

石块下方填三合土,深度为基础顶至石块底部

Φ8@300不锈钢杆

拱券石凸出

植入浓度150

③

6.8 青浦区馀庆桥

1. 古桥简介

馀庆桥，俗称砖桥，位于青浦区练塘镇四农村，南北走向跨泗农港，始建于元末明初。

馀庆桥为三跨木梁石墩桥，长28.3米，宽2.76米，高3.0米，中跨跨径3.0米。该桥采用砖、木、石混合结构，立柱式桥墩，每墩各由两条长石柱并列而成，石柱上盖以桥帽石。桥帽石上凿有凹槽，上面密排五根楠木作为纵向托木，托木上，与托木垂直方向铺设木枋板，板上铺方砖，其上再砌小青砖作为桥面。桥面略呈弧状，两边无护栏。两端分别有23级和15级石阶，其中北坡又有东西向石阶数级。

此桥具江南地区元代桥梁的典型特征，2001年5月被公布为青浦区文物保护单位。因为馀庆桥在结构、构造和细部上都和金泽迎祥桥相似，所以当地人一直说馀庆桥和迎祥桥是一对"姊妹桥"。

如图6-98至图6-101所示为修缮前的馀庆桥及其平面、立面、剖面图。

图6-98　修缮前的馀庆桥

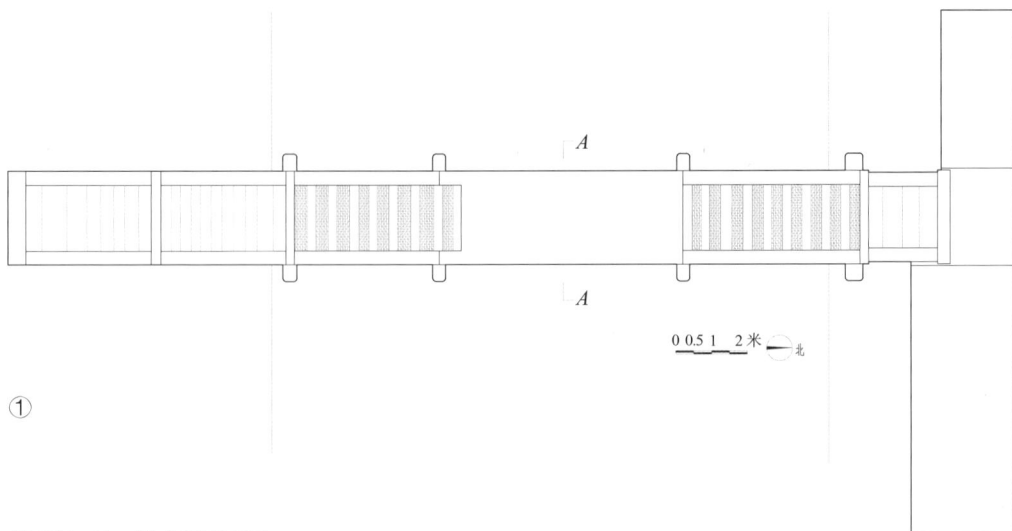

① 图 6-99 馀庆桥平面图
② 图 6-100 馀庆桥立面图
③ 图 6-101 馀庆桥剖面图

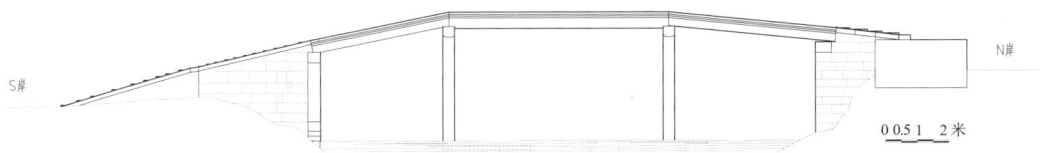

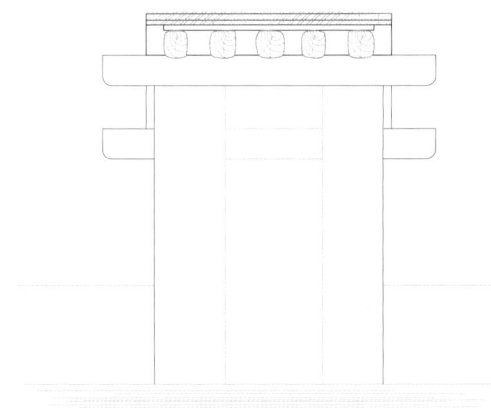

2. 保存状况

馀庆桥由于年代久远,构件老化现象较为严重,托木出现虫蛀朽烂现象(见图6-102),木枋板普遍朽烂,桥面青砖上浇有水泥砂浆,踏步石部分出现倾斜、塌陷、破损等问题,中间浇有水泥坡道(见图6-103)。桥身存在植物病害(见图6-104)。一侧桥墩加设了水泥引桥(见图6-105)。

①

②

③

④

① 图6-102　虫蚀、糟朽的木梁
② 图6-103　踏步石上覆盖了水泥
③ 图6-104　桥上植物病害
④ 图6-105　一侧桥堍的水泥引桥

3. 修缮方法

　　馀庆桥于2005年修缮完毕，施工前，对桥基进行了复勘，未发现桥基出现不均匀沉降现象，故而本次修缮采用局部落架方式进行。修缮方案如图6-106所示。

　　（1）首先对桥面上后期覆盖的水泥砂浆地坪及坡道进行清除，并对桥面望砖进行拆卸。

　　（2）望砖拆卸后，发现下面木枋板朽烂残损严重，托木梁也糟朽严重。鉴于此种情况，施工中对与桥帽石搭接槽口处朽烂严重的托木梁进行了更换，上部木枋板全部更换为松木材质同规格枋板（见图6-107），并于枋板上加铺一道防水卷材。另对两侧桥台翼墙进行拆砌归安，并补充灰土。图6-108所示为桥堍山花墙修复。

　　（3）于桥面卷材上恢复小青砖铺装（见图6-109），两侧引桥踏步石原位归安。

　　为了不影响周围居民生活，施工时在河道的一边搭设了临时通行的便桥（见图6-110）。如图6-111所示为2005年修缮竣工后的馀庆桥桥面。图6-112、图6-113所示为2019年馀庆桥桥面使用现状及馀庆桥现状。

① 图6-106　馀庆桥修缮方案
② 图6-107　木枋板修缮
　　拆除桥面青砖后对下面的木枋板进行修补、更换和防腐处理。
③ 图6-108　重砌修复桥堍山花墙

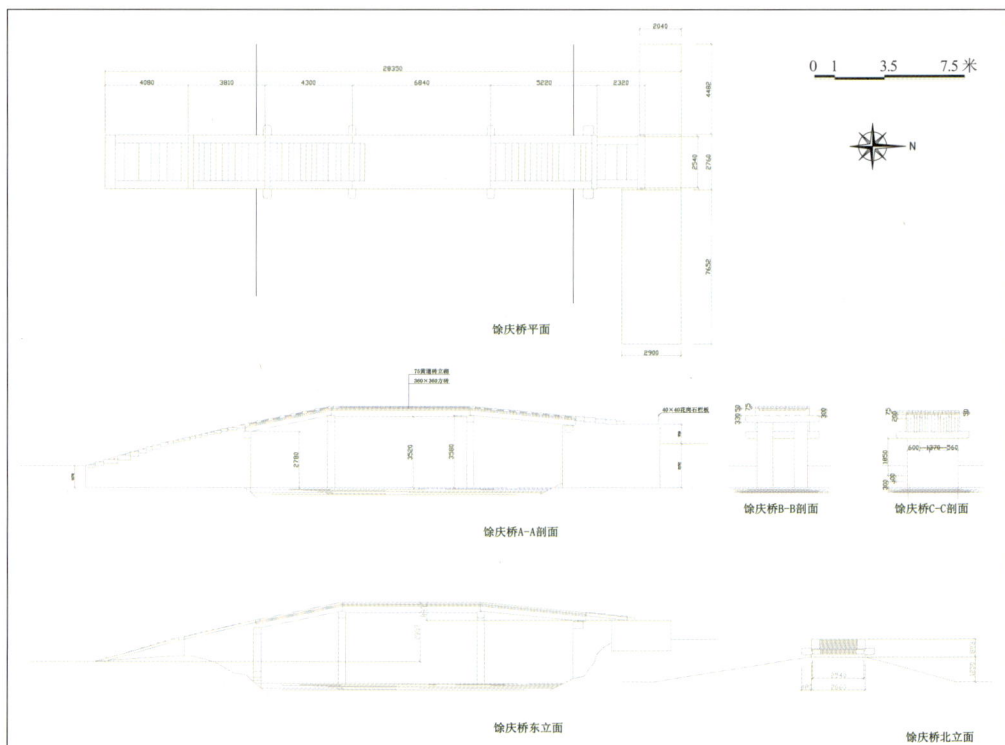

①

馀庆桥平面

馀庆桥A-A剖面

馀庆桥B-B剖面

馀庆桥C-C剖面

馀庆桥东立面

馀庆桥北立面

②

③

① ②

③ ④

⑤

① 图6-109　重新铺设青砖桥面
② 图6-110　临时通行便桥
③ 图6-111　2005年修缮竣工后的桥面
④ 图6-112　2019年馀庆桥桥面使用现状
⑤ 图6-113　馀庆桥现状

6.9 青浦区九峰桥

1. 古桥简介

九峰桥,旧名酒坊桥,位于青浦区朱家角镇小港村。相传由行脚僧募建,清乾隆三年(1738)建造,清乾隆四十二年(1777)重建,知县黄潼鲤为九峰桥题联"九峰秀列飞虹畔,三泖澜回古渡头""雁齿凌波宏利济,龙舸泛舟永安澜"。

该桥为三孔薄墩联拱石拱桥,横联分节并列式半圆形拱券,桥长34.54米,宽5.19米,中拱拱跨10.52米,矢高5.39米,两边拱拱跨为5.16米和5.30米,矢高2.76米。桥面石台阶北侧为23级,南侧为19级。如图6-114所示为勘查人员对修缮前的九峰桥进行勘查测绘。

桥身两侧各有素面龙头石一对,桥额石上刻有阳文楷书"九峯桥"三字,顶心石上刻有灵芝旋涡纹浮雕(见图6-115)。

图6-116至图6-118所示为九峰桥平面、立面、剖面图。

图6-114 现场勘查测绘

①

① 图6-115　桥心石
② 图6-116　九峰桥平面图
③ 图6-117　九峰桥立面图
④ 图6-118　九峰桥剖面图

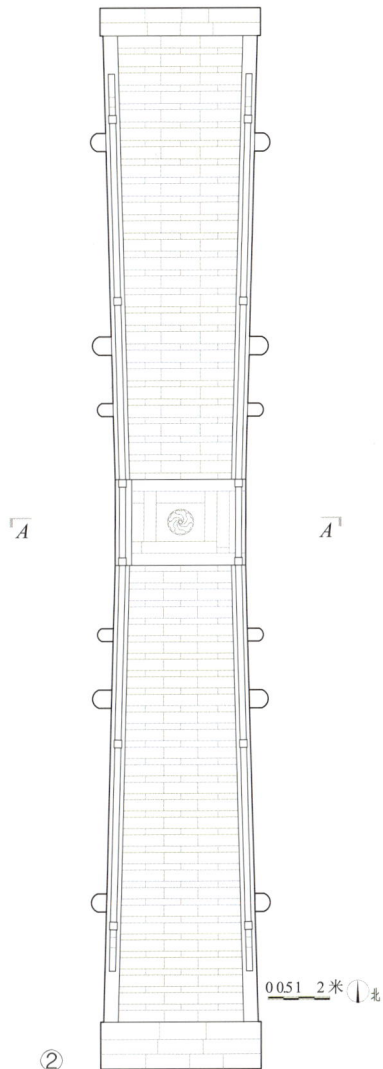

$\overline{A}$　　　　　　　　　　　$\overline{A}$

0 0.5 1　2米　↑北

②

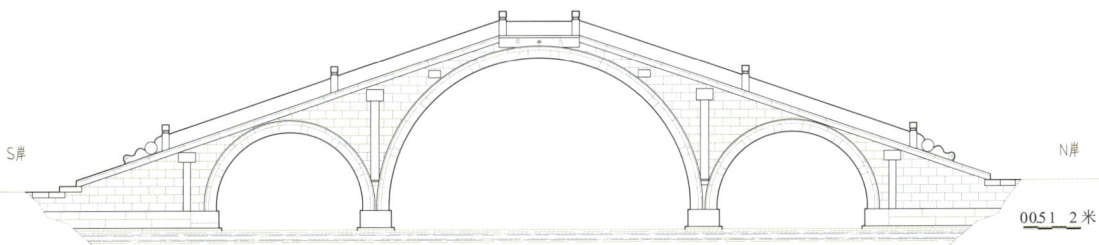

0　0.5　1　2米

④

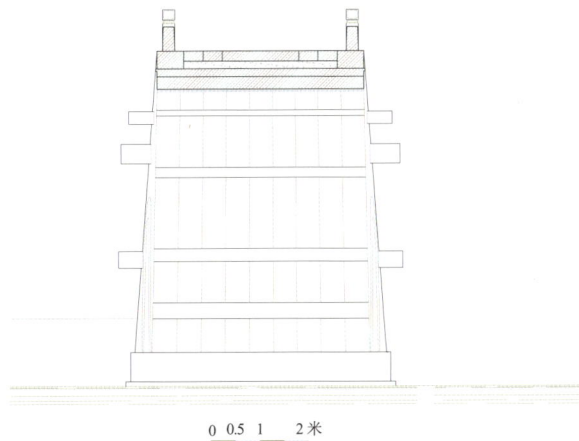

S岸　　　　　　　　　　　　　　　　　　　　　　　N岸

0 0.5 1 2米

③

2. 保存状况

由于年久失修，九峰桥整体残损情况较为严重。券板石局部风化残损（见图6-119），原石桥栏杆、望柱和抱鼓石已全部丢失（见图6-120）；仰天石仅留东南侧2/3为原物金山石，其余均为后补黄石。踏步石局部走闪、下沉，部分破损的地方用黄石进行了补修；山花墙局部鼓闪；部分桥墩石松动、缺失、断裂（见图6-121）。桥体还受生物病害、环境污染的影响（见图6-122），现状堪忧。

如图6-123所示为九峰桥航拍建模图。

① 图6-119 券板石残损风化
② 图6-120 栏杆、望柱、抱鼓石残缺
③ 图6-121 桥墩石松动、缺失或断裂
④ 图6-122 生物病害及环境污染
⑤ 图6-123 九峰桥航拍建模图

①

②

③

④

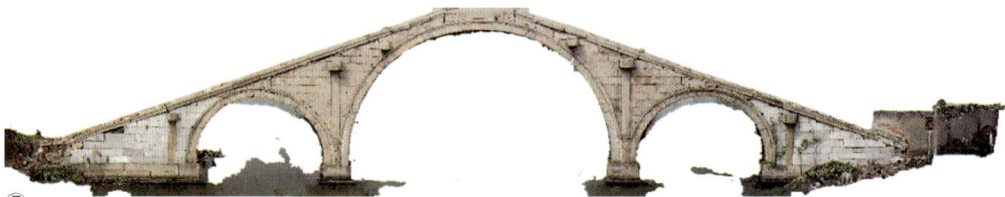

⑤

3. 修缮方法

九峰桥于2006年完成修缮（见图6-124）。在修缮时首先进行基础复勘，经现场勘查，没有发现桥墩基础有松动下沉的现象。为了确保文物建筑的安全，施工前又对桥基进行了围堰复勘，未发现桥墩基础存在不均匀沉降的现象，故本次修缮采用不落架的方式进行。

（1）检查备料：对九峰桥石构件进行逐件检查鉴定，残损严重的必须予以更换；根据需要更换的石构件形状，石材用花岗石，再按原样原工艺进行加工；同时对散落在桥两边河道中的石桥构件进行搜寻和打捞，并予以原位复原。搭设施工钢管脚手架时，为确保文物建筑、施工以及行人和船只的安全，封闭南北两端河道。

（2）在确保安全的前提下拆卸桥面构件：拆卸桥面仰天石和踏步石时，必须按方位分类进行编号（编号应写在石构件的侧、背面），集中保护管理，以避免造成损坏，且利于按原样复位。

（3）修补山花墙等：对山花墙进行修补加固，局部鼓闪的予以拆砌归安；同时整修加固对联石、龙头石和天盘石。

图6-124　修缮后的九峰桥

（4）桥面铺设：首先充填桥体内的三合土，予以夯实，面上10厘米厚1:1水泥砂浆封顶，找平；再将桥面上的构件按编号原位铺设归安，先铺设仰天石和踏步石，然后将踏步石和仰天石上后修补的黄石恢复为金山石；最后全面打点勾缝，用大麻刀月白灰将灰缝塞实塞严与石活勾平，勾缝须精细、均匀。因对桥面望柱、栏板恢复的依据不足，本着审慎的态度，本次修缮未对望柱、栏板进行复原。

6.10 青浦区迎祥桥

1. 古桥简介

迎祥桥，江南著名的元代桥梁，位于青浦区金泽镇南市梢，初建于元至元年间（1335—1340），明天顺六年（1462）重建，清乾隆三十三年（1748）修缮。

迎祥桥造型特别，为六柱五孔木梁架式平梁桥，桥全长约34.5米，桥墩跨度约24.5米，桥面宽2.45米，中孔跨径约6.4米，两侧跨径不一，约为4～5米。桥面铺青砖，无桥阶、无桥栏，属砖、石、木混合结构。

桥墩为青砖砌筑，两坡有踏级，河中立四组青石石壁柱，形成五跨。柱子顶面横置桥帽石，梁面琢有半圆形凹槽，以稳固地搁置楠木梁。梁所用楠木有着"千年不朽、万年不腐"的美名。楠木梁上铺设木望板，望板上再铺青砖，混合采用顺砌、丁砌、竖砌。灰缝采用石灰糯米拌浆，有一定的防水作用。

这种采用木梁搭接桥面的结构（见图6-125），类似于现代混凝土结构中的密肋梁结构，在大跨度的结构下，减小每根梁的受力与挠度。一方面，木料与石材相比具有一定的弹性，并且在受力变形及恢复能力上更为出色，同时木料比石材质量更轻，对于建立在软土地基上的桥梁，这能够减轻桥身重量，减小基础的受力与沉降。另一方面，能节约类似的大跨石材，经济性能更佳。当代桥梁专家称其为"连续简支"梁桥的鼻祖。

迎祥桥1979年5月被公布为青浦县文物保护单位，2014年4月被公布为上海市文物保护单位。受文物部门委托，笔者所在团队于2012—2014年对迎祥桥进行了测绘、病害勘查研究（见图6-126）及保护修缮设计。

如图6-127至图6-129所示为迎祥桥平面、立面图及迎祥桥桥墩立面图。

①

②

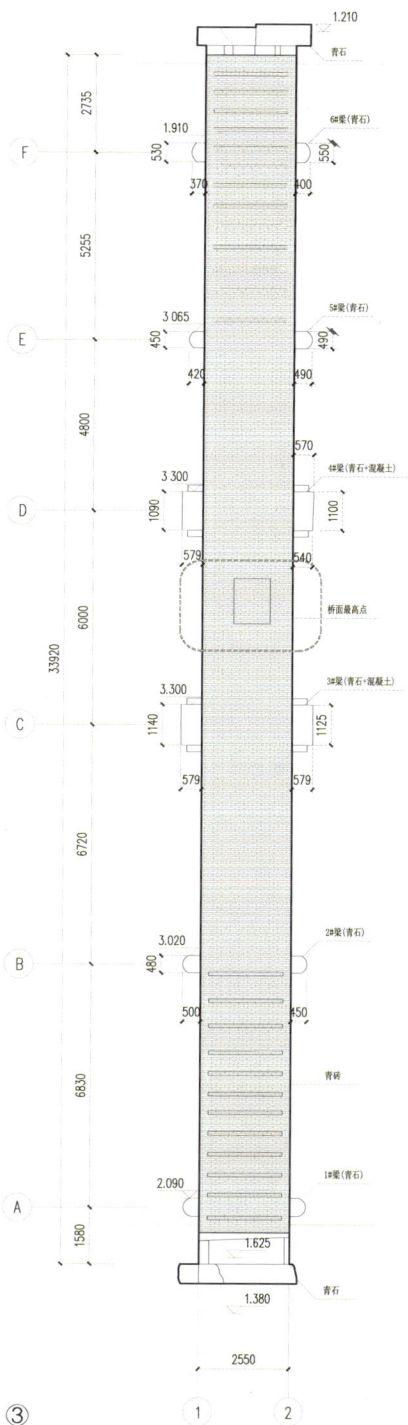

③

① 图6-125　木梁搭接桥面结构
② 图6-126　迎祥桥现场勘查测绘
③ 图6-127　迎祥桥平面图

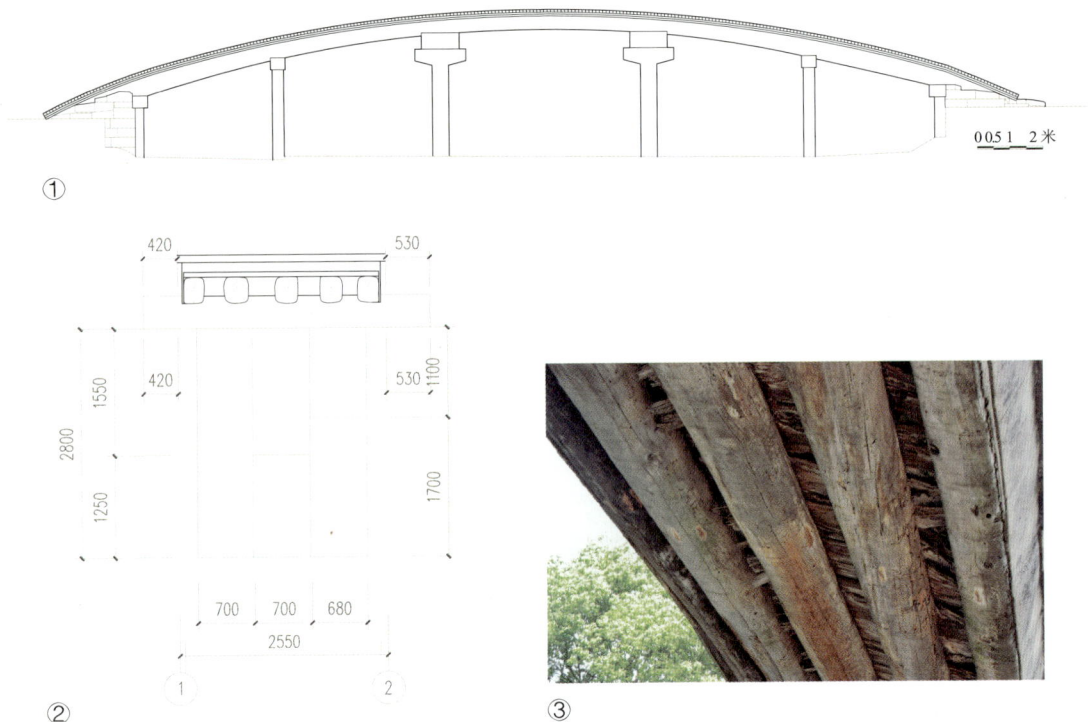

①

②

③

2. 保存状况

根据现场勘查发现，迎祥桥因年久失修，35%以上木望板已经脱落丢失或腐烂（见图6-130），局部青砖面层已外露并凌空搁置于木梁上，青砖面层塌陷并产生纵向裂缝（见图6-131），桥面存在严重安全隐患，已经无法正常通行使用。

此外，迎祥桥由于历经重建与修缮，局部木梁被杉木梁、美松木梁和柏木梁所替代。其余木梁虽采用千年不朽的楠木，但桥面底部环境潮湿，搭接处角落较为阴暗，使得楠木端部出现了一定程度的腐蚀现象。同时由于桥墩下土质不均，桥墩间存在较为严重的不均匀沉降，木材横、纵向受力特征迥异，进一步导致了木梁、桥面受力不均，致使木材沿纵向出现了一定程度的裂缝；石壁柱间受力、沉降不均匀，存在倾斜、横向裂缝及残损（见图6-132）。

① 图6-128 迎祥桥立面图
② 图6-129 迎祥桥桥墩立面图
③ 图6-130 木望板脱落或腐烂

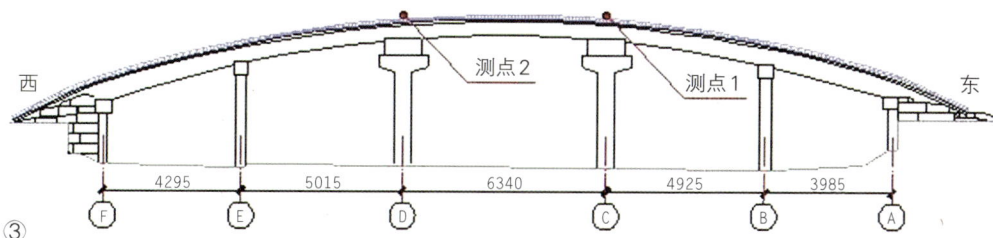

西 测点2 测点1 东

4295　5015　6340　4925　3985

Ⓕ　Ⓔ　Ⓓ　Ⓒ　Ⓑ　Ⓐ

① 图6-131 桥面
青砖面层塌陷、
开裂

② 图6-132 石壁
柱间存在裂纹或
残损

③ 图6-133 地脉
动检测点

为进一步分析形变桥面裂缝产生的原因与桥体整体形变情况，工作人员对迎祥桥进行了地脉动检测试验。如图6-133所示两处为地脉动检测点。根据观测数据（见表6-1）分析可知，桥梁整体刚度主要集中在石材桥墩上，桥面的木、砖结构刚度很弱；另外结构东侧的刚度低于结构西侧刚度，桥面东侧的损伤亦大于桥面西侧。

表6-1　实测标高与理论标高对应表

单位：米

位　置	水平坐标 X	标　高		差　值
		实测值	理论值	
桥墩F	0.000	1.910	1.925	-0.015
桥墩E	4.295	3.065	3.052	0.013
桥墩D	9.310	3.800	3.774	0.026
跨中	12.480	3.885	3.902	-0.017
桥墩C	15.650	3.800	3.774	0.026
桥墩B	20.575	3.020	3.069	-0.049
桥墩A	24.560	2.090	2.047	0.043

后工作人员又通过摄影建模,以桥东岸切线为X轴,Y轴与其垂直,采用轴线穿过南侧桥墩南立面中心的定位原则,分析出桥的偏移量,得出结论:桥面南高北低;最高点与最低点的高差在10厘米左右(见图6-134);桥中跨发生偏移(见图6-135);桥墩在水平方向上亦偏移明显(见图6-136)。

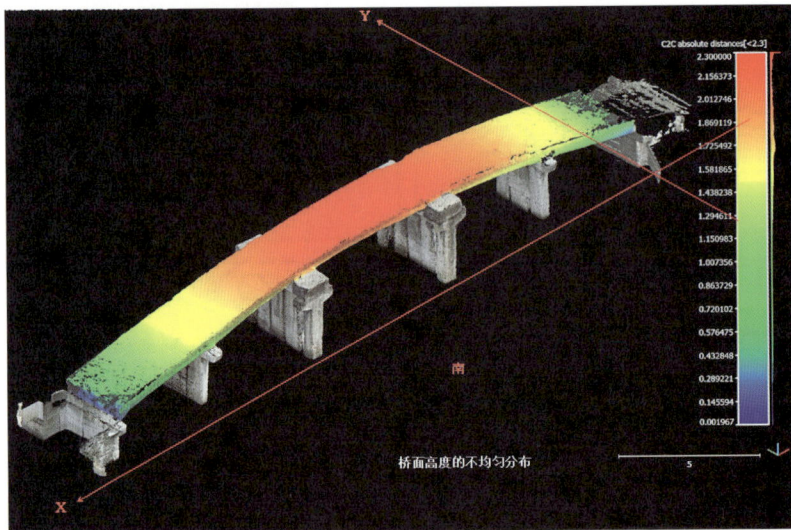

① 图6-134 桥面高度的不均匀分布

② 图6-135 桥中跨的偏移量

①

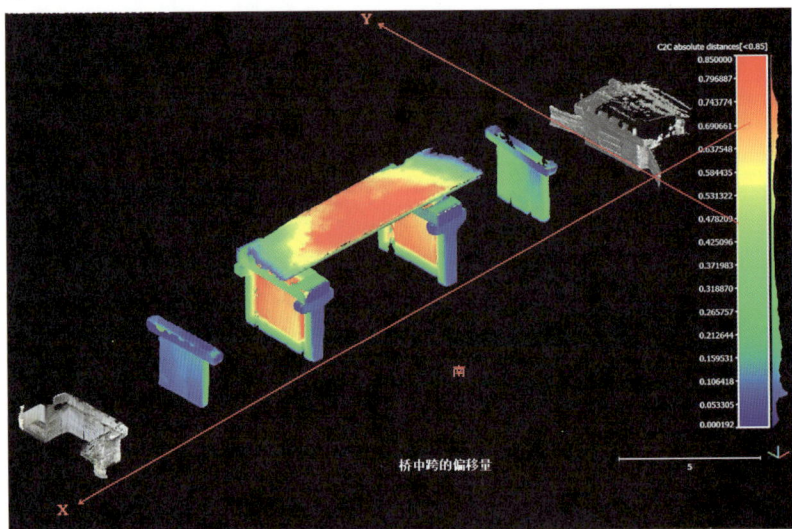

②

上海古桥保护研究

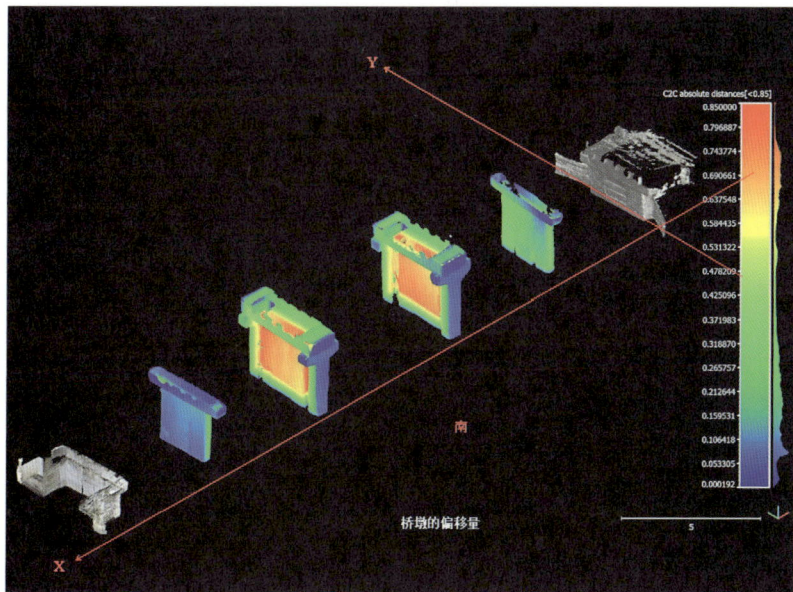

① 图6-136　桥墩的偏移量
② 图6-137　对楠木梁进行编号、测量

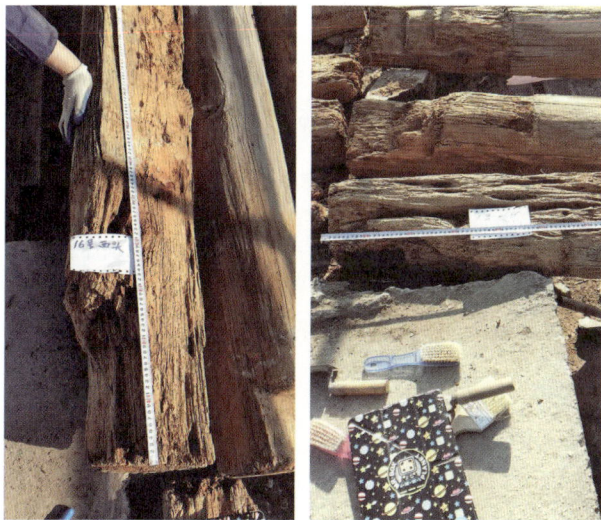

3. 修缮方法

迎祥桥于2014年修缮完毕，由于桥墩变形暂未影响结构安全，本次修缮仅对桥面进行了修缮。根据现场勘查结论并结合现场修缮工程中的桥梁残损情况，进一步明确修缮措施：

（1）为区分不同材质及不同尺寸的木梁，对木梁进行编号（见图6-137），编号方法如图6-138所示。糟朽的美松木梁（编号1、21、22）和翘曲的柏木梁（编号2）采用杉木替换。

① 图6-138 木梁编号示意图

② 图6-139 打铜箍2～3道加固裂缝

4毫米厚不锈钢抱箍

③ 图6-140 不锈钢抱箍示意图

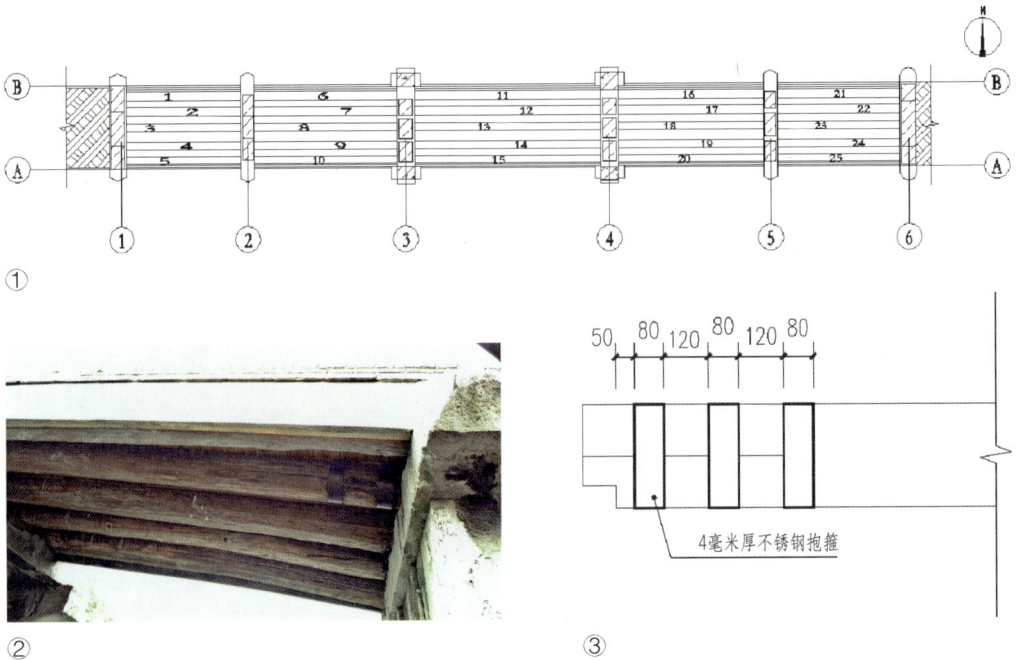

（2）凡是楠木梁不主张更换，木梁整修之后需涂刷木材保护剂进行防水、防腐保护，木材保护剂需按产品要求涂刷。

（3）木梁腐朽程度大于20毫米的，可采用包镶法处理，即先将梁头糟朽部分砍去，然后刨光，用新木料依木梁原有断面尺寸包镶钉牢，然后将梁头刨光、用不锈钢箍箍紧加固。

（4）糟朽严重的木梁采用多根4毫米厚不锈钢抱箍（见图6-139）。不锈钢抱箍的数量根据包镶长度酌情增减（见图6-140）。

（5）断裂桥帽石的修缮：清理桥帽石表面污物，在两断面中心用水钻开孔（孔径120毫米）；在桥帽石断面开直径30毫米的槽（槽长为上皮至中心孔的距离）；断面居中嵌入截面为160毫米×110毫米铸铁连接件；嵌入连接件前，应先灌入适量灌浆料。

（6）2轴桥帽石断裂段较长，需上部锚固10毫米厚不锈钢板进行拉结；不锈钢板宽同两侧木梁凹槽间距。如图6-141、图6-142所示为2轴桥帽石修缮示意图及修缮后的2轴桥帽石。

① 图6-141　2轴桥帽石修缮示意图

② 图6-142　修缮后的2轴桥帽石

③ 图6-143　重新铺设青砖面层

④ 图6-144　重新整修安装水磨方砖台口

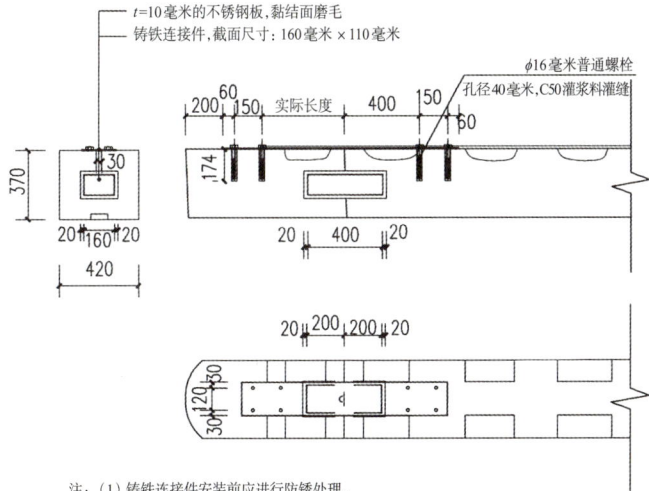

① 图6-141　2轴桥帽石修缮示意图

注：（1）铸铁连接件安装前应进行防锈处理。

（2）帽梁石裂缝注浆前应先将不锈钢管固定，确保胶浆黏结层厚度。

（3）注浆后须及时进行养护，胶浆强度达到70%后方可拆除帽梁石支护。

② 图6-142　修缮后的2轴桥帽石

④ 图6-144　重新整修安装水磨方砖台口

③ 图6-143　重新铺设青砖面层

（7）重新更换木望板并做防腐及防蛀处理；重新铺设青砖面层（见图6-143）用泥灰砌筑。

（8）重新整修安装水磨方砖台口（见图6-144）。台口砖安装示意图如图6-145所示。

如图6-146所示为修缮后的迎祥桥。

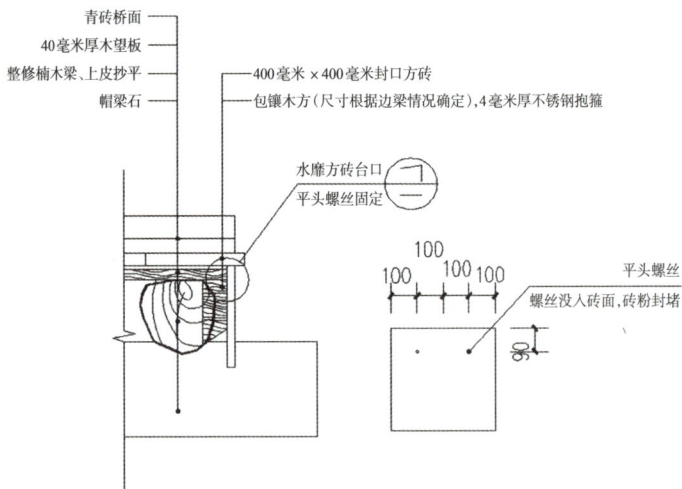

青砖桥面
40毫米厚木望板
整修楠木梁、上皮抄平
帽梁石

400毫米×400毫米封口方砖
包镶木方(尺寸根据边梁情况确定),4毫米厚不锈钢抱箍

水磨方砖台口
平头螺丝固定

100
100 100 100

平头螺丝
螺丝没入砖面,砖粉封堵

①

① 图6-145 台口砖安装示意图
② 图6-146 修缮后的迎祥桥

②

6.11 青浦区还清桥

1. 古桥简介

还清桥,俗称"北石桥",位于青浦区练塘镇金前村,东西走向跨北石浜,始建于明初,为三跨石平梁桥,紫色武康石材质。桥梁总长约17.11米,桥面板总宽2米,基础至桥面高度约为3.8米(见图6-147)。

该桥水盘石下夯木桩,上面架立壁柱,立壁柱上搁置桥帽石,上铺桥面板,桥面板下最初可能有托木。桥柱由三根条石并立构

① 图6-147　还清桥（2009年）

② 图6-148　还清桥桥面

③ 图6-149　2018年勘查时还清桥航拍图

① 图6-147　还清桥（2009年）

② 图6-148　还清桥桥面

③ 图6-149　2018年勘查时还清桥航拍图

成，东侧桥柱石立面有莲花等雕刻。桥梁石分为三段，中间段由三块长条石组成，两侧条石上雕有卷云纹；东、西两段分别由两块条石拼合而成，并在上面凿出一个个台阶（见图6-148），独具匠心。青浦区的古桥仅此一例。

此桥为典型元代风格的简支梁桥，2017年2月被公布为青浦区文物保护单位。

2. 保存状况

2018年勘察时发现，还清桥桥身已经完全坍塌，跨河两岸相距11.2米，多数部件散落河道中（见图6-149、图6-150），只有两岸桥

① 图6-150 散落在河道中的残损构件
② 图6-151 还清桥两桥堍
西桥堍立壁柱和桥帽石歪闪，可见桥帽石榫口。

堍尚在，但东桥堍残缺严重，面河的挡土墙、桥帽石以及立壁柱全部缺失，仅保留部分石砌侧墙。西桥堍相对完整，桥帽石、立壁柱均出现歪闪，挡土墙有局部生物病害（见图6-151）。

3.修缮方法

还清桥的修缮和加固方案是值得探讨的问题，要在尊重文物保护原则的基础上，恢复还清桥原貌，达到行人通行的目的。

经过综合考虑，专家认为针对还清桥新的结构体系选择体内锚杆隐形修复技术，是干预性最小、对原有形制的再现最有利的方式。这种在既有建筑的体内锚杆加固的新技术，能够有效解决既有建筑（尤其是历史文物建筑）结构加固过程中的难题：即加固过程中可以最大限度地保留原建筑的历史信息，以免对建筑的外观和历史风貌造成影响和破坏。具体技术可参见第5章中"内置锚杆加固"一节。

在施工中，尽可能利用了全部原有构件，按照原有形制装配复原还清桥，保证了最大程度地留下还清桥的遗迹。如图6-152、图6-153所示为计算机模拟的还清桥遗留构件分布情况及还清桥复原效果图。图6-154至图6-156所示为还清桥平面、立面、剖面的修缮方案图。

① 图6-152　还清桥遗留构件分布情况
② 图6-153　还清桥复原效果图
③ 图6-154　还清桥平面修缮方案图

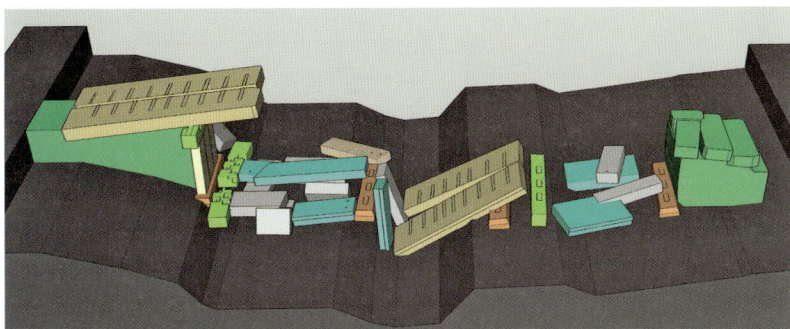

①

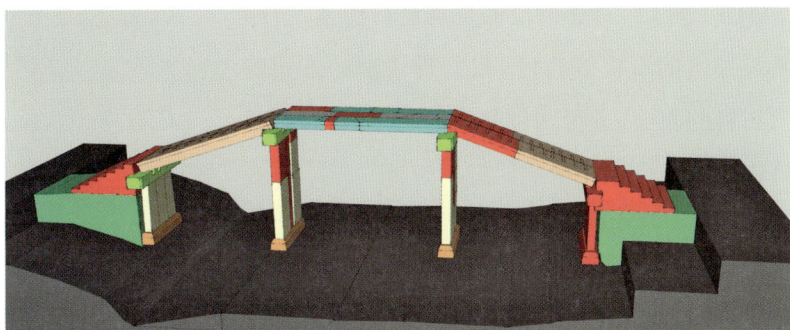

图例：

宽面板 □　帽梁石 ■　水盘石 ■　立壁柱 □　窄面板 ■

碎石板 ■　后补石料 ■

②

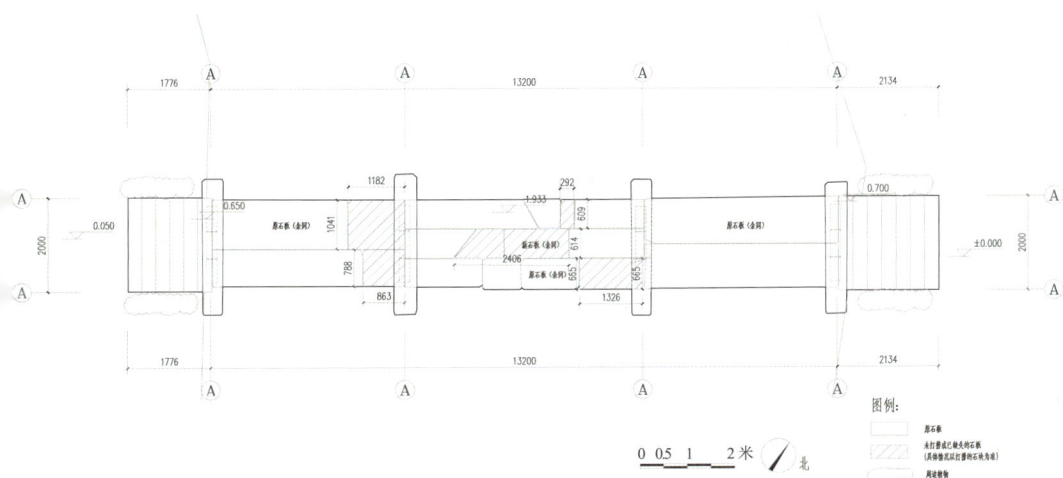

③

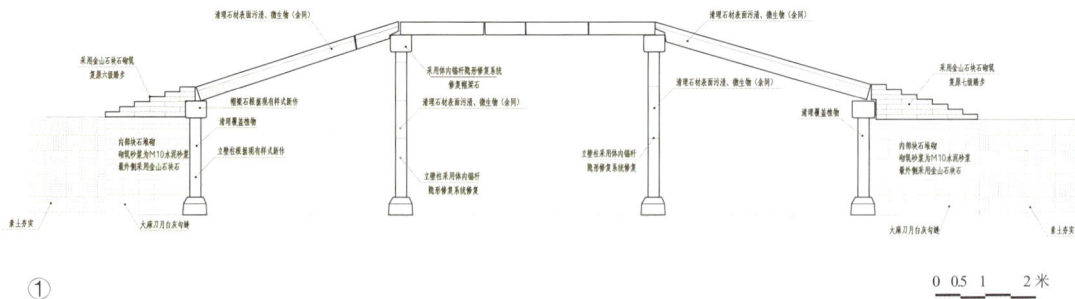

① 图6-155 还清桥立面修缮方案图

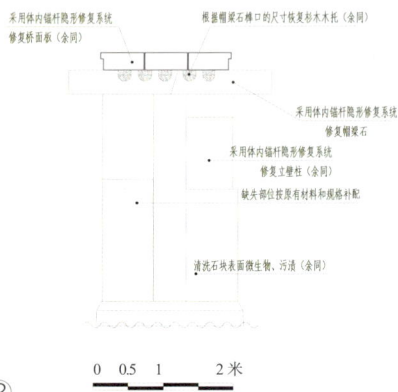

② 图6-156 还清桥剖面修缮方案图

（1）首先，对还清桥的现场进行清理，打捞断裂掉落的石板等构件，以物理清洗的方式刷洗石料的表面，进行构件复原的顺序编码，然后将构件有序堆放在桥梁原址河道处。

（2）按照图纸对桥墩石、桥帽石、桥面板进行钻孔（见图6-157、图6-158），钻孔时选用无应力、去芯钻机钻孔。钻孔的深度根据石料的长度在0.5～5米不等。

（3）通过围堰对基础进行复勘，确认无问题之后，将构件进行机械吊装，首先将桥墩石安置复位并用脚手架进行支护（见图6-159）。

③ 图6-157 断裂的桥墩石钻孔
④ 图6-158 桥面板钻孔

③

④

（4）锚杆加固施工。原材料检验无误之后，就开始进行锚杆施工。本次采用体内锚杆修复的石板包括桥面板（见图6-160）、桥立壁柱和桥帽石（见图6-161）三个主要部分。

① 图6-159 桥墩石复位后的脚手架支护现场
② 图6-160 体内锚杆修复的桥面板示意图
③ 图6-161 体内锚杆修复的桥帽石示意图

①

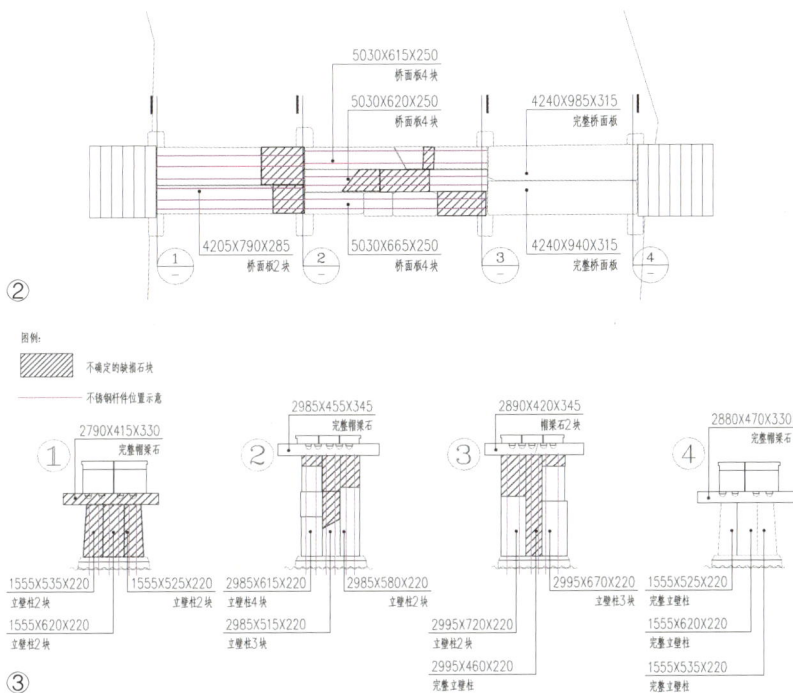

②

③

① 图6-162　施工现场的锚杆及衬套
② 图6-163　灌浆料搅拌

由于建筑体内锚杆系统是由穿设在柔性纤维衬套内的杆件（见图6-162）和高性能低收缩率的水泥基灌浆材料共同组成，在施工中，首先要对预留的孔洞进行提前湿润处理，将浆料按照特定的比例调配妥当，根据施工现场的情况，适当增减用水量。用搅拌器对桶内的灌浆料和清水进行充分的搅拌（见图6-163）之后，将获得光滑细腻的膏状浆料。

灌浆料在搅拌均匀之后需要静置5～10分钟（见图6-164），随后通过滤筛倒入压力罐并将压力罐罐压调至0.4兆帕，对锚杆的注浆管进行注浆。灌浆施工期间需要摇动压力罐搅拌棒匀速搅拌，防止灌浆料沉淀或凝固。如图6-165所示为桥面板灌浆施工。

转动锚杆可帮助前端的浆料流动，并确保金属杆件位于孔洞的中间位置。在确定孔口处衬套胀满并密实后，关闭控制阀，直到灌浆料停止流动并用合适的塞子密封注浆口。

采用海绵或者抹布吸收清理多余的浆料，由洞口或者裂缝处渗漏出来的浆料（见图6-166）用清水冲洗干净。锚杆灌浆完成的桥面板如图6-167所示。

①

②

③

④

　　由于钻孔时深度难免出现偏差,对多出的锚杆部分可在保证强度到达一定程度的前提下予以切除。随后进行桥帽石和桥面板的吊装。施工之前需要对桥面板的孔洞深度进行测量标记(见图6-168),并对相关裂缝用胶带进行一定的包裹处理,防止浆料过量溢出。施工中溢出的浆料须及时冲洗去除。

① ② ③

④

（5）在桥帽石及桥面板施工完成（见图6-169、图6-170）之后，等待约4～7天，待锚杆系统强度到达要求时再进行左侧桥面板的吊装。最后恢复桥帽石的孔洞，使其重现原始的面貌（见图6-171）。

① 图6-168　桥面板孔洞深度标示
② 图6-169　桥帽石原貌恢复
③ 图6-170　桥面板整体施工完成
④ 图6-171　整体施工完成的还清桥

6.12　青浦区汇福桥

1. 古桥简介

汇福桥，位于青浦区重固镇章堰村，建于清乾隆年间，章堰人习惯称其为"王家石桥"。桥额上刻有桥名"滙福橋"（汇福桥），为

圆底阳刻,另有阴刻花纹及年代"乾隆五十年"(1785)字样。

桥原傍河,东西向跨村中小溪流,为单跨石平梁桥,跨度约4米,桥面板由三块金山石组成,宽约1.4米。桥帽石挑出桥身,上有圆形卯口,推测石桥原有木望柱及栏杆。两侧桥堍均为石砌基础,大部分为青石,局部有金山石,其长度挑出桥身,石块端部圆头收边,桥堍比较平整。

2017年,汇福桥被公布为青浦区文物保护点。

如图6-172所示为修缮前的汇福桥。图6-173、图6-174所示为该桥的平面构件示意图及桥堍示意图。

① 图6-172 汇福桥修缮前
② 图6-173 平面构件示意图

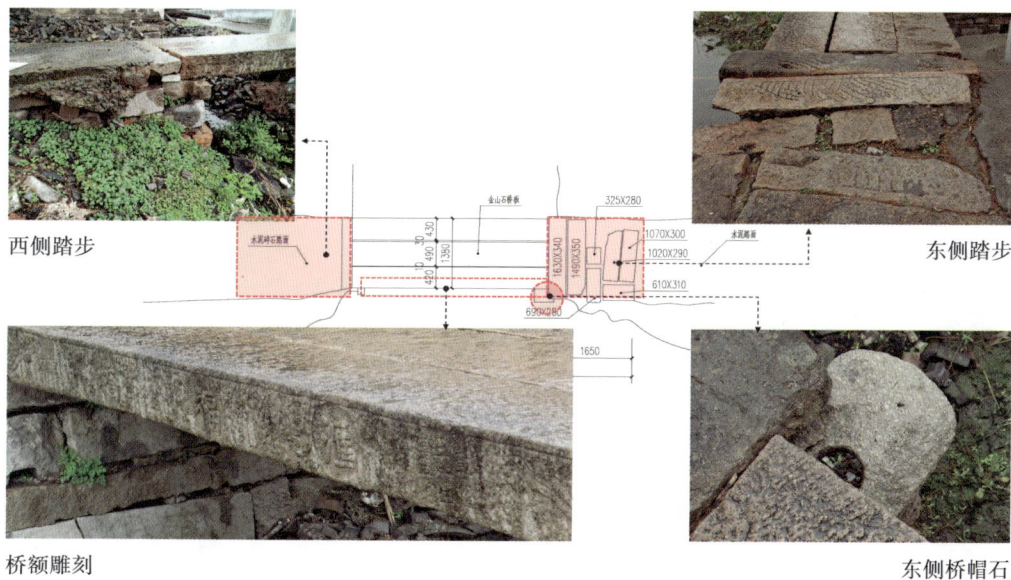

西侧踏步

东侧踏步

桥额雕刻

东侧桥帽石

②

西侧基础   东侧基础

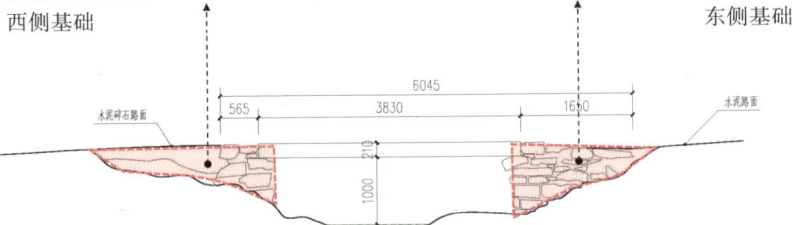

①

2. 保存状况

    2020年,汇福桥因周边房屋建设时堆放的建材意外散落被伤及,造成两块金山石桥面板被压坏,亟须进行抢险加固。笔者所在研究中心对其进行了保护修缮工作。

    据现场勘查发现:汇福桥两块金山石桥面板断裂(见图6-175);踏步石局部缺损、移位(见图6-176);桥帽石局部残缺;桥台砌筑砂浆因年久失修以及河水冲刷,缺失较为严重;部分石材表面覆盖后

① 图6-174 桥堍示意图
② 图6-175 两块桥面板断裂
③ 图6-176 踏步石局部缺损、移位

②

③

补混合砂浆,是后期人为修补导致;桥面板、踏步等石材表面泥土污渍较多,石缝间生长杂草及蔬菜植物。

3. 修缮方法

汇福桥建筑的保护重点为石桥原形制及遗存的原有石质构件,据此研究中心制定了保护修缮方案。施工现场如图6-177所示。

(1)保留两块断裂的桥面板,采用环氧树脂胶进行黏结;再在所有桥面板下面粘贴2层300毫米宽的碳纤维布进行加固处理(见图6-178)。为了保证碳纤维布能够有效粘贴于石材底部,粘贴前应采用M7.5混合砂浆对石材底部进行平整处理。平整时为了保证文物修缮的可逆性,砂浆不得采用水泥砂浆。汇福桥加固立面示意图如图6-179所示。

① 图6-177 施工现场
② 图6-178 汇福桥采用的碳纤维布加固方法
③ 图6-179 汇福桥加固立面示意图

①

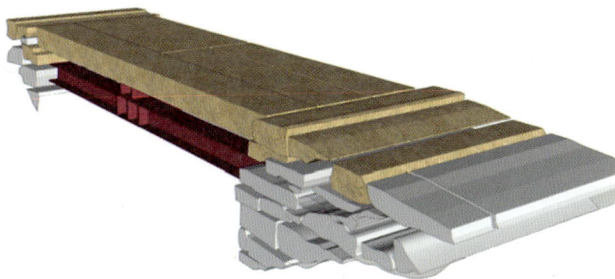

②

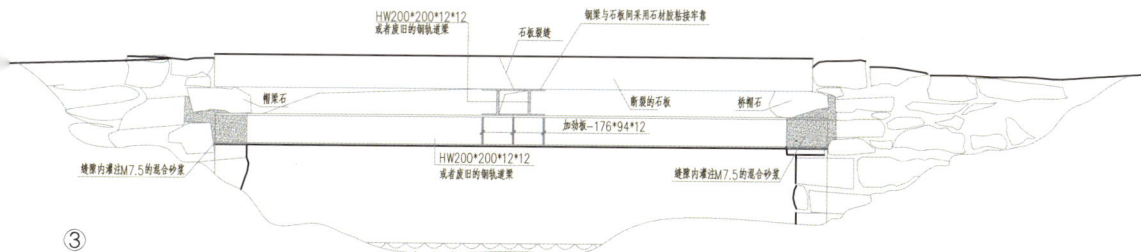

③

桥面石板 430 30 490 10 420

未断裂 | 已断裂 | 已断裂

钢梁与承托梁间应采用树脂胶或者灌浆材料灌注平整、顶紧

承托钢梁：HW200*200*12*12

10   10

① 图6-180 桥面板底部增设型钢梁

② 图6-181 剖面修缮示意图

③ 图6-182 修缮后的汇福桥

（2）在加固好的每块桥面板底部增设一根型钢梁（见图6-180），用来保证桥面板的两道受力防线。新增型钢梁应放置于桥帽石下层位置。此外，在石板断裂位置增设纵向支撑短钢梁，涂刷环氧树脂胶使其与石板黏结牢靠。剖面修缮示意图如图6-181所示。

（3）石材间隙应采用M7.5的混合砂浆灌注，抹平，保证钢梁搁置端的平整性，钢梁周边的缝隙内均应采用M7.5的混合砂浆灌注，并保证钢梁外侧至少有30毫米的砂浆面层，以作为钢梁的防护面层。

（4）补配桥堍缺失石块，采用M7.5的混合砂浆对桥台砂浆缺失严重部分进行灌浆处理。合理把握灌浆压力，不得漏浆以及超灌。

（5）对风化严重的石材构件用石材增强剂进行增强处理，对原桥堍缺失的石材予以补配，补配石材须采用M7.5的混合砂浆进行砌筑。

（6）原石桥的木栏杆、木立柱应按原形制、原材料进行原样恢复，采用圆木杉木栏杆、立柱复原。

修缮后的汇福桥如图6-182所示。

6.13 浦东新区洪福桥

1. 古桥简介

洪福桥，又称洪桥，位于浦东新区新场镇新场大街，南北走向跨洪桥港，明正德年间（1506—1521）由潘祥始建，乾隆四十七年（1782）知县韩运鸿倡修。此桥原为单孔石级石拱桥，1960年改为单孔石平桥，1964年在石板中间注入混凝土以拓宽桥面。此桥全长15.0米，中间桥面长7.0米，南北两侧桥堍各为4.0米，北堍靠洪东街洪西街，南堍靠第一楼书场，桥面宽3.4米，高3.0米，净跨度为5.9米。桥两侧栏杆是水泥结构，高度为1.0米。两头桥基完好。

如图6-183、图6-184所示为修复前的洪福桥及其俯视图。

① 图6-183　修复前的洪福桥
② 图6-184　修复前的洪福桥俯视照片

①

②

如图6-185至图6-187所示分别为修复前洪福桥西立面图、修复前的洪福桥测绘图以及洪福桥立面图。

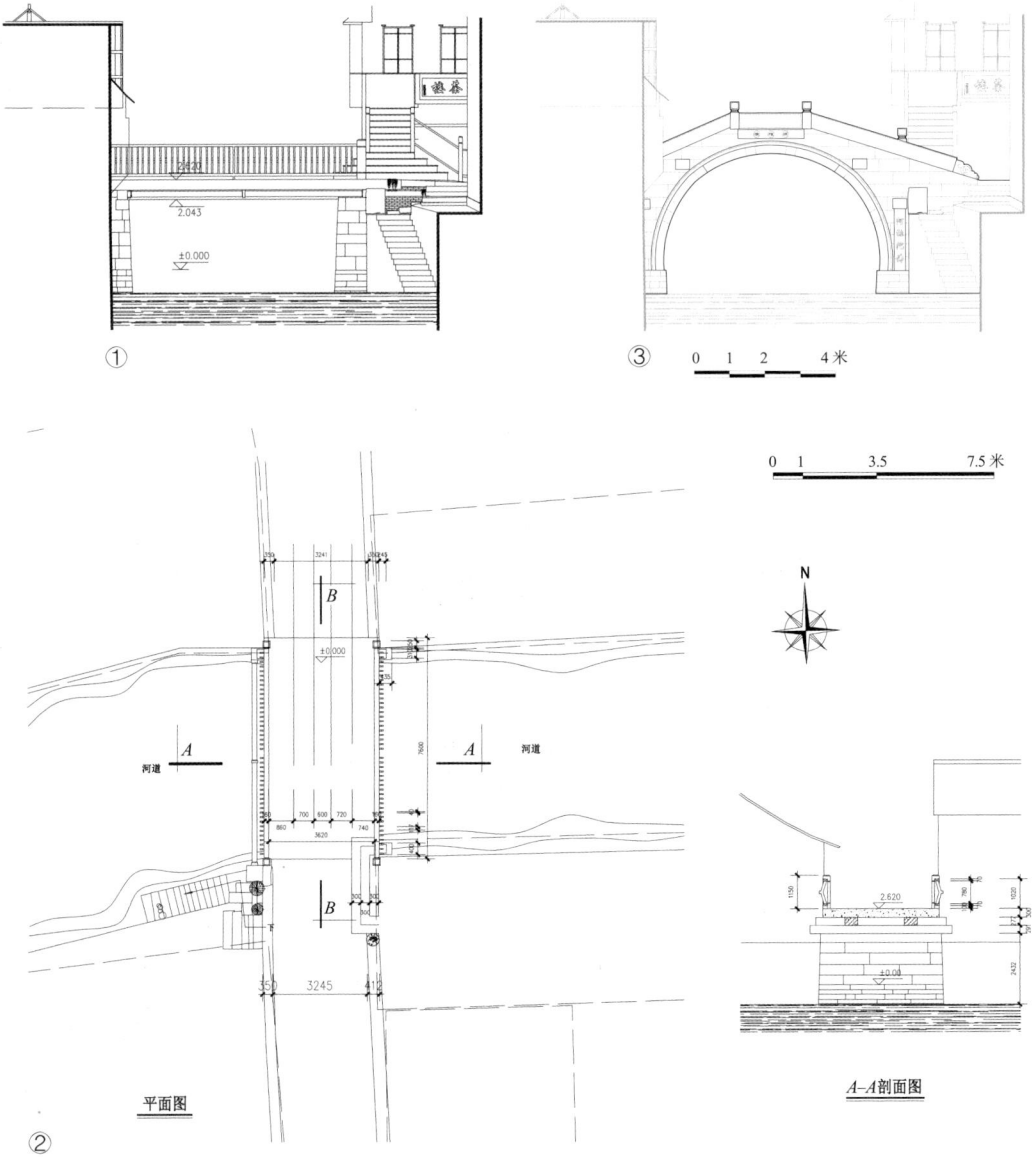

①

③   0 1 2   4 米

平面图

②

A—A剖面图

① 图6-185　修复前洪福桥西立面图
② 图6-186　修复前的洪福桥测绘图
③ 图6-187　洪福桥立面图

2. 保存状况

洪福桥原为单孔石拱桥,现为单孔石平桥。由于它位于新场镇的中心地带,也是一处交通要道和镇上的景点,为了古镇整体景观的延续和古镇风貌完整,有关机构决定对其进行原貌修复。

洪福桥复原工程于2005年开始最初的勘查(见图6-188),勘查中没有发现桥墩基础有松动下沉的现象,但发现了三个主要问题:① 该桥桥基尚在,但桥拱、桥面、挡墙、龙头石栏板和望柱等均不完整甚至不存在,若对这些进行复原,需要根据现存的部分推理出原桥尺寸与形体;② 桥梁西侧有一条排水管道(见图6-189)须重新定位以防破坏古桥风貌;③ 该桥与周围建筑结合紧密,尤其是桥南塅的茶楼,在复原过程中其入口处台阶需重新处理。

①

① 图6-188 洪福桥复原工程勘查
② 图6-189 洪福桥西侧的排水管道

②

3. 修缮方法

要把一座在20世纪60年代就已经改建得不复原貌的古桥修复成初建时的样子，最大的难处在搜集支撑复原的资料依据，并尽可能使用原构件、原石料甚至原工艺。然而，原桥现存资料主要为一张简笔画（见图6-190）和一幅水彩画，因此复原工作主要是依据两幅画稿和现场遗留原物进行的推理。

（1）复原推理：① 桥长。由于数据不可考，依据桥高踏步推定。② 拱券基础。依据桥台底部花岗岩的排列勾缝手法的不同，判定基础下部为遗存拱券基础。③ 拱券。由实测确定拱径，图像资料确定拱券结构、拱径并计算得到矢高，依据明代通行做法确定护拱的做法。④ 桥面。根据现有桥面确定，再结合图像资料拟定桥面雕花。⑤ 踏步。依据桥高、图像资料和明、清时期同类桥的造法推定其为南、北并不完全对称的踏步。⑥ 仰天。根据新场大街遗存的仰天石，确定洪福桥的仰天石宽度，依据传统技法确定其位置。⑦ 桥高。依据现有桥面和地面以及踏步高度，结合之前推算

图6-190 洪福桥改建前的简笔画稿

的拱券高度,确定桥高。⑧ 挡墙、栏板、望柱。皆以传统技法、经验为依据确定其当下的造法和尺寸。

（2）基础复勘：修缮的实际工程要从对桥墩基础进行整修加固,消除隐患开始。

（3）检查备料：对洪福桥石构件进行逐块检查鉴定,残损严重的必须予以更换；根据需要更换的石构件形状,选好与原石材一致的石料（金山石）,再按原样、原工艺进行加工。

（4）脚手架搭设：按照设计尺寸,搭设施工脚手架（见图6-191）为确保文物建筑和施工以及过往船只的安全,应对桥下河流通行进行管理。同时禁止桥面通行,利用附近刚修缮完毕的东仓桥进行通车。

（5）拆卸构件：拆卸水泥桥。对部分鼓闪的挡墙石进行拆卸

图6-191 洪福桥修复时脚手架搭建图

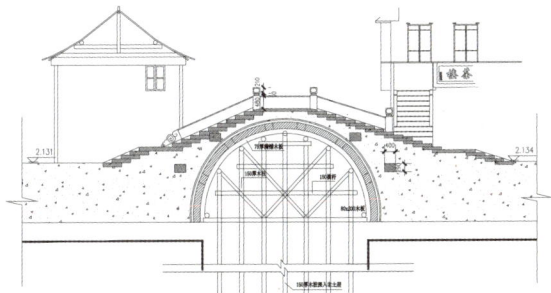

时，必须按方位分类进行编号（编号应写在石构件的侧、背面），集中保护管理，以避免造成损坏，且此举利于后期按原样复位。

（6）复原：依据设计图搭设拱架，按顺序先做拱券、护拱和挡墙，再做桥面，铺设仰天石和踏步石，最后铺装望柱和栏板。

如图6-192所示为洪福桥复原图。

图6-192 洪福桥复原图
（a）复原平面图
（b）复原剖面图

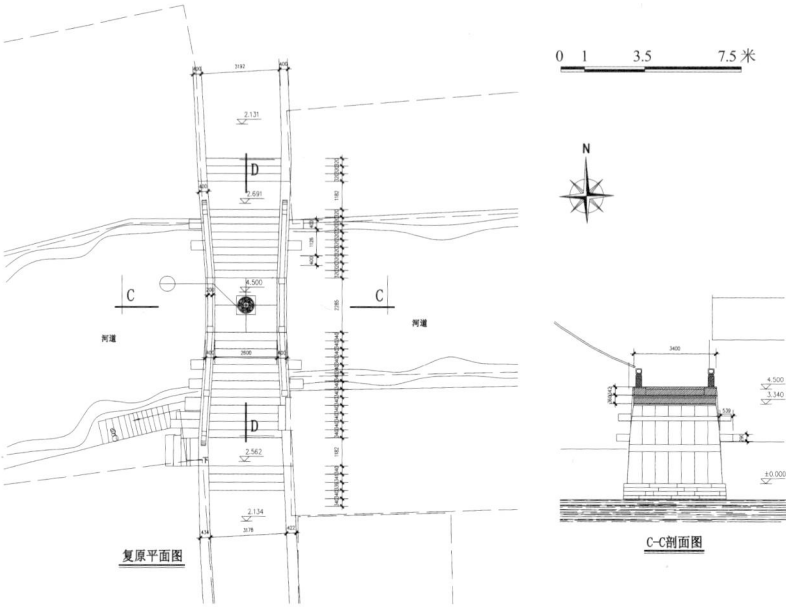

河道

C-C剖面图

复原平面图

（a）

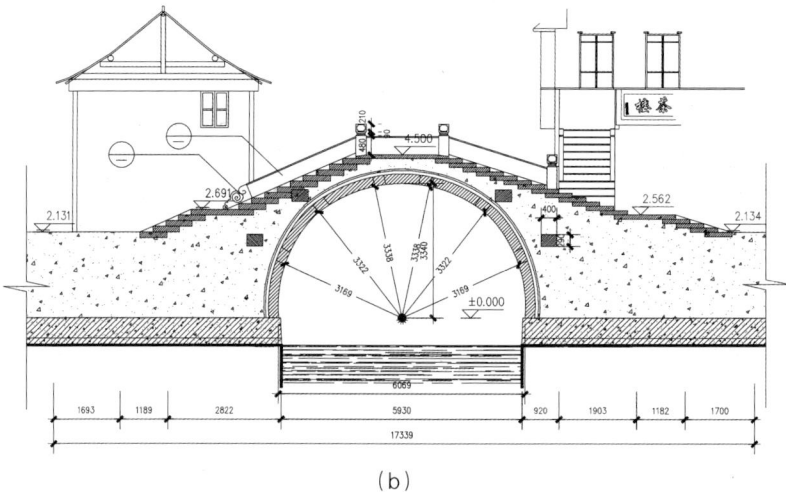

（b）

图6-193、图6-194所示为修复中及修缮后的洪福桥。

①

② 图6-193 洪福
桥修复中
② 图6-194 修缮
后的洪福桥

②

附 录

上海地区古桥一览表

序号	名　称	建造年代	所属区域	保护级别
		非景观桥		
中心城区				
1	湖心亭、荷花池、九曲桥	明	豫园街道	国保
2	香花桥	明、清	华阳路街道	区保
3	绿杨桥	清	桃浦镇	区保
闵行区				
4	蒲汇塘桥	明	七宝镇	区保
5	尚义桥	明	吴泾镇	区保
6	鹤龙桥	清	华漕镇	区保
7	秦家桥	清	华漕镇	区保
8	积善桥	清	华漕镇	区保
9	靖安桥	明	马桥镇	区保
10	同福桥	清	浦江镇	区保
11	华家桥	民国	浦江镇	区保
12	水月庵桥	民国	浦江镇	区保
13	众兴桥	清	浦江镇	区保
14	寅春庙桥	清	华漕镇	文保
15	徐家桥	清	华漕镇	文保

注：本表根据上海第三次全国文物普查数据、笔者所在研究中心调研数据、其他古桥
保护者提供的数据资料统计而成。

上海古桥保护研究

序号	名　称	建造年代	所属区域	保护级别
16	永秀桥	清	马桥镇	文保
17	敦义桥	清	梅陇镇	文保
18	保安桥	清	浦江镇	文保
19	顺兴桥	清	浦江镇	文保
20	东兴桥	清	浦江镇	文保
21	恒星桥	清	浦江镇	文保
22	蒋家桥	清	浦江镇	文保
23	长寿桥	民国	浦江镇	文保
24	众善桥	民国	浦江镇	文保
25	庚新桥	民国	浦江镇	文保
26	同圩桥	民国	浦江镇	文保
27	永福桥	民国	浦江镇	文保
28	东宅河桥	民国	浦江镇	文保
29	太平桥	民国	浦江镇	文保
30	延寿桥	民国	浦江镇	文保
31	酬恩桥	民国	浦江镇	文保
32	寿龙桥	民国	浦江镇	文保
33	万有桥	清	浦江镇	文保
34	道南桥	清	浦江镇	文保
35	革新益民桥	1964年重建	浦江镇	文保
36	乐善桥	民国	浦江镇	文保
37	咸秦桥	民国	马桥镇	文保
38	益民桥	民国	马桥镇	文保
39	翁板桥	民国	梅陇镇	文保
40	天助桥	清	华漕镇	区保
41	农民桥	1950年	浦江镇	文保
42	西汶河桥	民国	浦江镇	
43	杨思桥	民国	浦江镇	

序号	名　称	建造年代	所属区域	保护级别
44	苏民小石桥	民国	浦江镇	
45	永昌桥	清	华漕镇	
宝山区				
46	大通桥	明	罗店镇	区保
47	丰德桥	清	罗店镇	区保
48	小白桥	清	吴淞街道	文保
49	宝善桥	清	友谊路街道	文保
50	万年桥	清	大场镇	文保
51	梦熊桥	清	顾村镇	文保
52	杨娥桥	清	顾村镇	文保
53	聚龙桥	清	顾村镇	文保
54	五房桥	清	罗店镇	文保
55	来龙桥	清	罗店镇	文保
56	积福桥	明末清初	罗店镇	文保
57	肖泾村长春桥	明	罗泾镇	文保
58	瑞方桥	清	罗泾镇	文保
59	太平桥	清	罗泾镇	文保
60	万寿桥	清	杨行镇	文保
61	长春桥	明	罗泾镇	
62	横祠堂桥	清	顾村镇	
63	广安桥	民国	顾村镇	
64	聚和桥	清	罗店镇	
65	同仁桥	民国	罗店镇	注：驿江南提供信息
66	塘南桥	明、20世纪60年代	罗店镇	注：驿江南、生命之杯提供信息
67	永康桥	明、民国	罗店镇	注：驿江南提供信息
68	保安桥	待定	罗店镇	

序号	名　称	建造年代	所属区域	保护级别
69	青龙桥	待定	顾村镇	注：驿江南提供信息
70	马泾桥	待定	杨行镇	
嘉定区				
71	高义桥	清	菊园街道	区保
72	严泗桥	清	安亭镇	区保
73	井亭桥	清	安亭镇	区保
74	六泉桥	民国	安亭镇	区保
75	永宁桥	元	嘉定镇	区保
76	普济桥	元	嘉定镇	区保
77	登龙桥	明	嘉定镇	区保
78	熙春桥	明	嘉定镇	区保
79	聚善桥	明	嘉定镇	区保
80	宾兴桥	清	嘉定镇	区保
81	德富桥	清	嘉定镇	区保
82	太平永安桥	清	嘉定镇	区保
83	天恩桥	清	南翔镇	区保
84	望仙桥	清	外冈镇	区保
85	彩虹桥	清	安亭镇	文保
86	万福桥	清	安亭镇	文保
87	时家桥	清	嘉定镇	文保
88	众善桥	清	嘉定镇	文保
89	北项泾桥	民国（元代构件，民国重建）	嘉定镇	文保
90	唐桥	清	江桥镇	文保
91	永福桥	民国	娄塘镇	文保
92	玉虹桥	清	马陆镇	文保
93	金龙桥	清	马陆镇	文保
94	西成桥	清	南翔镇	文保

序号	名　称	建造年代	所属区域	保护级别
95	大明桥	民国	南翔镇	文保
96	纤桥	民国	南翔镇	文保
97	南新路石桥	待定	娄塘镇	
98	吉利桥	待定	南翔镇	
99	金黄桥	明	南翔镇	
100	东林庄桥	明	南翔镇	
101	大德寺桥	待定	南翔镇	
102	生生桥	清	外冈镇	
103	青龙桥、胜利桥	明(1952年、1966年重修)	外冈镇	
104	斜泾桥	清	外冈镇	
105	福德桥	清	外冈镇	
106	茂春桥	清	外冈镇	驿江南提供
107	来龙桥		马陆镇	
108	万年桥	民国	马陆镇	
109	福寿桥	清	徐行镇	
110	通利桥	清	徐行镇	
111	宝庆桥	清	徐行镇	
112	安心桥(太平桥)	清	徐行镇	
113	跃进桥(溇石桥)	明、新中国	徐行镇	
114	万隆桥	清	安亭镇	注：驿江南提供信息
115	立公桥(唐桥)	清(1966年重修)	南翔镇、安亭镇	
浦东新区				
116	洪德桥	清	唐镇	区保
117	永济桥	清	航头镇	区保
118	保佑桥	清	新场镇	区保
119	千秋桥	清	新场镇	区保

　　　　　　　　　　　　　　　　　　　　　　上海古桥保护研究

序号	名　称	建造年代	所属区域	保护级别
120	御界桥	清	北蔡镇	文保
121	节母桥	民国	川沙新镇	文保
122	东公益桥	清	川沙新镇	文保
123	四福大桥	民国	合庆镇	文保
124	众安桥	清	张江镇	文保
125	太平桥	清	张江镇	文保
126	立达桥	民国	张江镇	文保
127	潜龙桥	清	大团镇	文保
128	瑞来桥	清	大团镇	文保
129	万安桥	清	大团镇	文保
130	义济桥	清	大团镇	文保
131	永安桥	清	大团镇	文保
132	莲贤桥	民国	大团镇	文保
133	德芳桥	清	航头镇	文保
134	长春桥	民国	航头镇	文保
135	兴隆桥	民国	航头镇	文保
136	宁远桥	清	康桥镇	文保
137	应龙桥	清	康桥镇	文保
138	启南桥	民国	康桥镇	文保
139	翊园桥	民国	康桥镇	文保
140	三多桥	清	六灶镇	文保
141	五福桥	清	六灶镇	文保
142	长春桥	清	六灶镇	文保
143	沙涂庙桥	清	六灶镇	文保
144	善堂桥	清	六灶镇	文保
145	松鹤桥	清	六灶镇	文保
146	重庆桥	清	六灶镇	文保
147	永安桥	民国	六灶镇	文保

序号	名　称	建造年代	所属区域	保护级别
148	天福桥	民国	六灶镇	文保
149	会龙桥	明	新场镇	文保
150	青龙桥	清	新场镇	文保
151	雷坛桥	清	新场镇	文保
152	福安桥	清	新场镇	文保
153	受恩桥	清	新场镇	文保
154	界河桥	清	新场镇	文保
155	斗姥阁桥	清	新场镇	文保
156	太平桥	清	新场镇	文保
157	洪福桥	清	新场镇	文保
158	十八里桥	清	新场镇	文保
159	永兴桥	清	新场镇	文保
160	东仓桥	清	新场镇	文保
161	众安桥	清	新场镇	文保
162	九如桥	清	新场镇	文保
163	乐善桥	清	新场镇	文保
164	葆真里象佳桥	清	新场镇	文保
165	万安桥	清	新场镇	文保
166	宝善桥	清	新场镇	文保
167	祥里桥	清	新场镇	文保
168	西仓桥	民国	新场镇	文保
169	念劬桥	民国	新场镇	文保
170	禄荫桥	民国	新场镇	文保
171	坦直兴隆桥	民国	新场镇	文保
172	东安桥	清	宣桥镇	文保
173	万安桥	清	宣桥镇	文保
174	兴隆桥	清	宣桥镇	文保
175	永安桥	清	宣桥镇	文保

序号	名　称	建造年代	所属区域	保护级别
176	裕丰桥	清	宣桥镇	文保
177	广安桥	民国	宣桥镇	文保
178	三德桥	民国	宣桥镇	文保
179	德润桥	清	周浦镇	文保
180	秀凤桥	清	周浦镇	文保
181	姚家店桥	民国	周浦镇	文保
182	徐家典当桥	清	祝桥镇	文保
183	集庆桥	清	祝桥镇	文保
184	六顺桥	民国	祝桥镇	文保
185	聚福桥	清	惠南镇	文保
186	永安桥	民国	惠南镇	文保
187	永庆新桥	民国	宣桥镇	文保
188	唐家桥	明	唐镇	文保
189	报恩桥	清	唐镇	文保
190	正和桥	明	唐镇	文保
191	聚龙桥	民国	合庆镇	文保
192	展凤桥	待定	大团镇	
193	三墩小石桥	清	大团镇	
194	冀龙桥	民国	航头镇	
195	小石桥	待定	航头镇	
196	众安桥	元	航头镇	
197	王家桥	民	航头镇	
198	永安桥	民国	航头镇	
199	永禄桥	民国	航头镇	
200	庙桥	清	航头镇	
201	征祥桥	民国	航头镇	
202	征瑞桥	民国	航头镇	
203	众福桥	清	航头镇	

序号	名　称	建造年代	所属区域	保护级别
204	苏家桥	清	航头镇	
205	潘家石桥	清	航头镇	
206	昌后桥	清	航头镇	
207	南仓桥	明	惠南镇	
208	长生桥	民国	康桥镇	
209	大圣维堃桥	民国	康桥镇	
210	遗建桥	待定	康桥镇	
211	清风桥	清	六灶镇	
212	小石桥	待定	六灶镇	
213	李家桥	待定	六灶镇	
214	寿椿桥	民国	申嘉湖高速南	
215	耕乐桥	清	三灶老街西街	
216	增寿桥	清	新场镇	
217	保佑桥	明	新场镇	区保
218	同旺桥	民国	新场镇	
219	俞家弄桥	民国	新场镇	
220	城隍庙桥	待定	新场镇	
221	永庆新桥	清	宣桥镇	
222	里秀桥	清	宣桥镇	
223	裕后桥	清	周浦镇	
224	蜻蜓第一桥	清	周浦镇	
225	众安桥	清	周浦镇	
226	万安桥	清	祝桥镇	
227	河清桥	民国十五年（1926）	祝桥镇	
228	泰兴桥	明	叶桥村	
229	兴隆桥	民国	周祝公路、祝惠路交界处	

序号	名　称	建造年代	所属区域	保护级别
230	仁寿桥	清	周祝公路,大川公路交界处	
231	桐生石桥	民国	川沙新镇	
232	乐善桥	民国	川沙路、迎宾大道处	
233	惠民桥	民国	川沙新镇	
234	太平桥	清代	曹路镇	
235	重庆桥	清	唐镇	
236	广善桥	待定	唐镇	
237	广福桥	民国	唐镇	
238	公济拾一桥	民国	唐镇	
239	彩虹桥	民国	唐镇	
240	乐善桥	待定	唐镇	
241	陶柒桥	待定	唐镇	
242	如意桥	明	高行镇	
243	孙小桥	清	张江镇	
244	六庆桥	民国	张江镇	
245	胜利桥	民国	张江镇	
金山区				
246	济渡桥	清	漕泾镇	区保
247	翔龙桥	清	漕泾镇	区保
248	宝源桥	清	枫泾镇	区保
249	致和桥	元	枫泾镇	区保
250	山塘桥	清	廊下镇	区保
251	寿带桥	宋	吕巷镇	区保
252	济众桥	明	朱泾镇	区保
253	贞节桥	民国	张堰镇	区保
254	连塘桥	清	漕泾镇	文保
255	周村桥	清	漕泾镇	文保

序号	名　　称	建造年代	所属区域	保护级别
256	仁寿桥	清	漕泾镇	文保
257	保太桥	清	漕泾镇	文保
258	彩虹桥	清	漕泾镇	文保
259	闸桥	清	漕泾镇	文保
260	惠农桥	清	漕泾镇	文保
261	通津桥	明	枫泾镇	文保
262	跻云桥	明	枫泾镇	文保
263	瑞虹桥	明	枫泾镇	文保
264	庆云桥	明	枫泾镇	文保
265	秀兴桥	清	枫泾镇	文保
266	惠安桥	清	枫泾镇	文保
267	广福桥	清	枫泾镇	文保
268	定南桥	清	金山卫镇	文保
269	白泾桥	清	金山卫镇	文保
270	八字桥	民国	金山卫镇	文保
271	福安桥	清	廊下镇	文保
272	廊下彩虹桥	清	廊下镇	文保
273	玉秀桥	宋	吕巷镇	文保
274	绿荷潭桥	民国	吕巷镇	文保
275	承德桥	民国	吕巷镇	文保
276	雨粟庵桥	民国	吕巷镇	文保
277	福寿桥	民国	吕巷镇	文保
278	万安桥	清	山阳镇	文保
279	小石桥	清	亭林镇	文保
280	益寿桥	民国	亭林镇	文保
281	枝秀桥	清	亭林镇	文保
282	华严塔桥	民国	亭林镇	文保
283	兴隆桥	民国	亭林镇	文保

序号	名　称	建造年代	所属区域	保护级别
284	宝云桥	民国	亭林镇	文保
285	怀公桥	民国	亭林镇	文保
286	南星桥	民国	亭林镇	文保
287	太平桥	民国	亭林镇	文保
288	壬龙桥	清	张堰镇	文保
289	佛佛桥	清	张堰镇	文保
290	永安桥	民国	朱泾镇	文保
291	永懋桥	清	朱行镇	文保
292	荷花古寺桥	清	朱行镇	文保
293	同乐桥	民国	朱行镇	文保
294	西陈行桥	民国	朱行镇	文保
295	东风桥	民国	朱行镇	文保
296	长生桥	民国	朱行镇	文保
297	第一桥	民国	朱行镇	文保
298	来源桥	清	枫泾镇	文保
299	迎龙桥	民国	金山卫镇	文保
300	虎啸桥	民国	金山卫镇	文保
301	成美桥	清	廊下镇	文保
302	万年桥	清	亭林镇	文保
303	洞桥	清	张堰镇	文保
304	萃秀桥	清	朱行镇	文保
305	成辰桥	待定	朱行镇	文保
306	念萱桥	民国	朱行镇	文保
307	德聚桥	待定	廊下镇	文保
308	工农桥	1967年建	漕泾镇	文保
309	来源桥	清	枫泾镇	
310	枫泾三桥（清风桥、竹行桥、北风桥）	明	枫泾镇	

序号	名　称	建造年代	所属区域	保护级别
311	枫溪廊桥	清	枫泾镇	
312	庄家板桥	待定	金山卫镇	
313	星渡桥	民国	金山市镇	
314	坐浜桥	清	亭林镇	
315	亿寿桥	清	张堰镇	
316	小石桥	民国	张堰镇	
317	长寿桥	民国	吕巷镇	
318	界河桥	待定	枫泾镇	
松江区				
319	大仓桥	明	永丰街道	市保
320	云间第一桥	宋	永丰街道	区保
321	松江府衙古桥（东杨家桥）	元	中山街道	区保
322	拔云桥（西杨家桥）	元	车墩镇	区保
323	永济桥	明	车墩镇	区保
324	钱家桥	明	车墩镇	区保
325	三里桥	明	车墩镇	区保
326	大通桥	清	车墩镇	区保
327	杜公祠桥	明	中山街道	区保
328	秀南桥	民国	永丰街道	文保
329	年丰人寿桥	民国	永丰街道	文保
330	高义桥	清	九亭镇	文保
331	东沧泾桥	清	九亭镇	文保
332	南张泾桥	清	泗泾镇	文保
333	大洋泾桥	清	叶榭镇	文保
334	知也桥	民国	方松街道	文保
335	寿星桥	民国	中山街道	文保
336	聚龙桥	明	车墩镇	文保

序号	名　称	建造年代	所属区域	保护级别
337	福连桥	明	泗泾镇	文保
338	深青桥	民国（1933年）	新桥镇	文保
339	虹桥	清	叶榭镇	文保
340	南门村小石桥	待定	车墩镇	
341	太平桥	清	车墩镇	
342	南瑞桥	民国	叶榭镇	
343	三角桥	20世纪70年代	小昆山镇	
344	永兴桥（向阳桥）	清	小昆山镇	
345	来凤桥	清	泖港镇	
青浦区				
346	普济桥	宋	金泽镇	市保
347	放生桥	明	朱家角镇	市保
348	迎祥桥	元	金泽镇	市保
349	襄臣桥	清	香花桥街道	区保
350	麟趾桥	清	香花桥街道	区保
351	香花桥	清	香花桥街道	区保
352	天恩桥	民国	盈浦街道	区保
353	继善桥	清	白鹤镇	区保
354	青龙桥	清	白鹤镇	区保
355	庆泽桥	清	白鹤镇	区保
356	万安桥	宋	金泽镇	区保
357	林老桥	清	金泽镇	区保
358	天皇阁桥	清	金泽镇	区保
359	如意桥	清	金泽镇	区保
360	金泽放生桥	清	金泽镇	区保
361	顺德桥	元	练塘镇	区保
362	馀庆桥	元	练塘镇	区保
363	义学桥	明	练塘镇	区保

序号	名　称	建造年代	所属区域	保护级别
364	朝真桥	明	练塘镇	区保
365	永兴桥	清	练塘镇	区保
366	瑞龙桥	清	练塘镇	区保
367	南塘桥	清	重固镇	区保
368	金泾桥	清	重固镇	区保
369	兆昌桥	清	重固镇	区保
370	乐善桥	清	重固镇	区保
371	泰安桥	明	朱家角镇	区保
372	九峰桥	清	朱家角镇	区保
373	福星桥	清	朱家角镇	区保
374	中和桥	清	朱家角镇	区保
375	云虹桥	清	朱家角镇	区保
376	太平桥	清	香花桥街道	文保
377	贰善桥	待定	香花桥街道	文保
378	同善桥	清	香花桥街道	文保
379	白鹤白洋桥	清	白鹤镇	文保
380	毓秀桥	清	白鹤镇	文保
381	陈岳万安桥	清	白鹤镇	文保
382	艾祁桥	明	白鹤镇	文保
383	三寿桥	清	白鹤镇	文保
384	管浦桥	清	白鹤镇	文保
385	安愚桥	清	白鹤镇	文保
386	新溇桥	清	白鹤镇	文保
387	赵屯万安桥	清	白鹤镇	文保
388	福善桥	清	白鹤镇	文保
389	马巷桥	清	白鹤镇	文保
390	官庄桥	清	白鹤镇	文保
391	响板桥	清	白鹤镇	文保

序号	名　称	建造年代	所属区域	保护级别
392	遗善桥	清	华新镇	文保
393	思古桥	清	华新镇	文保
394	永宁桥	清	金泽镇	文保
395	还清桥	明	练塘镇	文保
396	长明桥	清	练塘镇	文保
397	理济桥	清	练塘镇	文保
398	莲寿桥	民国	练塘镇	文保
399	香花桥	元	徐泾镇	文保
400	万安桥	清	徐泾镇	文保
401	仗义桥	清	徐泾镇	文保
402	凤来桥	清	徐泾镇	文保
403	宅东村积善桥	清	徐泾镇	文保
404	永昌桥	清	徐泾镇	文保
405	跨龙桥	清	徐泾镇	文保
406	嵩塘桥	待定	徐泾镇	文保
407	赵巷孔巷桥	民国	赵巷镇	文保
408	汇福桥	清	重固镇	文保
409	子成桥	清	重固镇	文保
410	馀庆桥	清	重固镇	文保
411	秦公圣祠桥	明	朱家角镇	文保
412	永安桥	清	朱家角镇	文保
413	中龙桥	清	朱家角镇	文保
414	涌泉桥	清	朱家角镇	文保
415	永丰桥	清	朱家角镇	文保
416	平安桥	清	朱家角镇	文保
417	圣堂桥	民国	朱家角镇	文保
418	太平桥	民国	朱家角镇	文保
419	万福桥	清	盈浦街道	文保

序号	名　称	建造年代	所属区域	保护级别
420	赵屯万寿桥	清	白鹤镇	文保
421	赵屯万福桥	清	白鹤镇	文保
422	高陞桥	清	重固镇	文保
423	新胜村永安桥	清	朱家角镇	文保
424	善禄桥	民国	夏阳街道	文保
425	思古桥	清	华新镇	文保
426	聚金桥	待定	夏阳街道	
427	纪清桥	清	青浦镇	
428	小爱祁桥	待定	白鹤镇	
429	永福桥	清	白鹤镇	
430	周家桥	待定	旧青浦镇	
431	沈泾塘十字河桥	1978年建	赵巷镇	
432	新光村四角桥	20世纪70年代建	赵巷镇	
433	井亭港三桥	待定	漕港河北	
434	唐家桥	待定	朱家角	
435	隆和桥	待定	朱家角	
436	大胜桥	待定	朱家角	
437	素行桥	清	白鹤镇	
438	小虞泾桥	待定	白鹤镇	
439	保安桥	清	白鹤镇	注：生命之杯提供信息
奉贤区				
440	重建新市桥	明	奉城镇	区保
441	高桥	清	奉城镇	区保
442	仁寿桥	清	金汇镇	区保
443	保安桥	明	金汇镇	区保
444	飞云桥	清	金汇镇	区保
445	泰日木行桥	清	金汇镇	区保

序号	名　称	建造年代	所属区域	保护级别
446	南塘第一桥	清	南桥镇	区保
447	积善桥（南石桥）	元	南桥镇	区保
448	环秀桥	清	南桥镇	区保
449	继芳桥	明	青村镇	区保
450	南虹桥	清	青村镇	区保
451	通津桥	宋	柘林镇	区保
452	法华桥	明	柘林镇	区保
453	大同桥	清	柘林镇	区保
454	履祥桥	清	庄行镇	区保
455	戴家桥	民国	庄行镇	区保
456	青龙桥	清	奉城镇	文保
457	太和桥	清	奉城镇	文保
458	弘智桥	清	奉城镇	文保
459	平安桥	清	奉城镇	文保
460	民主桥	清	奉城镇	文保
461	读稼桥	清	奉城镇	文保
462	具庆桥	待定	奉城镇	文保
463	荣阳桥	明	金汇镇	文保
464	管泾桥	清	金汇镇	文保
465	延寿桥	清	金汇镇	文保
466	衍庆桥	清	金汇镇	文保
467	种福桥	清	金汇镇	文保
468	南山桥	清	金汇镇	文保
469	麟趾桥	清	金汇镇	文保
470	望声桥	清	金汇镇	文保
471	乐善村积善桥	清	金汇镇	文保
472	乐善桥	清	金汇镇	文保
473	寿凯桥	清	金汇镇	文保

序号	名　称	建造年代	所属区域	保护级别
474	连福桥	清	金汇镇	文保
475	求福桥	清	金汇镇	文保
476	周家村积善桥	清	金汇镇	文保
477	自度桥	清	金汇镇	文保
478	同善桥	清	金汇镇	文保
479	禄羡桥	清	金汇镇	文保
480	培德桥	清	金汇镇	文保
481	梯云桥	清	金汇镇	文保
482	善兴桥	清	金汇镇	文保
483	永宁桥	清	金汇镇	文保
484	资福村积善桥	清	金汇镇	文保
485	万寿桥	清	金汇镇	文保
486	宁寿桥	清	金汇镇	文保
487	腾龙桥	民国	金汇镇	文保
488	梁典村长春桥	民国	金汇镇	文保
489	寿民桥	民国	金汇镇	文保
490	巽隆桥	民国	金汇镇	文保
491	倪家桥	清	金汇镇	文保
492	泰日老街中石桥	清	金汇镇	文保
493	金汇桥	清	金汇镇	文保
494	壁龙桥	民国	金汇镇	文保
495	人寿桥	清	金汇镇	文保
496	长春桥（梅园村5组）	清	金汇镇	文保
497	瑶墩桥	清	南桥镇	文保
498	永寿桥	清	南桥镇	文保
499	诒安桥	清	南桥镇	文保
500	退孽第一桥	清	南桥镇	文保

序号	名　称	建造年代	所属区域	保护级别
501	德顺桥	清	南桥镇	文保
502	济渡良桥	清	柘林镇	文保
503	济新桥	清	南桥镇	文保
504	绥禄桥	清	南桥镇	文保
505	渭阳桥	清	南桥镇	文保
506	丰乐桥	清	南桥镇	文保
507	达观桥	清	南桥镇	文保
508	秀龙桥	清	南桥镇	文保
509	南桥镇宝善桥	清	南桥镇	文保
510	通德桥	清	南桥镇	文保
511	庙泾桥	明	南桥镇	文保
512	青龙桥	清	南桥镇	文保
513	古秦塘桥	清	南桥镇	文保
514	宝善桥	清	南桥镇	文保
515	仁寿桥	清	青村镇	文保
516	南袁桥	明	青村镇	文保
517	寿宁桥	清	青村镇	文保
518	贻善桥	清	青村镇	文保
519	种德桥	清	青村镇	文保
520	永锡桥	清	青村镇	文保
521	永福桥	明末	青村镇	文保
522	解放村长寿桥	清	青村镇	文保
523	唐江桥	清	青村镇	文保
524	永丰桥	清	青村镇	文保
525	三祝桥	明	青村镇	文保
526	永寿桥	清	青村镇	文保
527	广济桥	清	青村镇	文保
528	中和桥	清	青村镇	文保

序号	名　称	建造年代	所属区域	保护级别
529	咸庆桥	清	四团镇	文保
530	百禄桥	清	四团镇	文保
531	咸兴桥	清	四团镇	文保
532	顺德桥	待定	四团镇	文保
533	延龄桥	待定	四团镇	文保
534	长寿桥	待定	四团镇	文保
535	报恩桥	明	柘林镇	文保
536	法华仁寿桥	明	柘林镇	文保
537	万寿桥	明	柘林镇	文保
538	沙晏桥	清	柘林镇	文保
539	世德桥	清	柘林镇	文保
540	流芳桥	明	柘林镇	文保
541	孙桥永安桥	清	柘林镇	文保
542	安心桥	清	柘林镇	文保
543	遇文桥	清	柘林镇	文保
544	永安桥	清	柘林镇	文保
545	护龙桥	清	柘林镇	文保
546	北龙第二桥	清	柘林镇	文保
547	景福桥	清	柘林镇	文保
548	太平桥	清	柘林镇	文保
549	人寿桥	清	柘林镇	文保
550	徐吴桥	清	柘林镇	文保
551	小石桥	清	柘林镇	文保
552	曹家桥	清	柘林镇	文保
553	朱家桥	清	柘林镇	文保
554	集贤桥	清	柘林镇	文保
555	四家泾桥	清	柘林镇	文保
556	常兴永秀桥	清	柘林镇	文保

序号	名　称	建造年代	所属区域	保护级别
557	三元桥	清	柘林镇	文保
558	营房桥	民国	柘林镇	文保
559	仁寿桥	民国	柘林镇	文保
560	三元桥	待定	柘林镇	文保
561	蓉港桥	待定	柘林镇	文保
562	马王庄桥	清	庄行镇	文保
563	东陈行桥	清	庄行镇	文保
564	西陈行桥	清	庄行镇	文保
565	八字桥	清	庄行镇	文保
566	毓秀桥	民国	庄行镇	文保
567	同乐桥	民国	庄行镇	文保
568	野人村小石桥	明	奉城镇	文保
569	积善桥	清	奉新镇	文保
570	酬天桥	清	奉城镇	
571	乐善桥	清	奉城镇	
572	望麟桥	清	金汇镇	
573	义兴桥	清	金汇镇	
574	胜龙桥	清	金汇镇	
575	长春桥	民国	金汇镇	
576	倪家石桥	清代	金汇镇	
577	八曲桥	民国	南桥镇	
578	仁寿桥	明	南桥镇	区保
579	济南桥	清	青村镇	
580	永安桥	明	柘林镇	
581	启秀桥	清	拓林镇	
582	文寿桥	待定	拓林镇	
583	潘东人民桥	民国	庄行镇	

序号	名 称	建造年代	所属区域	保护级别
	景观桥			
浦东				
584	承启桥	清	康桥镇	
585	仁寿桥	民国	康桥镇	
586	彰善桥	民国	康桥镇	
587	翠凤桥	清	康桥镇	
588	沔溪第一桥	清	康桥镇	
589	九曲桥	民国	康桥镇	
590	益庆桥	待定	祝桥镇	
591	藝（yì）心桥	20世纪30年代	高桥镇	
592	重建永安桥	待定	三林镇	
宝山				
593	永济桥	清	卫斯嘉生态园林	
594	宝善桥	明	临江公园	
595	来龙桥	清	罗溪公园	
奉贤				
596	积善桥	清	海湾旅游区	
597	保安桥	明	金汇镇	区保
598	南塘第一桥	待定	南桥镇	区保
松江				
599	杜公祠堂	明	中山街道	
600	望仙桥	南宋	方塔园	县保
601	东沧径桥	清	九亭镇	
602	三曲桥	明	颐园	
603	乐郊桥	清	九亭镇	
闵行				
604	嵩德桥	民国	古藤园	
605	翁板桥	民国	梅陇镇	

序号	名 称	建造年代	所属区域	保护级别
金山				
606	留春桥		三百园	
607	迎秀桥	清	枫溪公园	
608	钱良桥	清	廊下镇	
609	天马桥	清	廊下镇	
嘉定				
610	涉趣桥	明	秋霞圃	
611	三曲桥	待定	秋霞圃	
612	万寿桥	待定	汇龙潭公园	
613	洛阳桥	清	古猗园	
青浦				
614	课植桥	民国	课植园	
615	喜雨桥	待定	曲水园	
崇明				
616	得月桥	清	金鳌山公园	
中心城区				
617	宾贤桥	清	华泾公园	

参考文献

［1］《桥梁史话》编写组.桥梁史话［M］.上海：上海科学技术出版社,1979.

［2］项海帆.中国桥梁史纲［M］.上海：同济大学出版社,2009.

［3］顾炳权.上海风俗古迹考［M］.上海：上海书店出版社,2018.

［4］朱长文.吴郡图经续记［M］.南京：凤凰出版社,1999.

［5］张仲礼.近代上海城市研究［M］.上海：上海人民出版社,2008.

［6］谢天祥.青浦古桥：江南古桥之萃［M］.上海：百家出版社,2000.

［7］茅以升.中国古桥技术史［M］.北京：北京出版社,1986.

［8］(北魏)郦道元.水经注［M］.长沙：岳麓书社,1995.

［9］罗英,唐寰澄.中国石拱桥研究［M］.北京：人民交通出版社,1993.

［10］唐寰澄.中国古代桥梁［M］.北京：中国建筑工业出版社,2010.

［11］罗关洲,陈晓,陈国桢.石桥营造技艺［M］.杨志强,主编.杭州：浙江摄影出版社,2014.

［12］戴仕炳,张鹏.历史建筑材料修复技术导则［M］.上海：同济大学出版社,2014.

［13］冯国鄞,孙明顺.江南石桥及桥心石遗存之美［M］.上海：东方出版中心,2017.

［14］唐寰澄.桥［M］.北京：中国铁道出版社，2000.

［15］王璧文.清官式石桥做法［M］.北京：中国营造学社，1936.

［16］刘一星，赵广杰.木材学［M］.北京：中国林业出版社，2012.

［17］English Heritage. Practical Building Conservation: Timber[M]. London：Ashgate，2012.

［18］李约瑟.中国科学技术史(第四卷)：物理学及相关技术.第三分册：土木工程与航海技术［M］.北京：科学出版社，2008.

［19］吴纪慰.上海古桥谱［M］.上海：上海市城市经济学会，2016.

［20］陈陆.西门豹：兴建引漳十二渠［J］.中国三峡，2016(1)：100–107.

［21］陈平，赵冬，张卫喜，等."皇宋中兴圣德颂碑"的修复、加固与安装［J］.施工技术，2006(8)：39–40.

［22］刘谨胜.江苏现存古代桥梁保护现状的调查与研究［C］//丁汉山.2010年古桥研究与保护国际学术研讨会论文集.南京：东南大学出版社，2010.

［23］徐立勋.上海青浦明代古桥［J］.城建档案，2015(12)：94–96.

［24］徐立勋.上海的宋代古桥：青浦万安桥、普济桥［J］.城建档案，2015(10)：94–96.

［25］谢天祥.浅谈上海古代桥梁修缮［J］.上海公路，2002(4)：31–32+34.

［26］姚良达，肖治权，余鸿图，等.古桥建筑文化与五音桥的修复研究［J］.工程技术研究，2016(6)：234–235.

［27］乐振华，徐晓民，刘舒.江南古桥石作艺术研究［J］.现代园艺，2012(4)：35–36+132.

［28］乐振华.绍兴古桥遗产构成与保护研究［D］.杭州：浙江农林大学，2012.

［29］金沁.上海文物古桥调查及保护研究［D］.上海：上海交通大

学,2015.

[30] 张伦超.南京市古桥建筑结构特征及保护与开发对策研究
[D].南京:东南大学,2013.

[31] 曹永康,陈晓琳,金沁.上海古桥研究[J].古建园林技术,
2019(4):75-80.

[32] 周文生,李强,唐剑波.物联网与GIS技术在文化遗产保护中
的应用思考[J].文物保护与考古科学,2011,23(3):22-26.

[33] 杨艳,孙潮,陈宝春.现有世界文化遗产桥梁的核心价值及中
国古桥申遗的思考[J].世界桥梁,2015,43(2):65-71.

[34] 李光安,赵夕蕊.松江古桥的美学分析:以松江望仙桥为例
[J].美术教育研究,2018(19):78-79+81.

[35] 申宪.汉画像石中桥梁图像探析[J].东南文化,2000(11):
102-105.

[36] 张劲泉,蒋瑞年,程寿山,等.美国古桥保护法规、策略及关键
技术分析[J].公路交通科技,2016,33(9):46-51.

后　记

　　上海"冈身"以西是上海最早成陆的地区,属于环太湖平原,典型的湖沼平原,"冈身"以东是后成陆的滨海平原,太湖水系下泄之地,天然河流和人工开凿的河道交织。所以自古这一带远程交通运输借助舟楫,村镇聚居地内的小河港汊上则需叠梁架桥。因费用甚巨,修桥之事往往是乡绅牵头集资,延请匠师,众邻出工才能成。所以筑桥和修路,靠乡里的"众筹",是功德之事。今天我们的政府执政能力强大,号召群众,万众一心兴建各种桥梁。今天时代的发展、人口的激增、城市农村的改革以及古桥本身年久失修等原因,使得古桥的通行功能渐渐弱化,很多不再作日常使用,修桥多出于保护其历史价值,非民生之必需。在今天的历史建筑遗产保护领域,对古桥的保护鲜有人发声,与之相关的政府投资、学者研究、匠人传承等更是不被重视,缺乏成体系的维护工作。

　　我和团队因为长期做历史建筑保护工作,一个偶然的原因,在2003年的时候承担了青浦泰安桥修缮方案的设计,开始介入这个极小的领域,紧跟着在2004年又修缮了嘉定的天恩桥,宝山的宝善桥,奉贤的南虹桥、继芳桥,松江的大仓桥等。之后十几年下来,我们团队平均每年都会有3～5座桥的修缮工作需要参与,一直没有间断,积少成多,累积下来修了50多座上海的古桥。这中间我和团队边学习边实践,完成了对古桥从"无知"到"有所知"的转变。

　　第一,学古桥的法式特征,从梁桥到拱桥。两种类型因为时代的不同,又呈现出从材料到结构构造等多个要素的发展演变规律,背后的信息十分丰富。后来2008—2010年,我和团队结合全国第三次文物普查工作,专门做了一次上海地区的古桥调查。第二,学修缮工艺。这主要是向修桥的师傅学,围堰打桩、石活砌筑、砂浆配比等都要有所了解。这些年我接触最多的是黄良初先生。他出生于浙江温岭的石匠世家,其父年轻时就在上海修古桥,子承父业他又干了一辈子。我跟着先生在这十几年当中,学了很多传统的修桥知识,先生实乃我良师益友。第三,学新的修缮技术和材料。和其他建筑遗产一样,古桥的保护发展到今天,也需要符合保护的各项原则,尤其是最小干预原则。这就要求在满足安全性的同时,尽量不要大拆大建,完成对古桥的保护,这就要在一定程度上运用新的方法、技术和材料,包括前期要做病害的无损或者微损检测。我们把建筑遗产中用到的激光扫描测量、红外检测、应力波断层扫描、材料分析等方法运用到古桥检测上,同时为了减少残损构件被替换,用到了内置锚杆、碳纤维等新材料。这样做最大的意义是让很多残损的石构件能够再用回去,而不像以往那样直接用新料替换。这些工作能顺利开展要感谢结构加固的同行,我们向他们请教,也与他们合作完成项目。

十七年一路走来,我思考当下的古桥保护工作,发现还存在着很多问题。首先是受重视程度有限,投入的资金和力量非常欠缺,导致从业人员少、传统工艺没法得到继承。像上面提到的黄良初先生,他和他的几位师傅都已经六十来岁,却无法把自己的经验传授下去,因为乏人来学。同时,古桥的存续现状堪忧,保护工作中用于检测、加固等的新技术、材料的研究研发,明显落后于其他类型的建筑遗产。

十年前就有机构邀请我写上海古桥类的图书,当时我拒绝了,主要是觉得国内、长三角地区乃至上海,写古桥人文历史的著作还是有一些的,即便加上法式研究,必要性不是很高。后来,我感到谈古桥保护的著作实在不多，考虑到自己参与这项工作虽然有些年，但自认为还是个小学生，还有很多需要学习别人之处，也不便贸然下笔。直到最近两年，发现市面上没有古桥保护的书籍上架，应该还是此处"门庭冷落"之故，所以我下决心自己先写，虽然难免贻笑方家，但真心希望能起到抛砖引玉的作用。

最后感谢上海交通大学设计学院建筑文化遗产保护国际研究中心和上海交通大建筑设计研究总院历史建筑保护勘查设计分院两个团队的伙伴们，包括金沁、陈晓琳、王黎囡、杨鹏、田雨昕等同仁多年来的共同积累。感谢古桥修复施工企业的黄良初、陈福祥先生在合作中对我们的指导，感谢上海市文物局，各区县文物局的信任和支持。

2020 年 12 月